新工科·普通高等教育汽车类系列教材

汽车服务工程专业导论

主　编　储江伟　李世武
参　编　陈　萌　李宏刚　詹长书
　　　　吴晓红　张　鹏

机械工业出版社

本书主要针对汽车服务工程专业低年级大学生，为了解我国高等教育人才培养模式、专业学科设置及演变、专业人才知识结构与素质要求以及行业未来发展趋势，掌握汽车服务工程专业教学计划、课程设置、教学过程及教学方式等需要，结合专业学科人才培养过程、特点及要求而编写的专业导论课教材。全书共分 8 章，包括概论、汽车服务工程专业及其相关学科、汽车服务体系及其专业知识结构、汽车服务工程专业教学质量标准、汽车服务工程专业人才培养方案、汽车服务工程专业实践教学要求、国外汽车工程技术专业教育简介、汽车服务工程专业学生就业与考研选择。

本书既可作为汽车服务工程专业导论课教材，也可作为其他专业学生、各类相关人员了解汽车服务工程专业及其人才培养概况的参考书。

图书在版编目（CIP）数据

汽车服务工程专业导论/储江伟，李世武主编 . —北京：机械工业出版社，2020.8（2025.6 重印）

新工科·普通高等教育汽车类系列教材

ISBN 978-7-111-66018-7

Ⅰ.①汽…　Ⅱ.①储…②李…　Ⅲ.①汽车工业-销售管理-商业服务-高等学校-教材　Ⅳ.①F407.471.5

中国版本图书馆 CIP 数据核字（2020）第 120043 号

机械工业出版社（北京市百万庄大街 22 号　邮政编码 100037）
策划编辑：冯春生　　　　　　责任编辑：冯春生
责任校对：王　欣　陈　越　封面设计：张　静
责任印制：张　博
固安县铭成印刷有限公司印刷
2025 年 6 月第 1 版第 7 次印刷
184mm×260mm · 11.25 印张 · 230 千字
标准书号：ISBN 978-7-111-66018-7
定价：32.00 元

电话服务　　　　　　　　　网络服务
客服电话：010-88361066　机 工 官 网：www.cmpbook.com
　　　　　010-88379833　机 工 官 博：weibo.com/cmp1952
　　　　　010-68326294　金 书 网：www.golden-book.com
封底无防伪标均为盗版　机工教育服务网：www.cmpedu.com

新工科·普通高等教育汽车类系列教材
编 审 委 员 会

前　言

本书根据中国机械工业教育协会汽车服务工程学科教学委员会审定通过的《汽车服务工程专业导论》大纲要求组织编写，重点介绍汽车服务行业在社会经济发展中的作用、发展趋势与专业技术需求、专业人才知识结构、专业课程体系、专业认证以及专业质量标准等内容，详细阐述汽车服务工程专业人才应具有的知识、能力与素质要求。编写本书的目的是使汽车服务工程专业的学生知晓专业人才培养目标、了解专业教学计划、理解毕业要求，并促进其形成深入系统的专业认识以及稳定明确的学习目标；而对关心或对汽车行业感兴趣的相关人员，本书可使其充分了解汽车行业发展对专业人才的需求以及汽车服务专业人才培养目标，达到对汽车服务工程专业设置的认同与形成专业人才培养要求的共识。

专业导论课程的教学目标主要是使学生了解本学科专业的发展历史与演变过程，以及所对应行业在社会经济发展中的意义与作用，掌握本专业人才培养目标、知识结构、培养方案、课程设置、教学过程、毕业要求以及职业岗位的知识、能力、素质等要求。其教学目的是使学生全面正确认识学科专业内涵，形成浓厚的学习兴趣；及时掌握行业发展方向与专业技术要求，有助于学生做好大学阶段的学习计划；深入分析社会经济发展趋势与职业岗位需求，为学生未来的职业规划打下基础。为此，专业导论课程教材应由浅入深地反映专业设置与社会发展需要、专业知识结构与行业技术进步需求、专业学习目标与职业岗位能力要求等方面的有机联系及相互关系，积极引导学生形成客观合理的专业认识，树立正确的学习观念；通过抛砖引玉地揭示大学阶段的教学规律和学习特点，启发学生理解并掌握大学阶段的学习方法，促使学生养成学习的主动性、计划性以及探索性的习惯；通过介绍专业学科起源演变等内容，加深学生对高等学校教育教学特点的总体认识；按照"课程思政"的基本要求，通过介绍我国汽车产业及汽车服务行业的发展，特别是改革开放后所取得的成就，激发学生的学习热情，坚定为我国建设汽车强国贡献力量的信心。

本书在编写上有以下几方面的主要特点：

（1）突出专业认识的引导性　深入系统地阐述汽车产业与汽车服务行业在社会经济发展中的作用与地位、汽车服务行业的发展趋势以及对新技术的应用需求等，增强学生的社会责任意识和使命感，培养专业学习兴趣。

（2）把握专业介绍的系统性　既要使学生在宏观上对我国高等教育的发展历史、现状、成就及未来趋势有总体性的认识，又要在中观上对汽车服务工程专业、机械工程与交通运输工程学科及专业领域的人才培养层次、目标及要求有系统性的了解，还要在微观上对汽车服务工程专业的课程体系、教学计划、教学环节、毕业要求以及专业人才的知识、能力、素质有全面性的理解。

（3）反映专业技术的新颖性　充分反映当前汽车服务工程科学研究与技术应用的新理论、新技术、新工艺和新方法，如互联网＋、大数据、智能车辆、共享出行服务等，分析技术应用现状与未来发展趋势，使学生开拓知识视野，激发创新创业意识，树立正确的专业思想和学习观念。

（4）注重专业知识的通识性　专业导论课程主要是针对大学刚入学的低年级学生对专业认识的需要而设置，因此在基础理论和专业技术知识的介绍上以符合学生的认知规律为前提，力求对专业学生在专业认识上具有启发性，并兼顾对非专业人员阅读理解的适用性。

本书由储江伟、李世武担任主编，全书共8章。其中，储江伟（东北林业大学）编写 第1章概论、第2章汽车服务工程专业及其相关学科、第3章汽车服务体系及其专业知识结构；李世武（吉林大学）编写第4章汽车服务工程专业教学质量标准；储江伟、李宏刚（东北林业大学）编写第5章汽车服务工程专业人才培养方案；李世武（吉林大学）、詹长书（东北林业大学）编写第6章汽车服务工程专业实践教学要求；储江伟、陈萌（东北林业大学）编写第7章国外汽车工程技术专业教育简介；吴晓红（东北林业大学）、张鹏（黑龙江工程学院）编写第8章汽车服务工程专业学生就业与考研选择。

本书在编写过程中，得到了中国机械工业教育协会汽车服务工程学科教学委员会及其有关专家的指导，在此致以诚挚的谢意！除所列参考文献外，还参考了没有一一列出的其他书籍、论文、标准、法规、网页等相关资料，在此向原作者致以敬意！

限于编写时间和编者水平，本书难免存在某些不足或错误，恳请读者指正并提出宝贵意见和建议，以便及时修改。

编　者

目 录

第 1 章

概　　论

1.1　我国普通高等教育概况

1.1.1　我国高等教育法律法规

1. 教育法概要

为了发展教育事业，提高全民族的素质，促进社会主义物质文明和精神文明建设，根据《中华人民共和国宪法》，制定了《中华人民共和国教育法》。该法于 1995 年 3 月 18 日第八届全国人民代表大会第三次会议通过；根据 2009 年 8 月 27 日第十一届全国人民代表大会常务委员会第十次会议《关于修改部分法律的决定》第一次修正；根据 2015 年 12 月 27 日第十二届全国人民代表大会常务委员会第十八次会议《关于修改〈中华人民共和国教育法〉的决定》第二次修正。全文共十章八十六条。该法规定：

国家坚持以马克思列宁主义、毛泽东思想和建设有中国特色社会主义理论为指导，遵循宪法确定的基本原则，发展社会主义的教育事业。教育是社会主义现代化建设的基础，国家保障教育事业优先发展。

教育必须为社会主义现代化建设服务、为人民服务，必须与生产劳动和社会实践相结合，培养德、智、体、美等方面全面发展的社会主义建设者和接班人。

教育应当坚持立德树人，对受教育者加强社会主义核心价值观教育，增强受教育者的社会责任感、创新精神和实践能力。

国家在受教育者中进行爱国主义、集体主义、中国特色社会主义的教育，进行理想、道德、纪律、法治、国防和民族团结的教育。教育应当继承和弘扬中华民族优秀的历史文化传统，吸收人类文明发展的一切优秀成果。

2. 高等教育法概要

为了发展高等教育事业，实施科教兴国战略，促进社会主义物质文明和精神文明建设，根据《中华人民共和国宪法》和《中华人民共和国教育法》，制定了《中华人民共和国高等教育法》。该法于 1998 年 8 月 29 日第九届全国人民代表大会常务委员会第四次会议通过；根据 2015 年 12 月 27 日第十二届全国人民代表大会常务委员会第十八次会议《关于修改〈中华人民共和国高等教育法〉的决定》第一次修正。根据 2018 年 12 月 29 日第十三届全国人民代表大会常务委员会第七次会议《关于修改〈中华人民共和国电力法〉等四部法律的决定》第二次修正，全文共八章六十九条。

高等教育是指在完成高级中等教育基础上实施的教育。国家坚持以马克思列宁主义、毛泽东思想、邓小平理论为指导，遵循宪法确定的基本原则，发展社会主义的高等教育事业。高等教育必须贯彻国家的教育方针，为社会主义现代化建设服务、为人民服务，与生产劳动和社会实践相结合，使受教育者成为德、智、体、美等方面全面发展的社会主义建设者和接班人。

高等教育的任务是培养具有社会责任感、创新精神和实践能力的高级专门人才，发展科学技术文化，促进社会主义现代化建设。

国家按照社会主义现代化建设和发展社会主义市场经济的需要，根据不同类型、不同层次高等学校的实际，推进高等教育体制改革和高等教育教学改革，优化高等教育结构和资源配置，提高高等教育的质量和效益。

国家依法保障高等学校中的科学研究、文学艺术创作和其他文化活动的自由。在高等学校中从事科学研究、文学艺术创作和其他文化活动，应当遵守法律。

高等学校应当以培养人才为中心，开展教学、科学研究和社会服务，保证教育教学质量达到国家规定的标准。

国家举办的高等学校实行中国共产党高等学校基层委员会领导下的校长负责制。中国共产党高等学校基层委员会按照中国共产党章程和有关规定，统一领导学校工作，支持校长独立负责地行使职权，其领导职责主要是：执行中国共产党的路线、方针、政策，坚持社会主义办学方向，领导学校的思想政治工作和德育工作，讨论决定学校内部组织机构的设置和内部组织机构负责人的人选，讨论决定学校的改革、发展和基本管理制度等重大事项，保证以培养人才为中心的各项任务的完成。

高等学校的学生应当遵守法律、法规，遵守学生行为规范和学校的各项管理制度，尊敬师长，刻苦学习，增强体质，树立爱国主义、集体主义和社会主义思想，努力学习马克思列宁主义、毛泽东思想、邓小平理论，具有良好的思想品德，掌握较高的科学文化知识和专业技能。高等学校学生的合法权益，受法律保护。

高等学校的学生应当按照国家规定缴纳学费。家庭经济困难的学生，可以申请补助或者减免学费。国家设立奖学金，并鼓励高等学校、企业事业组织、社会团体以及其他社会组织和个人按照国家有关规定设立各种形式的奖学金，对品学兼优的学生、国家规定的专业的学生以及到国家规定的地区工作的学生给予奖励。国家设立高等学校学生勤工助学基金和贷学金，并鼓励高等学校、企业事业组织、社会团体以及其他社会组织和个人设立各种形式的助学金，对家庭经济困难的学生提供帮助。获得贷学金及助学金的学生，应当履行相应的义务。

高等学校的学生在课余时间可以参加社会服务和勤工助学活动，但不得影响学业任务的完成。高等学校应当对学生的社会服务和勤工助学活动给予鼓励和支持，并进行引导和管理。

高等学校的学生，可以在校内组织学生团体。学生团体在法律、法规规定的范围内活动，服从学校的领导和管理。高等学校的学生思想品德合格，在规定的修业年限内学完规定的课程，成绩合格或者修满相应的学分，准予毕业。高等学校应当为毕业生、结业生提供就业指导和服务。国家鼓励高等学校毕业生到边远、艰苦地区工作。

高等学校是指大学、独立设置的学院和高等专科学校，其中包括高等职业学校和成人高等学校；其他高等教育机构是指除高等学校和经批准承担研究生教育任务的科学研究机构以外的从事高等教育活动的组织。

《中华人民共和国高等教育法》有关高等学校的规定适用于其他高等教育机构和经批准承担研究生教育任务的科学研究机构，但是对高等学校专门适用的规定除外。

1.1.2　我国高等教育制度

《中华人民共和国教育法》关于教育制度的规定是：国家实行学前教育、初等教育、中等教育、高等教育的学校教育制度。

国家实行学业证书制度，经国家批准设立或者认可的学校及其他教育机构按照国家有关规定，颁发学历证书或者其他学业证书。

国家实行学位制度，学位授予单位依法对达到一定学术水平或者专业技术水平的人员授予相应的学位，颁发学位证书。

《中华人民共和国高等教育法》关于高等教育基本制度的规定是：高等教育包括学历教育和非学历教育；高等教育采用全日制和非全日制教育形式。国家支持采用广播、电视、函授及其他远程教育方式实施高等教育。

高等教育由高等学校和其他高等教育机构实施。大学、独立设置的学院主要实施本科及本科以上教育。高等专科学校实施专科教育。经国务院教育行政部门批准，科学研究机构可以承担研究生教育的任务。其他高等教育机构实施非学历高等教育。

高级中等教育毕业或者具有同等学力的，经考试合格，由实施相应学历教育的高等学校录取，取得专科生或者本科生入学资格。

本科毕业或者具有同等学力的，经考试合格，由实施相应学历教育的高等学校或者经批准承担研究生教育任务的科学研究机构录取，取得硕士研究生入学资格。

硕士研究生毕业或者具有同等学力的，经考试合格，由实施相应学历教育的高等学校或者经批准承担研究生教育任务的科学研究机构录取，取得博士研究生入学资格。允许特定学科和专业的本科毕业生直接取得博士研究生入学资格,具体办法由国务院教育行政部门规定。

国家实行高等教育自学考试制度,经考试合格的,发给相应的学历证书或者其他学业证书。

国家实行学位制度。学位分为学士、硕士和博士。公民通过接受高等教育或者自学,其学业水平达到国家规定的学位标准,可以向学位授予单位申请授予相应的学位。

1.1.3　高等教育学业标准

《中华人民共和国高等教育法》中关于高等学历教育分为专科教育、本科教育和研究生教育。

高等学历教育应当符合下列学业标准:

1)专科教育应当使学生掌握本专业必备的基础理论、专门知识,具有从事本专业实际工作的基本技能和初步能力。

2)本科教育应当使学生比较系统地掌握本学科、专业必需的基础理论、基本知识,掌握本专业必要的基本技能、方法和相关知识,具有从事本专业实际工作和研究工作的初步能力。

3)硕士研究生教育应当使学生掌握本学科坚实的基础理论、系统的专业知识,掌握相应的技能、方法和相关知识,具有从事本专业实际工作和科学研究工作的能力。博士研究生教育应当使学生掌握本学科坚实宽广的基础理论、系统深入的专业知识、相应的技能和方法,具有独立从事本学科创造性科学研究工作和实际工作的能力。

专科教育的基本修业年限为二至三年,本科教育的基本修业年限为四至五年,硕士研究生教育的基本修业年限为二至三年,博士研究生教育的基本修业年限为三至四年。非全日制高等学历教育的修业年限应当适当延长。高等学校根据实际需要,报主管的教育行政部门批准,可以对本学校的修业年限做出调整。

接受高等学历教育的学生,由所在高等学校或者经批准承担研究生教育任务的科学研究机构根据其修业年限、学业成绩等,按照国家有关规定,发给相应的学历证书或者其他学业证书。接受非学历高等教育的学生,由所在高等学校或者其他高等教育机构发给相应的结业证书。结业证书应当载明修业年限和学业内容。

1.1.4　我国高等教育的发展

1. 大学的起源

在 11 世纪末,意大利的博洛尼亚出现了一个今天被称为大学的机构。据历史记载,这是由学者佩波内(Pepone)和依内里奥(Irnerio)提出的设想。1158 年,当罗马皇帝费迪南德一世(Federico I)在听取了依内里奥等的建议之后颁布法令,规定大学是一个不受任何影响进行独立研究的场所。皇帝的法令为大学的产生和发展提供了可能，佩波内和依内里奥等学者则实施了这个可能。最初，大学仅以语法、修辞和逻辑等学问研究为主。当时的西欧是政、教分立，罗马皇帝和教皇都想掌握统治权，他们既有妥协又有矛盾。博洛尼亚大学在罗马教皇统治中心的附近，给过大学一点支持的皇帝在与教皇的斗争中屡屡败北，大学中的科学思想与理性思维的发展也步履艰难。

巴黎大学的建立虽然晚于博洛尼亚大学，且由神学院转化而来，但巴黎大学却有超越博洛尼亚大学之势。其后，英国的大学加入角逐。在英、法的大学影响下，德国的大学也逐渐兴起。第一次世界大战后，德国百业萧条，大学本应对德国的发展发挥重大作用，结果大学的成果却被法西斯所利用。第二次世界大战后，美国的大学为美国的发展做出了卓越贡献。因此，大学从它产生到现在已有上千年的历史，从欧洲中世纪大学、英国大学、德国大学再到美国大学逐渐演化。

大学不仅是人类文化发展到一定阶段的产物，在长期办学实践的基础上，经过历史的积淀、自身的努力和外部环境的影响，还逐步形成了一种独特的大学文化。大学的使命是要保护、传授、推进和丰富知识与文化。大学不仅仅是客观的物质存在，更是一种文化存在和精神存在。大学的物质存在很简单，包括仪器、设备、大楼等。然而，大学之所以称为大学，关键在于它的文化存在和精神存在。大学的文化是追求真理的文化，是严谨求实的文化，是追求理想和人生抱负的文化，是崇尚学术自由的文化，是提倡理论联系实际的文化，是崇尚道德的文化，是大度包容的文化，是具有强烈批判精神的文化。大学文化体现的是一种共性，其核心与灵魂则体现于大学的精神。大学理念是人们对大学的理性审视、理想追求及所持有的教育观念或哲学观点。综观各国高等教育发展的历程，由于意识形态、时代、大学类型、研究者各不相同，关于大学的理念，存在着多种阐释。

以英国为代表的人文主义大学理念。英国的大学在很长的时间内，其办学的目的是为教会和政府培养高级神职人员和官吏，强调培养有教养的人，坚持大学的职责是实施博雅教育（Liberal Education），而博雅教育存在于文化之中。大学要为学生提供智能、理性和思考的练习，把智力训练作为它直接活动的范围。这种大学理念影响了英国高等教育的发展规模和管理模式。直到 19 世纪，为了适应经济发展的需要，英国才出现了一批新大学和技术学院，进而形成了英国高等教育的双重发展模式。

以德国为代表的科学主义大学理念。1810 年，威廉·洪堡创建柏林大学之后，首先提出了"学术自由""教学与研究相统一"的办学原则，明确要求教师和学生致力于学术性的科学研究工作。在教师聘用过程中特别强调教师的科学研究能力，注重培养学生探索新知识、领悟新方法的能力。

以美国为代表的实用主义大学理念。早期的美国高等教育深受英国传统大学模式的影响。独立战争之后，为促进美国经济与社会发展的需要，1886 年，美国国会颁布了

《莫利尔法案》，促进了一大批赠地学院的产生，为美国农业、工业和商业的发展打下技术基础。此后，随着经济的发展和繁荣，特别是第二次世界大战以后，国际竞争的加剧、高等教育大众化的逐步推进，以及"人力资本理论"等一系列新理论、新观念的提出，美国高等教育与市场经济的联系就更为紧密，两者的关系是市场经济促进了高等教育的发展，而高等教育的发展又反过来推动了市场经济的进一步发展。

《中华人民共和国高等教育法》的"第四章　高等学校的组织和活动"中第三十一条规定：高等学校应当以培养人才为中心，开展教学、科学研究和社会服务，保证教育教学质量达到国家规定的标准。

一个民族的生存、发展和进步取决于创新能力，教育是通向未来的桥梁。教育的目的是启迪智慧。但未来教育不仅要"立德树人""启而求真"，还必须"知行合一"，培养学生发现、创新、创造和改变的能力，才能真正推动人类进步。

2. 中国大学的创立

在中国，大学的创立与发展已有一百多年的历史。1895 年，清政府批准创办了北洋大学堂；1898 年，设立京师大学堂。辛亥革命后，许多大学的创办者、管理人员和教授经历过欧美的高等教育的陶冶，为大学在中国的创立提供了智力基础。按办学层次分为大学、独立学院和专科；按办学性质分为国立、省立和私立。截至 1948 年 7 月，全国有各类高等院校 210 所。其中，国立大学 31 所，私立大学 25 所；国立独立学院 23 所，省立独立学院 24 所，私立独立学院 32 所；国立专科学校 20 所，省立专科学校 32 所，私立专科学校 23 所。

有很多高校在新中国成立前已经十分有影响力，如北京大学、清华大学。五四运动中，北京大学是新文化运动的主要阵地；抗日战争前夕，北京大学是抗日救国一致对外的重要力量之源。抗日战争爆发之后，北京大学、清华大学与南开大学等高校迁往长沙，称为"国立长沙临时大学"。1938 年，鉴于长沙的战局紧迫，三校迁往昆明，称为"西南联合大学"。

1879 年，美国圣公会在上海创办了教会大学——圣约翰大学。在整个 20 世纪上半叶，基督新教教会在中国设立了 17 所教会大学，天主教教会设立了 4 所教会大学。新中国成立后，教育主权恢复，教会大学收归国有。在 1952 年的全国院校大调整中，原教会大学的校名全部取消，改名或与其他大学合并。

3. 新中国高等教育的发展

新中国成立以后，国家将所有接受外国资助的高等学校全部接管，私立高等学校改为公立，并按苏联模式重建高等教育制度，形成了新的教育制度和体制。普通高等学校的设置分为大学和独立学院，按办学性质可以分为：

1）研究型和综合性大学——重点的综合性大学或工程大学。

2）应用型和专业性大学——普通高等学校，特别是地方高等学校。

3）职业性和技能型学院——高等职业学院。

1952 年，高等院校进行院系调整，其基本特点是：①教育实行高度集中的管理，教育计划与国家建设计划紧密相连；②教育的重心直接与建设的工程与科学技术相关；③削减综合性大学，以发展专门学院为主；④实行"专才教育"模式，按产业、行业甚至产品设学院、科系和专业；⑤全部学费由国家承担，毕业生由国家分配。

院系调整的结果是，通过集中国家资源，迅速培养出大批专业人才，为我国的工业化建设和科学技术发展奠定了基础。但是，综合性大学由 1949 年的 49 所变为 1953 年的 14 所；文科、政法、财贸等学校的学生由 33.1% 下降到 14.9%，到 1962 年下降到 6.8%。

院系调整的不足和弊端是：①综合性大学和文科教育被极大地削弱；②"重理轻文"的价值观蔓延到全社会；③专业划分过窄，使人才的适应性和创造性较差；④学校和专业重复设置，学校规模极小，办学效益低。

1966—1976 年，"文化大革命"造成了高等教育的中断和荒废。

1977 年，恢复高考制度，我国高等教育进入了新的发展时期。

1978 年，恢复全国统一招生。全国高等学校为 598 所，当年招生 40.1 万人，在校生 86.7 万人。

20 世纪 80 年代，高等教育快速发展，年均招生增长 7.5%。

20 世纪 90 年代，高等学校开始新的体制改革。大多数学校的管理权下放到省、市、自治区；大学合并，建文、理、工、农、医学科门类齐全的综合性大学，有 406 所院校被合并为 171 所；360 所中央部门学校实行"中央与地方共建，以地方管理为主"；教育部管理 71 所，其他部门管理 40 所。

1992 年，国家教委开始在高等学校开展"211 工程"建设项目，即面向 21 世纪，重点建设 100 所左右的高等学校和一批重点学科，以加快国家经济建设，促进科技文化发展，增强国家的综合国力和国际竞争能力。1995 年，确定出了首批进入"211 工程"的 15 所高校，在"九五"期间予以重点改善和提高。

1998 年，教育部制定《面向 21 世纪中国教育振兴行动计划》，确定重点建设北京大学、清华大学两所大学，以期建成具有竞争力的世界一流大学，即"985"大学。

1999 年，开始扩大招生。当年招生 153 万人，增招 45 万人，增幅 42%。成人扩招 10 万人，研究生扩招 3900 人，实际招生总数近 270 万人。高等学校在校人数 718.9 万人，增加 95.82 万人。高等教育毛入学率 10.5%。

2006 年，我国高等学校在校生总数超过 2300 万，毛入学率达到 21%。"高等教育大众化"的毛入学率标准是 15%~50%，低于 15% 为精英教育，超过 50% 为普及教育。

截至 2017 年 5 月 31 日统计，全国高等学校共计 2914 所。根据教育部公布的名单，目前我国共有普通高等学校 2631 所（含独立学院 265 所），成人高等学校 283 所。

4. 高校"双一流建设"简介

2016 年,《教育部关于中央部门所属高校深化教育教学改革的指导意见》中提出,"全面贯彻党的十八大和十八届三中、四中、五中全会精神,深入学习贯彻习近平总书记系列重要讲话精神,以'创新、协调、绿色、开放、共享'五大发展理念为引领,全面贯彻党的教育方针,落实立德树人根本任务,以支撑创新驱动发展战略、服务经济社会发展为导向,在统筹推进一流大学和一流学科建设进程中,建设一流本科教育,全面提高教学水平和人才培养质量,切实增强学生的社会责任感、创新精神和实践能力"的基本思路。其总体目标是"到 2020 年,中央高校人才培养中心地位和本科教学基础地位得到进一步巩固和加强,学科专业结构和人才培养类型结构更加适应国家和区域经济社会发展需要,协同育人机制更加优化,创新创业教育改革形成制度化成果,信息技术与教育教学深度融合,教师培训体系实现制度化、专业化、网络化,基础学科拔尖学生培养取得新进展,高等教育发展更加协调,涌现出一批社会公认、具有国际影响力的本科教育高校"。

2017 年 1 月 24 日,教育部、财政部、国家发展改革委关于印发《统筹推进世界一流大学和一流学科建设实施办法(暂行)》的通知(教研〔2017〕2 号),实施办法中第二条提出"全面贯彻党的教育方针,坚持社会主义办学方向,按照'四个全面'战略布局和创新、协调、绿色、开放、共享发展理念,以中国特色、世界一流为核心,落实立德树人根本任务,以一流为目标、以学科为基础、以绩效为杠杆、以改革为动力,推动一批高水平大学和学科进入世界一流行列或前列,为实现'两个一百年'奋斗目标、实现中华民族伟大复兴的中国梦提供有力支撑"。

每五年为一个建设周期,2016 年开始新一轮建设。建设高校实行总量控制、开放竞争、动态调整。面向国家重大战略需求,面向经济社会主战场,面向世界科技发展前沿,突出建设的质量效益、社会贡献度和国际影响力,突出学科交叉融合和协同创新,突出与产业发展、社会需求、科技前沿紧密衔接,深化产教融合,全面提升我国高等教育在人才培养、科学研究、社会服务、文化传承创新和国际交流合作中的综合实力。

到 2020 年,若干所大学和一批学科进入世界一流行列,若干学科进入世界一流学科前列;到 2030 年,更多的大学和学科进入世界一流行列,若干所大学进入世界一流大学前列,一批学科进入世界一流学科前列,高等教育整体实力显著提升;到本世纪中叶,一流大学和一流学科的数量和实力进入世界前列,基本建成高等教育强国。

加强总体规划,坚持扶优扶需扶特扶新,按照"一流大学"和"一流学科"两类布局建设高校,引导和支持具备较强实力的高校合理定位、办出特色、差别化发展,努力形成支撑国家长远发展的一流大学和一流学科体系。

坚持以学科为基础,支持建设一百个左右学科,着力打造学科领域高峰。支持一批接近或达到世界先进水平的学科,加强建设关系国家安全和重大利益的学科,鼓励新兴学科、交叉学科，布局一批国家急需、支撑产业转型升级和区域发展的学科，积极建设具有中国特色、中国风格、中国气派的哲学社会科学体系，着力解决经济社会中的重大战略问题，提升国家自主创新能力和核心竞争力。强化学科建设绩效考核，引领高校提高办学水平和综合实力。

建设世界一流大学和一流学科要坚持"中国特色，世界水平"的原则，中国特色的高等教育已经积累了几十年的办学经验，先后建设了一批学科特色鲜明的大学，比如地质、矿业、石油、电力、钢铁等独立建制的大学，这些大学在国家发展中都发挥了重要作用。除了这些学科群特色鲜明的大学外，中国大学群体最鲜明的特色是把人才培养放在首位。国外普遍认为大学的三大功能是"知识的产生、知识的传播和知识的应用"，而国内认为大学的功能包括"人才培养、科学研究和社会服务"，后来又增加了"文化传承和国际合作"。知识的产生就是所谓的科研，知识的传播等同于人才培养，知识的应用就是社会服务，文化传承和国际合作属于广义的知识传播和社会服务。

对大学三大功能的认识虽然一致，但所排顺序是不同的。我国的大学把人才培养排在第一位，国外的大学把知识的产生（科学研究）排在第一位。例如，哈佛大学是以培养研究生和从事科学研究为主的综合性大学，在其 13 个主要学院中，只有 4 个学院招收本科生，其他学院只招研究生。北美大学联合会（AAU）中的 60 所美国大学培养了美国 45% 的博士研究生，这些大学 2015 年获得的联邦政府科研经费的比例占全国的 59%。

世界一流大学和一流学科建设的出发点和落脚点是提高高等教育的质量。提高高等教育质量包括提高培养人才质量、提升科研水平和增强为社会服务的能力等。大学人才培养离不开科学研究，特别是基础科学研究。基础研究取得的成果通常是一般的或普遍的科学知识，成果常表现为一般的原则、理论或规律，这些新成果可以及时转化到课堂，写进讲义，有利于提高培养人才质量。

大学的本质功能可以归纳为知识的产生和知识的传播，知识的产生靠科研，知识的传播主要是人才培养。其中，人才培养是中心工作；科学研究除了服务于国家重大科技需求外，也是提高人才培养质量的重要支撑，还是人才培养的重要载体；社会服务和文化传承创新是人才培养和科学研究功能的延伸。大学应始终坚持以教学为中心，以科学研究促进教学水平提升的办学理念。

一方面，大学不同于独立的科研机构，教学始终是大学起源至今的基本职能，也是现代大学工作的中心。人力资源是国家经济社会发展的第一资源，创新驱动的发展方式要求大学源源不断地为社会发展输送高水平专业人才，高等院校所承担的教育任务就更加艰巨。《国家中长期教育改革和发展规划纲要（2010—2020 年）》中提到"提高质量是高等教育发展的核心任务"。因此，大学必须坚持把教学作为首要任务，不断更新教育理念，深化教学改革，提高教学水平，提升知识传播的效率，着力于培养知识丰富、本领过硬的高素质专门人才和拔尖创新人才。

另一方面，科学研究是大学的重要职能，也是促进教学质量提升的重要手段。科学研究是各学科领域获取最新知识的直接途径，是更新和补充教学内容的主要来源，是完善教学方式的核心方法。科学研究的过程是培养人才的主要载体，尤其是在研究生教育阶段，教学过程与科学研究过程密不可分，互相融合。教与学的主体不是各自独立的，教师的任务不只是教，学生的任务也不只是学，教师与学生组成团队共同完成科学研究，在知识生产的同时也使知识得到有效的传播。

育人为本是教育工作的根本要求，是促进人的全面发展的根本之路。世界一流大学和一流学科不仅仅是科学研究走在世界前列的大学，更是重视人才培养的优秀教学型大学，是以科学研究为高水平教学提供支撑的大学。唯有不断提高科研水平，并将最新生产的知识与教育传播相结合，培养出高水平人才，才能始终保持在世界前列，实现"若干所大学达到或接近世界一流大学水平，高等教育国际竞争力显著增强"的目标。

5. 新工科教育教学改革

为主动应对新一轮科技革命与产业变革，支撑服务创新驱动发展、"中国制造2025"等一系列国家战略。2017年2月以来，教育部积极推进新工科（Emerging Engineering Education）建设，先后形成了"复旦共识"、"天大行动"和"北京指南"，并发布了《关于开展新工科研究与实践的通知》《关于推进新工科研究与实践项目的通知》，全力探索形成领跑全球工程教育的中国模式、中国经验，助力高等教育强国建设。

2017年2月18日，教育部在复旦大学召开了高等工程教育发展战略研讨会，与会高校对新时期工程人才培养进行了热烈讨论，共同探讨了新工科的内涵特征、新工科建设与发展的路径选择，并达成了以下共识：①我国高等工程教育改革发展已经站在新的历史起点；②世界高等工程教育面临新机遇、新挑战；③我国高校要加快建设和发展新工科；④工科优势高校要对工程科技创新和产业创新发挥主体作用；⑤综合性高校要对催生新技术和孕育新产业发挥引领作用；⑥地方高校要对区域经济发展和产业转型升级发挥支撑作用；⑦新工科建设需要政府部门大力支持；⑧新工科建设需要社会力量积极参与；⑨新工科建设需要借鉴国际经验、加强国际合作；⑩新工科建设需要加强研究和实践。

2017年4月8日，教育部在天津大学召开了新工科建设研讨会，60余所高校共商新工科建设的愿景与行动。与会代表一致认为，培养造就一大批多样化、创新型卓越工程科技人才，为我国产业发展和国际竞争提供智力和人才支撑，既是当务之急，也是长远之策。主要行动方向是：①探索建立工科发展新范式；②问产业需求建专业，构建工科专业新结构；③问技术发展改内容，更新工程人才知识体系；④问学生志趣变方法，创新工程教育方式与手段；⑤问学校主体推改革，探索新工科自主发展、自我激励机制；⑥问内外资源创条件，打造工程教育开放融合新生态；⑦问国际前沿立标准，增强工程教育国际竞争力。

2017 年 6 月 9 日，教育部在北京召开新工科研究与实践专家组成立暨第一次工作会议，全面启动、系统部署新工科建设。30 余位来自高校、企业和研究机构的专家深入研讨新工业革命带来的时代新机遇、聚焦国家新需求、谋划工程教育新发展，审议通过了《新工科研究与实践项目指南》，提出了新工科建设指导意见。其主要内容是：①明确目标要求；②更加注重理念引领；③更加注重结构优化；④更加注重模式创新；⑤更加注重质量保障；⑥更加注重分类发展；⑦形成一批示范成果。

复旦共识、天大行动和北京指南，构成了新工科建设的"三部曲"，开拓了工程教育改革新路径。深入系统地开展新工科研究和实践，从理论上创新、从政策上完善、在实践中推进和落实，一步步将建设工程教育强国的蓝图变成现实，建立中国模式、制定中国标准、形成中国品牌，打造世界工程创新中心和人才高地，为实现"两个一百年"奋斗目标和中华民族伟大复兴的中国梦做出积极贡献。教育部将拓展实施"卓越工程师教育培养计划"（2.0 版），适时增加"新工科"专业点；在产学合作协同育人项目中设置"新工科建设专题"，汇聚企业资源。鼓励部属高校统筹使用中央高校教育教学改革专项经费；鼓励"双一流"建设高校将"新工科"研究与实践项目纳入"双一流"建设总体方案。鼓励各地教育行政部门认定省级"新工科"研究与实践项目，并采用多种渠道提供经费支持。积极争取地方人民政府将"新工科"建设列入产业发展规划、人才发展规划等。

1.1.5　高校思想政治教育与立德树人使命

高等学校人才培养是育人和育才相统一的过程。培养什么人、怎样培养人、为谁培养人是教育的根本问题，立德树人成效是检验高校一切工作的根本标准。落实立德树人根本任务，必须将价值塑造、知识传授和能力培养三者融为一体、不可割裂。

2016 年 12 月 7—8 日，习近平总书记在全国高校思想政治工作会议上讲话时强调，"要坚持把立德树人作为中心环节，把思想政治工作贯穿教育教学全过程，实现全程育人、全方位育人，努力开创我国高等教育事业发展新局面"。2017 年 10 月 18 日，习近平在中国共产党第十九次全国代表大会上的报告中提出，"要全面贯彻党的教育方针，落实立德树人根本任务，发展素质教育，推进教育公平，培养德智体美全面发展的社会主义建设者和接班人"。2018 年 9 月 10 日，习近平总书记在全国教育大会发表重要讲话，全面总结了党的十八大以来教育改革发展实践中形成的新理念、新思想、新观点，围绕培养什么人、怎样培养人、为谁培养人这一根本问题，提出工作要求、做出战略部署，为加快推动教育现代化、建设教育强国、办好人民满意的教育指明了方向。

2019 年 8 月，由中共中央办公厅、国务院办公厅印发了《关于深化新时代学校思想政治理论课改革创新的若干意见》，其指导思想是：全面贯彻党的教育方针，坚持马克思主义指导地位，贯彻落实习近平新时代中国特色社会主义思想，坚持社会主义办学方向，落实立德树人根本任务，坚持教育为人民服务、为中国共产党治国理政服务、为巩固和发展中国特色社会主义制度服务、为改革开放和社会主义现代化建设服务，扎根中国大地办教育，同生产劳动和社会实践相结合，加快推进教育现代化、建设教育强国、办好人民满意的教育，努力培养担当民族复兴大任的时代新人，培养德智体美劳全面发展的社会主义建设者和接班人。

2019年11月，中共中央、国务院印发了《新时代爱国主义教育实施纲要》，以大力弘扬爱国主义精神，把爱国主义教育贯穿国民教育和精神文明建设全过程。爱国主义是中华民族的民族心、民族魂，是中华民族最重要的精神财富，是中国人民和中华民族维护民族独立和民族尊严的强大精神动力。爱国主义精神深深植根于中华民族心中，维系着中华大地上各个民族的团结统一，激励着一代又一代中华儿女为祖国发展繁荣而自强不息、不懈奋斗。坚持以马克思列宁主义、毛泽东思想、邓小平理论、"三个代表"重要思想、科学发展观、习近平新时代中国特色社会主义思想为指导，增强"四个意识"，坚定"四个自信"，做到"两个维护"，着眼培养担当民族复兴大任的时代新人，始终高扬爱国主义旗帜，着力培养爱国之情、砥砺强国之志、实践报国之行，使爱国主义成为全体中国人民的坚定信念、精神力量和自觉行动。

2020年4月22日，教育部、中共中央组织部、中共中央宣传部、中共中央政法委员会、中央网络安全和信息化委员会办公室、财政部、人力资源社会保障部、共青团中央联合发布了《教育部等八部门关于加快构建高校思想政治工作体系的意见》（教思政〔2020〕1号），其指导思想是：以习近平新时代中国特色社会主义思想为指导，全面贯彻党的教育方针，坚持和加强党的全面领导，坚持社会主义办学方向，以立德树人为根本，以理想信念教育为核心，以培育和践行社会主义核心价值观为主线，以建立完善全员、全程、全方位育人体制机制为关键，全面提升高校思想政治工作质量。提出的目标任务有：健全立德树人体制机制，把立德树人融入思想道德、文化知识、社会实践教育各环节，贯通学科体系、教学体系、教材体系、管理体系，加快构建目标明确、内容完善、标准健全、运行科学、保障有力、成效显著的高校思想政治工作体系。

2020年5月28日，教育部关于印发《高等学校课程思政建设指导纲要》的通知（教高〔2020〕3号）发布，明确要求把思想政治教育贯穿人才培养体系，发挥好每门课程的育人作用，全面提高人才培养质量。高校课程思政建设是深入贯彻习近平总书记关于教育的重要论述和全国教育大会精神、落实立德树人根本任务的战略举措，要在所有高校、所有学科专业全面推进。课程思政建设内容要紧紧围绕坚定学生理想信念，以爱党、爱国、爱社会主义、爱人民、爱集体为主线，围绕政治认同、家国情怀、文化素养、宪法法治意识、道德修养等重点优化课程思政内容供给，系统进行中国特色社会主义和中国梦教育、社会主义核心价值观教育、法治教育、劳动教育、心理健康教育、中华优秀传统文化教育。

在《高等学校课程思政建设指导纲要》中提出的课程思政建设目标要求和内容的重点是：

——推进习近平新时代中国特色社会主义思想进教材进课堂进头脑。坚持不懈用习近平新时代中国特色社会主义思想铸魂育人，引导学生了解世情国情党情民情，增强对党的创新理论的政治认同、思想认同、情感认同，坚定中国特色社会主义道路自信、理论自信、制度自信、文化自信。

——培育和践行社会主义核心价值观。教育引导学生把国家、社会、公民的价值要求融为一体，提高个人的爱国、敬业、诚信、友善修养，自觉把小我融入大我，不断追求国家的富强、民主、文明、和谐和社会的自由、平等、公正、法治，将社会主义核心价值观内化为精神追求、外化为自觉行动。

——加强中华优秀传统文化教育。大力弘扬以爱国主义为核心的民族精神和以改革创新为核心的时代精神，教育引导学生深刻理解中华优秀传统文化中讲仁爱、重民本、守诚信、崇正义、尚和合、求大同的思想精华和时代价值，教育引导学生传承中华文脉，富有中国心、饱含中国情、充满中国味。

——深入开展宪法法治教育。教育引导学生学思践悟习近平全面依法治国新理念新思想新战略，牢固树立法治观念，坚定走中国特色社会主义法治道路的理想和信念，深化对法治理念、法治原则、重要法律概念的认知，提高运用法治思维和法治方式维护自身权利、参与社会公共事务、化解矛盾纠纷的意识和能力。

——深化职业理想和职业道德教育。教育引导学生深刻理解并自觉实践各行业的职业精神和职业规范，增强职业责任感，培养遵纪守法、爱岗敬业、无私奉献、诚实守信、公道办事、开拓创新的职业品格和行为习惯。

在《高等学校课程思政建设指导纲要》中，根据不同课程的学科专业特点和育人要求，按照公共基础课程、专业教育课程、实践类课程三种类型，分别明确了每类课程进行课程思政建设的重点：

1）公共基础课程。以提高大学生思想道德修养、人文素质、科学精神、宪法法治意识、国家安全意识和认知能力为重点，注重在潜移默化中坚定学生理想信念、厚植爱国主义情怀、加强品德修养、增长知识见识、培养奋斗精神，提升学生综合素质。打造一批有特色的体育、美育类课程，帮助学生在体育锻炼中享受乐趣、增强体质、健全人格、锤炼意志，在美育教学中提升审美素养、陶冶情操、温润心灵、激发创造创新活力。

2）专业教育课程。根据不同学科专业的特色和优势，深入研究不同专业的育人目标，深度挖掘提炼专业知识体系中所蕴含的思想价值和精神内涵，科学合理拓展专业课程的广度、深度和温度，从课程所涉专业、行业、国家、国际、文化、历史等角度，增加课程的知识性、人文性，提升引领性、时代性和开放性。

3）实践类课程。专业实验实践课程，要注重学思结合、知行统一，增强学生勇于探索的创新精神、善于解决问题的实践能力。创新创业教育课程，要注重让学生"敢闯会创"，在亲身参与中增强创新精神、创造意识和创业能力。社会实践类课程，要注重教育和引导学生弘扬劳动精神，将"读万卷书"与"行万里路"相结合，扎根中国大地了解国情民情，在实践中增长智慧才干，在艰苦奋斗中锤炼意志品质。

同时，《高等学校课程思政建设指导纲要》又按照学科专业特点，分别提出文史哲类、经管法类、教育学类、理工类、农学类、医学类、艺术类七大类专业课程的具体建设目标。针对理学、工学类专业课程的要求是：要在课程教学中把马克思主义立场观点方法的教育与科学精神的培养结合起来，提高学生正确认识问题、分析问题和解决问题的能力。理学类专业课程，要注重科学思维方法的训练和科学伦理的教育，培养学生探索未知、追求真理、勇攀科学高峰的责任感和使命感。工学类专业课程，要注重强化学生工程伦理教育，培养学生精益求精的大国工匠精神，激发学生科技报国的家国情怀和使命担当。

1.2 我国汽车产业发展现状

1.2.1 汽车整车制造业

进入 21 世纪以来，我国汽车产业快速发展，形成了种类齐全、配套完整的产业体系。整车研发能力明显增强，产品质量水平稳步提高，中国品牌迅速成长，国际化发展能力逐步提升。特别是近年来，在商用车和运动型多用途乘用车等细分市场形成了一定的竞争优势，新能源汽车发展取得重大进展，由培育期进入成长期。汽车产业不断发展壮大，在国民经济中的地位和作用持续增强，对推动经济增长、促进社会就业、改善民生福祉做出了突出贡献。汽车相关产业税收占全国税收比、从业人员占全国城镇就业人数比、汽车销售额占全国商品零售额比均连续多年超过 10%。与此同时，我国汽车产业大而不强的问题依然突出，表现在关键核心技术掌握不足，产业链条存在短板，创新体系仍需完善，国际品牌建设滞缓，企业实力亟待提升，产能过剩风险显现，商用车安全性能有待提高。汽车保有量的增长带来的能源、环保、交通等问题日益凸显。因此，汽车产业发展形势面临重大变化，产品形态和生产方式将深度变革。

随着能源革命和新材料、新一代信息技术的不断突破，汽车产品加快向新能源、轻量化、智能和网联的方向发展，汽车正从交通工具转变为大型移动智能终端、储能单元和数字空间，乘员、车辆、货物、运营平台与基础设施等实现智能互联和数据共享。汽车生产方式向充分互联协作的智能制造体系演进，产业上下游关系更加紧密，生产资源实现全球高效配置，研发制造效率大幅提升，个性化定制生产模式将成为趋势。

新兴需求和商业模式加速涌现，表现在互联网与汽车产业的深度融合。安全驾乘、便捷出行、移动办公、本地服务、娱乐休闲等需求充分释放，使用户体验成为影响汽车消费的重要因素。互联网社交圈对消费的导向作用逐渐增强，消费需求的多元化特征日趋明显，老龄化和新生代用户比例持续提升，共享出行、个性化服务成为主要方向。

产业格局和生态体系深刻调整，促使产业升级战略、产业创新和融合发展加快推进。例如，发展中国家利用成本、市场等优势加紧布局汽车产业，积极承接国际产业和资本转移；我国深化改革全面推进，汽车产业国际化发展进程提速。互联网等新兴科技企业大举进入汽车行业，使产业边界日趋模糊。传统企业和新兴企业竞合交融发展，价值链、供应链、创新链发生深刻变化，全球汽车产业生态正在重塑。

新能源汽车和智能网联汽车有望成为抢占先机、赶超发展的突破口，我国建设汽车强国具备较好基础和有利条件。随着我国新能源汽车技术水平大幅提升，产业规模快速扩大，产业链日趋完善；支撑汽车智能化、网联化发展的信息技术产业实力不断增强，互联网产业在全球占有一定优势，信息通信领域技术和标准的国际话语权大幅提高，北斗卫星导航系统实现全球组网，潜力巨大、层次丰富的市场需求为汽车产业发展提供持续动力和上升空间。同时，随着新型工业化和城镇化加快推进，维修保养、金融保险、二手车等后市场规模将快速扩大。同时，差异化、多元化的消费需求，将推动企业在技术、产品、服务、标准等多维度创新发展。

制造强国战略的实施和"一带一路"建设也为汽车产业的发展提供了重要支撑和发展机遇。智能制造将有力推动产业转型升级，逐步夯实共性技术基础；"一带一路"建设将使海外发展通道更加畅通，沿线市场开发更为便捷，汽车产业协同其他优势产业共谋全球布局、国际发展的机制加快形成。建设汽车强国，必须抓住当前难得的战略机遇，积极应对挑战，加强统筹规划，强化创新驱动，促进跨界融合，完善体制机制，推动结构调整和转型升级。

汽车行业是推动新一轮科技革命和产业变革的重要力量，是建设制造强国的重要支撑，是国民经济的重要支柱。汽车产业健康、可持续发展，事关人民群众的日常出行、社会资源的顺畅流通和生态文明的全面跃升。当前，新一代信息通信、新能源、新材料等技术与汽车产业加快融合，产业生态深刻变革，竞争格局全面重塑，我国汽车产业进入转型升级、由大变强的战略机遇期。随着全球经济一体化及产业分工的日益加深，我国汽车产业发展迅速。2009年我国汽车产销量超过1380万辆，并且连续多年位居全球首位。

借助汽车智能产业化窗口开启的契机，计算机、电子、互联网、汽车零部件等行业纷纷融入汽车智能化大潮中，产业融合大趋势为各路企业提供了非常广阔的市场前景。当前阶段，汽车智能化仍处于产业化初期阶段，受益最为明显的是车联网和高级辅助驾驶相关产品，一类是直接与汽车智能化相关联的行业，如毫米波雷达、车载摄像头、车载 T-BOX、车载智能中控等单体产品以及专业汽车智能系统模块；一类则是作为执行层面的传统汽车零部件的智能化，以及汽车智能化必需的汽车零部件电子化，汽车智能执行层面主要集中于智能转向、智能制动、智能驱动等方向领域。

随着汽车智能化需求的不断提升，传统机械方法难以满足车辆性能进一步完善和提升的需求，越来越多的电子产品会应用到汽车零部件的设计和制造。汽车将借助电子化实现车辆功能精确控制，获得更好的车辆操控性能、更优异的安全体验、更清洁的汽车排放，以满足世界各国日益严苛的汽车技术法规，满足社会对汽车产品节能、环保、安全的更高诉求。同时，随着人们生活水平的不断提高，汽车消费持续升级，人们亦更加追求车辆乘坐的舒适性和操控的便利性，更多追逐兼具交通、娱乐、办公、通信、居家等多种功能的汽车应用场景，丰富多元的电子化配置成为市场消费追逐的新热点和汽车新产品的新卖点。

在终端市场竞争更趋激烈的大背景下，汽车制造商也将持续加大汽车电子技术的研发和应用，满足日益多元化的市场消费需求，以取得更好的产品竞争优势。在智能化、新能源汽车等多重因素刺激下，汽车电子化进程将加速推进，汽车电子相关产业将迎来战略机遇期。我国汽车电子产业与国际平均水平相比仍存在较大差距，未来在汽车整车成本中的比例将快速增加，拥有广阔的市场空间。

1.2.2　汽车零部件行业

汽车零部件行业是汽车工业发展的基础，是支撑汽车工业持续稳步发展的前提条件。随着经济全球化和市场一体化进程的推进，汽车零部件行业在汽车工业体系中的市场地位逐步得到提升。与此同时，国际汽车零部件供应商正走向独立化、规模化的发展道路，原有的整车装配与零部件生产一体化、大量零部件企业依存于单一汽车厂商以及零部件生产地域化的分工模式已出现变化。随着通用、福特、丰田等跨国汽车公司生产经营由传统的纵向一体化、追求大而全的生产模式逐步转向精简机构、以开发整车项目为主的专业化生产模式，其在扩大产能规模的同时，大幅降低了零部件自制率，取而代之的是与外部零部件企业形成基于市场的配套供应关系。

（1）采购全球化　欧美、日本等发达国家的劳动成本较高，导致其生产的汽车零部件产品缺乏成本优势。20 世纪 90 年代以来，为有效降低生产成本、开拓新兴市场，发达国家汽车零部件企业积极向低成本国家大规模转移生产制造环节，并且逐渐延伸到研发、设计、采购、销售和售后服务环节。

（2）供货系统化　世界各大汽车厂商纷纷改革供应体制，由向多个汽车零部件供应商采购转变为向少数供应商采购；由单个零部件采购转变为模块采购。汽车厂商采购体制的变革，要求零部件供应商不断与之相适应，不但要求零部件供应商扩大自身实力、提高产品开发能力，做到系统化开发和供应，同时还要求其缩短开发周期，提供质量出色的产品。模块化供应使零部件厂商依附于单个汽车厂商的产业组织方式逐渐弱化，汽车零部件企业正走向独立化、规模化的发展道路。

（3）整车轻量化　整车轻量化是指汽车在保持原有的行驶安全性、抗振性以及舒适性等性能不降低，且汽车本身造价不被提高的前提下，有目标地减轻汽车自身的重量。汽车轻量化是设计、材料和先进的加工成形技术的优势集成。可见汽车轻量化实际上是汽车性能提高、重量降低、结构优化、价格合理四方面相结合的一个系统工程。轻量化对于民用车型的意义，集中在两点：提升对能源消耗的经济性与车辆性能的优化。相关资料显示：当汽车质量降低 10% 时，燃油效率可提高 6% ~ 8%；汽车整车质量每减少 100kg，百公里油耗可降低 0.3 ~ 0.6L。在油气煤资源的不可再生及大气环境保护的需求背景下，轻量化、绿色环保化已成为世界汽车发展的潮流。可以说，在汽车产品同质化愈加严重的当下，轻量化技术将成为未来汽车及汽车零部件行业发展的突破口。

近年来，我国汽车零部件行业由于下游整车市场的需求驱动零部件行业实现较快发展。我国汽车零部件制造业的区域集中度较高，且往往与整车制造业形成周边配套体系。我国目前已形成六大汽车产业集群，即以长春为代表的"东北产业集群"，以上海为代表的"长三角产业集群"，以武汉为代表的"中部产业集群"，以北京、天津为代表的"京津冀产业集群"，以广东为代表的"珠三角产业集群"，以重庆为代表的"西南产业集群"。

由于汽车消费市场对安全性、可靠性具有极其严格的要求，国际组织、国家和地区汽车行业协会推行相应的零部件质量管理标准，即零部件供应商必须通过上述机构的第三方评审，方可有资格参与汽车厂审核。通过第三方审核的供应商只有通过由汽车厂主导的第二方评审，才可被汽车厂商确定为潜在供应商，并在被汽车厂授予项目后成为合格供应商。只有具备供货业绩，并在经过一定的时间和业绩积累后，合格供应商才有可能成为汽车厂的核心供应商或全球供应商。作为汽车厂和上一层级零部件供应商，其通常不会采用独家配套的供应模式，而会选择供应商多元化模式，以为其提供稳定、可靠的产品。

1.2.3　汽车产业发展政策

为支持和鼓励我国汽车整车、零部件及其相关行业的发展，政府相关部门制定颁布了一系列政策。

2004 年 6 月，国家发展改革委颁布了《汽车产业发展政策》（国家发展改革委令 2004 年第 8 号），对我国汽车产业包括汽车零部件产业的结构调整、产业升级以及国际竞争力的提高提出了一系列鼓励政策。2009 年 8 月 15 日，工业和信息化部、国家发展改革委令第 10 号颁布了对《汽车产业发展政策》修订的条款。

2009 年 3 月，国务院颁布了《汽车产业调整和振兴规划》，进一步明确了汽车产业调整和振兴的任务以及振兴汽车工业及其零部件工业所应采取的政策措施。

2012 年 6 月，国务院颁布了《节能与新能源汽车产业发展规划（2012—2020 年）》，明确指出：汽车产业是国民经济的重要支柱产业，在国民经济和社会发展中发挥着重要作用。随着我国经济持续快速发展和城镇化进程加速推进，今后较长一段时期汽车需求量仍将保持增长势头，由此带来的能源紧张和环境污染问题将更加突出。加快培育和发展节能汽车与新能源汽车，既是有效缓解能源和环境压力，推动汽车产业可持续发展的紧迫任务，也是加快汽车产业转型升级、培育新的经济增长点和国际竞争优势的战略举措。

2014 年以来，新能源汽车相关支持政策陆续出台，目前主要以补贴政策为主，预计在 2020 年前后退出。2016 年底发布的《关于调整新能源汽车推广应用财政补贴政策的通知》规定，2017 年、2018 年补贴按照新制定的标准执行，2019 年退坡 20%。2019 年双积分政策开始考核，2019 年和 2020 年分别达到 10%、12%。

2014 年 9 月，交通运输部、国家发展改革委、教育部、公安部等 10 部门发布了《关于促进汽车维修业转型升级　提升服务质量的指导意见》（交运发〔2014〕186 号），明确指出：汽车维修业关系到道路交通安全，关系到大气污染防治，关系到社会公众生活质量，关系到汽车产业健康、可持续发展，是重要的民生服务业。

近年来，我国汽车维修业取得了长足发展，较好地适应了汽车产业和汽车社会发展，满足了广大消费者的汽车维修需求，但是也存在市场结构不优，发展不规范，消费不透明、不诚信等问题。随着我国全面建成小康社会，汽车维修业将获得更为广阔的发展空间，也必将在服务人民群众平安、便捷、舒适汽车生活方面发挥更大的作用。为促进汽车维修业向着现代汽车服务业转型升级、不断提升服务质量，应以最大限度地服务经济社会发展，不断改善人民群众汽车生活品质为宗旨，以转变行业发展方式、提升行业服务能力和治理体系为主线，尊重市场规律，锐意改革创新，优化市场结构，激发市场活力，推进汽车维修业规范、健康、可持续发展。

1.3　我国汽车服务行业发展现状

1.3.1　汽车服务释义

汽车服务是根据汽车制造商为实现汽车产品的商品价值，或汽车用户为维护汽车使用价值以及保障权益价值等，相关企业或机构提供的能满足汽车制造商需求或汽车用户消费意愿的活动过程。

例如，汽车维修服务是为维持和恢复汽车正常技术状况而进行的生产活动。根据使用目的不同，汽车作为从事道路运输营运或生产过程运输的工具有生产装备的属性；而作为个人出行的代步工具有个人消费品的特点。此外，汽车还具有在公共环境下使用的特点，在用汽车的各项使用性能指标必须符合公共管理的要求和技术法规标准。因此，对营运车辆进行维修是使运输生产过程持续进行的技术保障方式，具有维持或恢复车辆运输生产力的作用，能使在用营运车辆创造出更多的商业价值，即使在运输企业内部进行的车辆维修活动也可以产生间接的经济效益。而对作为个人交通工具而使用的私家车辆，尽管车辆的使用不为所有者直接创造价值，但是对其进行的维修可以使汽车所有者保持车辆使用价值。汽车维修企业所进行的维修生产活动，可以直接形成服务产品，在取得产生经济效益的同时还具有满足市场需求的社会效益。其次，车辆维修作为运输企业（或车辆所有者）投资的一种选择方式，可以使固定资产具有的生产力（或使用性能）继续保持下去。这与投资购买新车辆形成生产力一样，可以继续使用车辆产生经济效益。如果将新车辆的购置称为一次投资，那么维修投入则是一种再投资。

1.3.2 汽车消费需求

全球汽车保有量的增加及消费者需求的多样化，促进了全球汽车市场的快速发展。根据德国汽车市场调研机构（R. L. POLK MARKETING SYSTEMS）的预测分析，全球汽车保有量的快速增长和车龄老化将直接促进全球汽车后市场的快速发展。随着我国汽车销量的增长，汽车消费主体呈现年轻化趋势，特别是"80后"和"90后"逐渐成为汽车市场的消费主体。有着极强个性的年轻车主，开始追求彰显个性、性能独特的车型，汽车改装等售后服务逐渐成为一种消费时尚。随着汽车文化的传播、消费者认知水平的不断提高，汽车售后消费需求对实用、品质、品牌的要求将会加强，高端化、品牌化、品质化、个性化、定制化已成为未来汽车售后市场的主流方向。

目前我国乘用车仍处于普及阶段，千人保有量从 2010 年的 44 辆增长到 2017 年上半年的 121.7 辆。根据国外统计数据显示，千人保有量从 44 辆到 200 辆，美国大概经历了20 年的时间，德国经历了 15 年，日本经历了 15 年，韩国经历了 13 年。

近年来，我国汽车消费的主要趋势是：①在产品结构上，SUV 增速持续领先行业平均水平；②在整车动力上，小排量、涡轮增压发动机满足动力大和环保性的双重要求；③在变速性能上，自动变速器需求明显，市场供给不足；④在消费群体上，"90后"的个性化消费与品牌重要性凸显。

目前，新能源乘用车的消费动力来自三个方面：一是限购城市牌照优惠；二是双积分政策；三是供给端车型创新与改善。2017 年 9 月 28 日，《乘用车企业平均燃料消耗量与新能源汽车积分并行管理办法》正式发布，要求对传统能源乘用车年度生产量或者进口量达到 3 万辆以上的企业，从 2019 年开始设定新能源汽车积分比例要求。汽车制造企业加速新能源汽车产品布局，车型的丰富和性价比的提升有望推动新能源汽车的推广。各车企在已有新能源汽车的基础上，积极规划新车型，新车型在续航里程、性价比等方面将不断提升，供给端的变化是新能源汽车进一步发展的重要因素。

截至 2017 年 6 月，我国汽车保有量已超过 2 亿辆，仅次于美国。汽车保有水平促使国人汽车消费理念日渐成熟，我国汽车市场进入刚性消费与消费升级并行阶段。一方面国内汽车消费水平与成熟市场仍有相当差距，首次购车仍是消费主流，汽车消费仍属于"刚性消费"；另一方面，伴随居民收入不断提高以及消费群体日趋年轻化，近几年我国汽车消费也体现出明显升级的特点。人们更加关注品牌和高颜值，更加注重空间的舒适性和操纵便利性，更多个性化车型进入消费视野。自动档车型消费比重日益提高，豪华车市场消费需求也稳步高速增长。"数字化座舱"概念方兴未艾，甚至作为生产资料的商用车，其新产品设计理念亦呈现"乘用化"趋势，更加关注内饰品质以及操纵便利性和乘坐舒适性。

1.3.3　我国汽车服务业现状

随着汽车保有量的不断增加，汽车后市场的发展机遇广阔。据统计，在汽车后市场的利润分配中，整车销售占 20%，零部件供应占 20%，而汽车服务业占 50%～60%。随着人们生活水平的提高，对汽车的要求也更加注重享受和舒适。汽车已不再是人们身份和地位的象征，而是成为车主对个性化、多元化文化取向的集中体现。在这种大环境下，汽车后市场的消费时代正在崛起，汽车服务市场前景无限。

服务业的本质特征在于其提供的产品的不可储存性。汽车服务业是在汽车产业价值链中连接生产和消费的支持性的、基础性的业务及这些业务的延伸业务。在一个成熟的汽车市场中，汽车服务业已成为汽车制造商的主要利润来源，也构成了汽车产业可持续发展的重要支柱。

自 2000 年以来，我国汽车业发展被称为"井喷"式发展。近年来，我国进入汽车服务市场一个快速增长期，汽车服务产业已经进入国民经济主流，成为一个战略性支柱行业。目前，相对于整车销售的利润缩水，我国的汽车服务市场利润率高达 40%。据中国产业调研网发布的《中国汽车服务业市场现状调研与发展前景分析报告（2015—2022年)》显示，我国汽修业进入了发展的黄金时期，汽车维修业和汽车保修设备行业在市场的洗礼中形成了利润丰厚的汽车后市场，仅汽车保修设备行业目前的年销售额就已经超过了 60 亿元人民币。

汽车维修业在维修观念、维修制度、维修力量、作业方式方面都发生着巨大的变化。2014 年 9 月 18 日，交通运输部会同国家发展改革委等九部委联合印发了《关于促进汽车维修业转型升级　提升服务质量的指导意见》（简称《指导意见》），旨在加快促进汽车维修业转型升级，提升维修服务质量。以建设"安全、绿色、优质、诚信"的机动车维修服务业为目标，加快推进机动车维修服务业向现代服务业转型升级，让人民群众享有更加放心、安全、便捷、舒适的高品质汽车生活。随着汽车社会的到来和全社会机动化水平的提高，机动车维修业的影响日益提升。大力发展机动车维修业，是交通运输业向现代服务业转型的重要抓手，是稳增长、促改革、调结构、惠民生的重要举措，是提升我国汽车产业链整体水平的有力支撑，要在加快发展中满足不断增长的民生需求，在转型发展中适应不断升级的服务要求，为改进和提升交通运输服务质量和水平做出新的更大贡献。

随着汽车保有量的增加，机动车维修业的市场规模迅速壮大，行业法规标准基本完善，服务能力明显增强，较好地满足了不断增长的汽车维修需求，同时在发展水平、服务质量、市场环境和监管方式等方面还存在问题和不足。因此，要努力提升机动车维修业管理水平，不断完善法规标准体系，创新市场监管方式，建立行业自我约束机制。要把大力发展机动车维修业，作为改进和提升交通运输服务的重点领域，统筹协调，强化政策引导，促进机动车维修业持续健康发展。应积极鼓励连锁企业扩展网络；要鼓励连锁企业在大型社区、公共停车场、高速公路服务区及旅游景点服务区布设连锁网点。建立企业经营行为和服务质量动态监管和评价网络平台。建立健全汽车维修救援体系。坚决破除汽车维修配件和技术垄断。继续推动实施汽车维修紧缺人才培养工程、专业技术人员知识更新工程。充分运用互联网、大数据、云监管等技术手段，不断创新机制和模式，构建多层次、多切入点、各具特色的行业监管和服务平台。

2013 年底，全国共有机动车维修业户 44 万家，从业人员近 300 万人，完成年维修量 3.3 亿辆次，年产值达 5000 亿元以上。2016 年底，全国共有机动车维修企业数量 62 万家，从业人员近 400 万人，完成年维修量 5.3 亿辆次，年产值达 6000 亿元以上。到 2017 年，我国汽车维修企业数量达 65 万家，汽车维修从业人员达 440 万人。交通运输部先后制定实施各类国家标准、行业标准 83 项，制（修）订了《汽车维修业开业条件》《机动车维修服务规范》等一系列影响面广、指导性强的标准规范。建立健全了一整套管理制度，为确保维修作业流程规范、维修质量达标提供了有力的制度保障，连续多年确保全国汽车维修质量稳定并处于较高水平。建立实施了维修从业资格、职业资格以及关键岗位持证上岗制度，持证上岗比例不断提高。2006 年，交通部实施《机动车维修企业质量信誉考核办法（试行）》以来，企业自愿参评的积极性不断提升，诚信企业比例逐年提高。另外，各级交通运输部门不断加大政策创新，有效提升了行业治理能力。

由交通运输部牵头，联合国家发展改革委、教育部、公安部、环境保护部、住房城乡建设部、商务部、国家工商总局、国家质检总局、中国保监会，共计 10 个部委参与审批的《关于促进汽车维修业转型升级　提升服务质量的指导意见》规定，自 2015 年 1 月 1 日起，汽车生产企业要在新车上市时，以可用的信息形式、便利的信息途径、合理的信息价格，无歧视、无延迟地向授权维修企业和独立经营者（包括独立维修企业、维修设备制造企业、维修技术信息出版单位、维修技术培训机构等）公开汽车维修技术资料；要在汽车产品说明书中，明确车辆型式核准证书信息，规定排放维修技术要求，说明排放控制关键零部件生产厂家、型号以及有效使用寿命等信息。并且，按照《汽车维修技术信息公开实施管理办法》（交运发〔2015〕146 号）的相关规定，"交通运输部应加强汽车维修技术信息公开监督管理，建立完善监督检查制度，不定期对维修技术信息公开实施情况进行抽查，定期对信息公开实施效果进行评估；应充分运用信息化技术，建立完善汽车维修技术信息公开监督与服务网络平台，为社会提供权威、方便的信息服务，提高信息公开主体监管水平。省级交通运输主管部门受交通运输部委托，可以就本行政区内的汽车生产者履行维修技术信息公开义务情况进行监督管理"。汽车维修技术信息的公开，意味着不仅是 4S 店，消费者也可到其他维修渠道进行维修，汽车维修市场的竞争将会加剧。

我国汽车服务业现状的主要表现是：

（1）法规方面　汽车服务业的法律法规还不够健全，服务标准体系还不够完善。

（2）管理方面　管理理念还有待提高，要真正地认识"服务"的内涵；管理还不够规范，有时随意性较大，既损害了消费者利益，也对品牌带来了伤害；在维修、美容、配件企业中还缺少必要的及完善的管理制度。

（3）人才层面　对汽车服务人才的培养有待调整，目前偏重于培养技能型人才，对专业的汽车服务型人才的培养还需引起足够的重视。

（4）竞争层面　从参与国际竞争的角度，我国汽车服务业比汽车制造业相对落后，在很多方面处于不利的竞争位置。

（5）消费层面　国内汽车消费者普遍认为汽车企业服务还存在流程不规范、服务内容不透明、服务信息不对称、服务诚信度差等。

我国汽车服务业发展的主要趋势是：①汽车服务业管理规范，法规将逐步完善；②汽车服务企业提高效益的重心是诚信和优质服务；③汽车服务业正向"连锁店"和"一站式服务店"两个方向发展；④服务市场竞争日趋激烈。

1.3.4　汽车服务范畴

1. 汽车服务范畴界定

狭义的汽车服务是指汽车产品销售后，从开始使用直至回收、报废各个环节所涉及的以技术服务为特征的生产活动，其主要目的是保障汽车的使用价值。

广义的汽车服务是指汽车产品出厂进入销售流通领域，直至其使用后回收、报废各个环节所涉及的全部技术的和非技术的服务，甚至还延伸至汽车生产领域和使用环节的其他服务。

2. 汽车服务技术的演变

随着我国国民经济的迅速发展，交通运输能力对其影响的程度越来越突出。在道路、铁路、水路、航空及管道运输方式中，道路运输所完成的客货运输量和周转量居于五种运输方式的首位。并且，随着我国公路、交通枢纽及物流中心等建设力度的加大，道路运输网不断完善，基础设施的建设质量和水平进一步提高，为道路运输业的发展提供了更强有力的支持并打下了良好的基础。

道路运输生产过程的实现需要两大系统提供支持，即为运输过程提供服务的营运支持系统和为运输装备提供保障的技术支持系统。其中，汽车作为主要的道路运输装备，应能安全、低耗、环保、舒适、高效、及时与可靠地为运输生产提供运力，这需要依靠汽车运用技术提供相应的支持保障。

20 世纪 90 年代中期以前，我国汽车的总产量还较低，保有量较少，大部分车辆是由汽车运输企业集中管理与使用。在这种运输生产组织模式和车辆运用方式下，汽车运用技术所涉及的相关的核心活动是"管、用、养、修"，即生产性技术管理与技术服务。

"管"即车辆的技术管理，其主要任务是全面地组织、协调车辆合理使用的各项技术性工作，目的是保持车辆处于良好的技术状况，保证运行安全，提高运输效能，降低运输成本及减少环境污染。车辆的技术管理是从车辆选型直至报废、回收、利用的全寿命过程的管理，坚持预防为主、技术与经济相结合的原则；对车辆实行择优选配、正确使用、定期检测、强制维护、视情修理、合理改造、适时更新和依法报废，具有全过程与综合性的管理特点。

"用"即车辆的合理使用，其主要任务是使汽车的使用性能得到充分与有效的发挥，目的是提高运输生产效率与效益。汽车的使用性能主要包括装载质量、动力性、燃料经济性、安全性、环保性、使用方便性、可靠性、维修性和耐久性等，它们是由设计、制造所决定的，但对汽车运用指标有直接的影响。汽车运用指标是一系列数量化的评价汽车运输效率与效果的指标体系，包括综合性指标、时间利用指标、速度利用指标、行程利用指标、装载质量利用指标和动力利用指标等。采用汽车运用指标可以对运输企业车辆的技术状态、运输成本及运输效果进行综合评价。

"养"即对车辆的定期维护，其主要任务是制定合理的维护工艺及技术要求，按计划进行定期保养。其目的是通过清洁、润滑、紧固和安全检视等作业，能使车辆保持良好的技术状况。目前，由于在用车辆的大多数为个人所有，对车辆及时进行定期维护的意识弱和主动性差，因此造成车辆的技术状况较差，对车辆的动力性、燃料经济性、环保性等产生了不利的影响。

"修"即车辆的计划修理，其主要任务是制定科学的修理标准，编制合理的修理工艺，采用先进的修理技术，根据汽车的行驶里程，按计划进行主要总成修理或整车大修。其目的是修复汽车零部件的磨损、腐蚀、疲劳、变形及老化等损伤，以恢复汽车的使用性能和减少故障率。过去，由于汽车生产能力和技术水平较低，以及汽车零部件主要是机械性损伤，所以，维修是保持企业运力、减少固定资产投资的方式之一。

（1）汽车服务技术范畴拓展 进入 21 世纪，我国的汽车产能不断提高使在用车辆的保有量迅速上升，而且私人轿车的数量占有较大的比例。为了使在用车辆能保持良好的技术状况，除对车辆进行安全技术状况检验和环保检测外，还对营运车辆进行综合性能检验。通过强化对车辆技术状况的监督，目的是使车辆保持良好的安全技术状况，控制排放性能的劣化，促使对车辆进行及时的维护和修理。另外，随着汽车科技的进步以及设计、制造水平的不断改进和各类材料性能的不断提高，汽车的使用寿命得到了延长。汽车零部件的机械故障减少，修复量下降，使"以换代修"成为汽车维修方式的主流。同时，在用车辆的所有权者不仅是企业，而且占有较大比例的车辆还是个人所有，形成了"集中管理"与"分散自用"的在用车辆的保有形态，且其对车辆的运用能力和服务需求有很大差异。

汽车作为当代道路运输的主要工具之一，根据使用目的的不同具有不同的属性。作为从事道路运输营运或生产过程运输的工具，利用其可以创造运营和生产效益，是生产装备；而作为个人出行的代步工具，主要是解决个人交通需求的方便性，是个人消费品。而且，汽车还具有在公共环境下使用的特点，各项性能必须符合公共管理的要求和技术法规标准。

由于汽车运用技术的应用领域不仅是针对车辆集中使用的企业，而且也面对个人所有车辆的技术服务需求。因此，目前汽车运用技术范围已经扩大并且内涵也在增加，其所涉及的相关核心工作由原来的"技术管理、合理运用、正确维修、强制检验"的运输企业生产过程的车辆技术管理，扩大到了包括"旧车评估、事故鉴定、理赔定损、信息咨询"等个人消费服务需求。汽车运用技术的研究内容和实际应用领域扩展，形成了广义的汽车运用技术范畴，即"管、用、维、检、评、鉴、定、咨"。因此，广义的汽车运用技术演变成为以汽车运用工程相关理论与技术为基础的汽车服务工程。

（2）汽车服务相关的技术活动

1）汽车维修。由于汽车整体设计、制造水平的提升，使车辆的可靠性增加和使用寿命延长。通过专业再制造企业提供质量符合技术要求的零部件产品，既可以减少维修成本，也使汽车维修企业的修理作业量大幅度减少。重视车辆的维护，提高保养作业质量，减少修理工作量，是目前维修企业生产与经营的主要特点，也是汽车运输企业在车辆维修生产组织方式的主要选择。因此，目前汽车运用工程所指"维"的内涵是强制维护和视情维修的统一。

2）信息咨询。主要是指利用现代信息技术及其网络，提供车辆技术性能、管理法规、使用方法、维修技术等方面的信息，为运输企业和消费个人的车辆购置、使用、维修等方面提供咨询服务等。

3）汽车检验。以车辆检测技术为基础，为加强公共管理效能提供的技术支持。目前，我国从公共管理层面上强制对机动车进行安全、环保以及综合性能等检验，以强化对车辆技术状况变化的监控。其目的是预防技术状况变化可能导致的各类故障，以减少交通事故发生和降低汽车排放污染程度。

4）状态评估。主要是指对二手车的评估，是指依法设立，具有执业资质的二手车鉴定评估机构和二手车鉴定评估人员，接受国家机关和各类市场主体的委托，按照特定的目的，遵循法定或公允的标准和程序，运用科学的方法，对经济和社会活动中涉及的二手车所进行的技术鉴定。随着汽车保有量的增加，二手车的交易量不断增加。由于交易的双方一般不具备对车辆技术状况判断的专业技能和设备条件，需要第三方中介机构提供相关的技术服务，以保证交易的公平性。因此，进行二手车评估既需要有汽车运用工程技术知识，又需要具备财产评估理论基础。

5）理赔定损。主要是指对保险范围内车辆损失的确定。保险公司或交通事故责任人的赔偿额度，主要是依据车辆相关损失费用和责任比例来确定。

6）事故鉴定。主要是指对交通事故鉴定。目前，国家允许有资质的第三方中介机构从事交通事故鉴定。交通事故鉴定作为汽车服务市场的需求之一，需要具有汽车技术、事故工程和法律知识的复合型人才和专业机构开展鉴定工作。以技术分析为基础，在查明事故原因的前提下，依据法律法规确定相关人员责任。

7）汽车召回。是针对汽车缺陷由公共管理规定的强制性服务，目的是消除缺陷汽车的危险隐患和给全社会带来的不安全因素，维护公众利益。汽车缺陷是指由于设计、制造等方面的原因而在某一批次、型号或类别的汽车产品中普遍存在的具有同一性的危及人身、财产安全的不合理危险，或不符合有关汽车安全的国家标准的情形。发现缺陷后，汽车制造商应向主管部门报告并实施召回，应采取有效措施消除相应的汽车缺陷。

8）运行监控。汽车运行监控平台是随着信息技术的普及应用，主要是对营运车辆在运行中的全程监控，特别是对大型客运车辆、危险品运输车辆等。车载运行监控系统可实现无线远程监控、车辆实时定位、行驶轨迹回放、语音对讲、录像存储、报警联动、运行区域管理等。汽车运行监控系统主要由管理中心、转发服务器及客户端三个部分组成。

3. 汽车服务的广义范畴

20 世纪 50 年代，英国经济学家克拉克第一次提出"第三产业"的概念，并将其称为"服务产业"，主要包括运输、通信、商业、金融、教育、卫生、文化、艺术、科学、行政、国防和个人服务等，即除了第一产业（通常指广义农业）和第二产业（通常指广义工业）以外的其他各业，包括流通部门，为生产服务和生活服务的部门，为提高居民素质和科学文化服务的部门，为社会公共需要服务的部门等。第三产业与其他产业的区分主要表现在产品无形、生产与消费同时进行、生产者与消费者距离最近等。

1977年，霍尔（T. P. Hill）提出了理论界公认的定义：服务是指人或隶属于一定经济单位的物在事先合意的前提下，由于其他经济单位的活动所发生的变化。服务产品是服务劳动者生产的非实物劳动成果，具备价值和使用价值，可用于交换。服务产品的价值是一般劳动的凝结，其使用价值具有以下基本特点：①非实物性，通过消费后果感知到服务产品的存在；②同时性，生产与消费同时进行；③潜在性，服务供给创造服务需求。

产品寿命周期是指从设计、制造、销售、使用、维修及回收利用的全过程，汽车后市场是指从销售开始为汽车消费所需提供的各种服务构成的市场，汽车服务业是与汽车消费相关联的服务行业总称。按汽车消费过程，汽车服务的广义范畴为：

（1）购销服务　包括整车销售、配件销售、旧车交易、金融贷款、广告宣传、购车咨询及汽车展览等。

（2）使用服务　包括燃料供应、维护修理、美容装饰、回收利用、车辆租赁、导航支持、意外救援、保安防盗、驾驶学校、管理代理及汽车旅馆等。

（3）权益服务　包括保险理赔、法规咨询、检测仲裁及事故鉴定等。

广义的汽车服务还延伸至汽车开发设计与生产领域的相关服务，如原料供应、外包设计、产品测试、产品质量认证及新品研发前的市场调研等。汽车服务既有技术性服务，也有非技术性服务。技术性服务的内容属于机械电子工程的范畴，而非技术性服务的内容属于管理工程范畴。此外，还有可称之为"文娱服务"的活动，如汽车俱乐部，是以某品牌或者车型的汽车文化为主题，组织有共同爱好的人们进行活动的服务；汽车赛事服务，是由相关机构组织进行的以某项汽车运动为主题的竞技活动。

1.3.5　汽车服务的作用

汽车产品的价值链并不是在销售环节上就已终结，相反它在更大的范围内延伸。汽车服务已经成为同开发、制造并列的行业，是实现汽车使用价值的重要组成部分。激烈的市场竞争已经把制造环节的利润压缩至较低的水平，从而使汽车服务成为汽车产业链上不可忽视的环节。目前，在成熟的国际化汽车市场中，汽车销售利润仅占整个产业链利润的20%，零部件供应占20%，而汽车服务则占50%~60%。

汽车服务的作用主要表现在：①实现汽车产品的商品价值，获得制造效益；②实现汽车产品的使用价值，满足社会需求；③实现汽车产品的消费价值，争取权益保障；④实现汽车产品的文化价值，丰富人们生活；⑤实现可持续发展理念，为汽车使用的"安全、节能、环保"目标提供技术保障。

随着汽车市场的扩大，我国汽车产业价值链亦将逐渐转向产品质量和售后服务。我国汽车后市场的前景备受国内外瞩目，蕴含着巨大的发展空间。国内汽车保有量的私家车占 70% 以上，正逐渐成为主要服务群体，这对汽车后市场乃至整个汽车产业都将会产生深远的影响。一般情况下，汽车服务需求是在车辆使用 4 ~ 9 年之间最大。

随着汽车制造技术的发展和汽车应用的普及，人们对汽车服务作用的认识也在不断地深入。在对汽车维修服务具有排除汽车故障的直接效果以及可以预防汽车故障发生的明显作用等技术层面的认同基础上，又形成了汽车服务是未来"汽车化社会"不可缺少的服务性行业的一致共识。这种认识主要是基于以下三方面原因。

（1）满足汽车消费需求　2009 年，我国汽车产销分别完成 1379.10 万辆和 1364.48 万辆，成为世界汽车生产和销售第一大国。2011 年，我国汽车售后市场产值约为 4000 亿元人民币，而美国汽车售后市场产值每年稳定在 2800 亿美元左右。我国用十几年的时间就达到了发达国家几十年的"汽车化社会"进程。"汽车进入家庭"作为小康生活的时尚，使我国的汽车保有量迅速增加。目前，在我国的汽车保有车辆种类的构成中，车型已由原来的"生产运输装备"为主体转变为"私人交通工具"为主体。由于车辆所有制和用途的变化，使汽车消费服务的内容和范围不断扩大，而且要求和方式也发生了明显变化。同时，由于各种高新技术在汽车上的广泛应用，使汽车成为机-电-液高度集成的具有高技术特征的产品。在"汽车进入家庭"的时代，需要能提供与汽车消费有关的各种服务，汽车维修服务就是这种需求之一。汽车维修服务不仅在汽车合理使用寿命期内具有保持和恢复汽车正常技术性能的作用，而且也使车辆所有者获得使其财产"保值"的服务，这满足了消费者对"行"的市场需求。

（2）具有多元社会效益　汽车维修服务在减少汽车排放污染、保障汽车运行安全和节约汽车消耗等方面具有明显的社会效益。这是因为：第一，汽车保有量的迅速增加，给交通安全带来了巨大的压力；第二，汽车排放总量的增加造成大气污染的加剧，使环境保护面临着更为艰巨的任务；第三，汽车燃料消耗总量的增加，加快了有限的能源消耗速度。因此，尽管汽车技术的进步是以安全、环保和节能为主题，但是，汽车维修服务对解决上述三大问题也起到了不可低估的作用。所以，汽车维修服务在"汽车化社会"中的作用不可忽视。此外，随着循环经济的发展，汽车维修也是汽车再生资源以再使用（Reuse）和再制造（Remanufacturing）方式进行利用的重要领域。

（3）增强厂商竞争能力　汽车工业和它上下游的各个行业形成了一个相互依存、密不可分的汽车产业链，上游涉及钢铁、石化、有色金属、橡胶、塑料、玻璃、皮革、纺织、涂料、机械、电子和电器等行业，下游延伸到汽车销售、汽车维修、汽车配件、汽车金融、汽车保险、汽车美容以及交通运输、物流等诸多行业。汽车工业的发展需要上下游产业的支持，汽车服务是市场经济条件下汽车制造企业实现产品销售和保持与提高市场占有率的关键环节。汽车服务作为其下游行业，对汽车产品销售市场的占有率有着直接影响，即汽车服务可为汽车产品保持稳定的市场占有率提供有效的市场支持。

1.4 课程学习的目的与方法

1.4.1 学习目的

针对大学生刚入学时，普遍对专业缺乏全面了解和深入认识，对如何安排自身的学习生活很茫然，到进入专业教学阶段才逐渐对专业有所认知，使前3年的大学学习生活缺乏计划性的实际情况，从大学生进入高等教育阶段开始，就让学生尽快了解高等教育培养模式、汽车服务工程专业人才知识结构、本学科专业领域人才的素质要求、教学计划、课程设置、教学过程、教学方式、学科专业当前的情况和未来发展、大学的学习方法等，揭示教学和学习的客观规律，激励学生的学习主动性、计划性和创造性。并在专业培养和个人发展的"需要"以及学生当前消化吸收的"可能"之间，科学地安排学习内容和时间。

专业导论课是为了使学生了解本科专业内涵及特点、专业与社会经济发展的关系、专业涉及的主要学科知识和课程体系、专业人才培养基本要求等，帮助学生形成较系统的专业认识，满足了解相关专业历史和发展趋势的要求。因此，专业导论主要是介绍本专业历史、发展现状、社会作用及其相关基本知识，一般是科学概述专业的知识结构与课程体系，对学习专业课起到抛砖引玉的作用，是一个由浅入深的过程，为以后专业学习做铺垫。

1.4.2 课程特点

专业导论课程具有以下几方面的特点：

（1）注重认识引导性 课程教学要注重对专业认知的引导性，对专业的性质、特点，专业在人类社会发展中的作用和地位，专业对人才素质的要求，培养目标和教学内容，学生要获得的知识、技能和能力以及基本的教学环节和教学安排，大学的学习方法等方面进行全面的阐述，使汽车服务工程专业的学生对本专业的教学和学习有较全面的理解，引发学生对专业的热爱和浓厚的兴趣。

（2）把握全面系统性 课程教学应全面系统地介绍汽车服务工程专业新生应该深入了解的内容，主要有高等教育的培养模式、学科专业领域、人才培养目标、素质要求、教学安排、大学生的学习方法等丰富全面的内容。

（3）突出内容新颖性 针对社会经济、科学技术迅速发展的时代特征，以及汽车服务工程相关科学理论和工程技术不断进步的专业背景，在专业导论的课程教学过程中，应及时更新教学内容，充分反映当前汽车服务工程研究与应用的新理论、新技术、新工艺和新方法的现状与趋势，开拓学生的知识视野，树立创新创业意识。使学生树立正确的专业思想和学习观，为今后在校学习，激发学习潜力，打下良好的思想和方法基础。

1.4.3　学习方法

大学是人生梦想开始的一个新地方，也是人生的又一个新起点。大学生活同样也是人生的一个转折点，这期间形成的某些认识和习惯，可能影响未来的生活。新生面对陌生的学习生活环境，对大学的学习生活如何规划也很茫然，而通过专业导论课的学习就是要解决专业认识、专业兴趣、学业规划以及职业展望等方面的问题。苏格拉底说过"教育不是灌输而是点燃激情"，因此学生在专业导论课程的学习过程中，应积极主动地探索课程的学习方法，达到课程教学目的与要求。

每个人都会有各自的学习方法并各具特点，基于学习理论的基本观点总结出的学习方法主要有目标学习法、问题学习法、矛盾学习法、联系学习法、归纳学习法、缩记学习法、思考学习法、合作学习法、循序渐进法以及持续发展法等。

针对专业导论的课程性质、教学目的和学习要求，学习过程中应采取的主要方法是：

（1）目标学习法　目标学习法是美国心理学家布卢姆所倡导的学习方法。课程教学内容一般是由许多相对独立且彼此联系的知识点构成的知识体系，因此明确课程的学习目标十分重要。专业导论课程的学习目标之一，就是解决对于专业的深刻认识。

（2）问题学习法　带着问题去学习，有利于集中注意力和明确学习目的。这既有学习的要求，也是发现问题的必要条件。心理学家把注意分为无意注意与有意注意两种。有意注意要求预先有自觉的目的，必要时需经过意志努力，主动地对一定的事物发生注意。这表明人的心理活动的主体性和积极性。问题学习法就是强调有意识地关注有关解决问题的信息，使学习有明确的指向性，从而提高学习效率。基于问题学习法进行专业导论课程学习，就是要解决对专业学习兴趣的培养。

（3）对比学习法　矛盾的观点是采用对比分析的哲学依据，首先要看对比双方是否具有相似、相近或相对的属性。对比法的最大优点在于：第一，对比记忆可以减轻记忆负担，相同的时间内可识记更多的内容；第二，对比学习有利于区别易混淆的概念、原理，加深对知识的理解；第三，对比学习要求把知识按不同的特点进行归类，形成容易检索的程序知识，有利于知识的再现与提取，也有利于知识的灵活运用。

（4）联系学习法　唯物辩证法认为世界上任何事物都是同周围的事物存在着相互影响、相互制约的关系。科学知识是对客观事物的正确反映，因此，知识之间同样存在着普遍的联系，把联系的观点运用到学习当中，有助于对科学知识的理解，起到事半功倍的效果。通过专业导论课程的学习，做好学业规划。

（5）思考学习法　孔子提倡学习知识面要广泛，并且强调要在学习的基础上认真深入进行思考，把学习与思考结合起来。他说："学而不思则罔，思而不学则殆。"如果只是读书记诵一些知识，而不通过思考加以消化，这只能是抽象的理解，抓不住事物要领，分不清是非。

《中庸》中提出为学的五个阶段：博学、审问、慎思、明辨、笃行。慎思就是要把外在的知识和事件与自己切身经验结合起来进行认真思考，既用自己的经验来思考知识与事件，又用知识与事件来思考自己的经验，不断地交换位置和方向，达到理解和重新理解知识、事件和经验的目的，促进自己内心精神世界的成长。

（6）持续发展法　要成为社会主义建设人才，必须具备发展的观点，用发展的观点看待学习。既要在学习上打好基础，又要在素质上全面发展。而全面发展并不等于平均发展，也要注重对自己的兴趣、特长的发展。为此，应围绕学习目标不断完善自己的知识结构向纵深发展，培养研究性学习的能力，使之可持续发展。通过专业导论课程的学习做出职业生涯规划展望。

复习思考题

1. 我国高等教育主要法律有哪些？其主要内容是什么？
2. 为什么说思想政治教育与立德树人是高等教育的使命？
3. 我国高等教育有哪些制度？其主要内容是什么？
4. 我国高等学历教育分为几个层次？各层次的学业标准有何规定？
5. 何谓高校"双一流建设"？主要目的是什么？
6. 何谓新工科？其教育教学改革的主要目的和要求是什么？
7. 研究生培养分为几种类型？各有什么特点？
8. 我国学位分为几个级别？各级别授予的基本标准是什么？
9. 我国汽车工业发展取得了哪些主要成就？汽车技术未来发展的主要趋势是什么？
10. 促进我国新能源汽车产业发展的政策及其技术路线是什么？
11. 何谓汽车服务？广义的汽车服务范畴包括哪些服务？
12. 汽车服务在社会发展中有何作用？
13. 简述专业导论课程学习的目的及其方法。

第2章

汽车服务工程专业及其相关学科

2.1 专业及其本科专业目录

2.1.1 专业释义

专业（Specialty；Major）按《辞海》对人才培养内涵的定义是：高等学校或中等专业学校根据社会分工需要所分成的学业门类。即专业是"高等教育培养学生的各个专门领域"，是大学为了满足社会分工的需要而进行的活动。这在一定程度上揭示了专业的本质内涵，表明了专业的范围、对象和功能，而"专门领域"是大学区别于其他层次教育的特征之一。

关于专业的定义，较有代表性的有：

（1）《教育大辞典》第3卷（上海教育出版社） 高等学校培养学生的各个专业领域，大体相当于《国际教育标准分类》的课程计划或美国学校的主修。根据社会职业分工、学科分类、科学技术和文化发展状况及经济建设与社会发展需要划分。

（2）《教育管理辞典》（海南人民出版社） 高等学校或中等专业学校根据社会分工需要而划分的学业门类。各专业都有独立的教学计划，以体现本专业的培养目标和要求。这个定义基本与《辞海》的解释一致，认为专业是一种学业门类。

从大学的角度来看，专业是为学科承担人才培养职能而设置的基本教学单位；从社会的角度来看，专业是为了满足从事某类或某种社会职业的人才需求，而必须接受相应的训练需要而设置的。因此，从人才培养供给与人才培养需求上看，专业是人才培养供给与需求的一个结合点。

国外认为专业即是不同课程的组合，或者说是不同的课程计划。英文中的 Major 即指一系列、有一定逻辑关系的课程的组织（Program），相当于一个培训计划或课程体系。因此，国外对"专业"概念的理解是不大相同的。国外专业的划分只是对高等学校专业人才培养结果的一种统计归纳；专业的划分对所培养的具体人才的知识能力结构几乎没有影响；专业的设置往往取决于社会的需要与可开设课程科目的均衡。只要学校能开出必需的课程组合，而且社会有这方面的需要，就可以设置新的专业，专业设置有很大灵活性；专业之间的界限也比较模糊，学生变更专业也相当自由。

2.1.2 本科专业目录

《普通高等学校本科专业目录》是普通高等教育工作的基本指导性文件之一，它规定了专业划分、名称及所属门类，是设置和调整专业、实施人才培养、安排招生、授予学位、指导就业，以及进行教育统计和人才需求预测等工作的重要依据。

我国高等教育专业设置始于 1952 年。至 1953 年初，全国高等学校本科专业共设 215 种。1963 年 9 月，经国务院批准发布了《高等学校通用专业目录》和《高等学校绝密和机密专业目录》，两个专业目录共设置专业 510 种。这是新中国成立以后，第一次由国家统一制订的高等学校专业目录。

1982 年开始，教育部组织研究专业划分和设置原则，进行了文、理、工、农、林、医等各类本科专业目录第二次修订工作，到 1987 年底结束。专业数量由原来的 1343 种，减少至 671 种。

1989 年，国家教委开始进行第三次本科专业目录修订，确定的专业数量为 504 种。1993 年 7 月正式实施《普通高等教育本科专业目录》。

1997 年，国家教委发出《关于进行普通高等学校本科专业目录修订工作的通知》（高教〔1997〕13 号），开始了第四次普通高校本科专业目录修订工作。1998 年，教育部颁布了《普通高校本科专业目录（1998 年颁布）》、《工科本科引导性专业目录》以及《普通高校本科专业目录新旧专业对照表》等，设 11 个门类，71 个二级类，249 种专业。

2010 年，根据《教育部关于进行普通高等学校本科专业目录修订工作的通知》（教高〔2010〕11 号）的要求，对 1998 年印发的普通高等学校本科专业目录和 1999 年印发的专业设置规定进行了修订，形成了《普通高等学校本科专业目录（2012 年）》和《普通高等学校本科专业设置管理规定》。2012 年版目录的学科门类与国务院学位委员会、教育部 2011 年印发的《学位授予和人才培养学科目录（2011 年）》的学科门类基本一致，分设哲学、经济学、法学、教育学、文学、历史学、理学、工学、农学、医学、管理学、艺术学 12 个学科门类，增设了艺术学学科门类，未设军事学学科门类，其代码 11 预留。2012 年版目录中，专业类由修订前的 73 个增加到 92 个，专业由修订前的 635 种调减到 506 种，各学科门类的专业类、专业、特设专业及国家控制布点专业的分布情况，见表 2-1。

表 2-1　普通高等学校本科专业目录（2012 年）各类专业分布情况

门类	哲学	经济学	法学	教育学	文学	历史学	理学	工学	农学	医学	管理学	艺术学
代码	01	02	03	04	05	06	07	08	09	10	12	13
专业类	1	4	6	2	3	1	12	31	7	11	9	5
专业	4	17	32	16	76	6	36	169	27	44	46	33
特设专业	1	7	19	3	4	2	8	65	9	18	14	4
控制布点专业	1	2	16	2	0	0	0	14	0	22	5	0

　　2012 年版本科专业目录的基本专业一般是指学科基础比较成熟、社会需求相对稳定、布点数量相对较多、继承性较好的专业。特设专业是为满足经济社会发展特殊需求所设置的专业，在专业代码后加"T"表示。目录分为基本专业（352 种）和特设专业（154 种），并确定了 62 种专业为国家控制布点专业。特设专业和国家控制布点专业分别在专业代码后加"T"和"K"表示，以示区分。2012 年版目录所列专业，除已注明者外，均按所在学科门类授予相应的学位。对已注明了学位授予门类的专业，按照注明的学科门类授予相应的学位；可授两种（或以上）学位门类的专业，原则上由有关高等学校确定授予其中一种。

　　2020 年 2 月 21 日，《教育部关于公布 2019 年度普通高等学校本科专业备案和审批结果的通知》（教高函〔2020〕2 号）发布，并在附件 2 中公布了《普通高等学校本科专业目录（2020 年版）》。2020 年版本科专业目录是在《普通高等学校本科专业目录（2012 年）》基础上，增补了 2012 年版以后批准增设的目录外新专业。2020 年版本科专业共 702 个，与 2012 年版相比增加了 191 个，各类专业分布情况见表 2-2。

表 2-2　普通高等学校本科专业目录（2020 年版）各类专业分布情况

门类	哲学	经济学	法学	教育学	文学	历史学	理学	工学	农学	医学	管理学	艺术学
代码	01	02	03	04	05	06	07	08	09	10	12	13
专业类	1	4	6	2	3	1	12	31	7	11	9	5
专业	4	23	44	25	123	7	42	231	38	58	59	48
特设专业	1	13	31	12	51	3	14	127	20	32	27	19
控制专业	1	2	24	0	0	0	0	18	0	30	6	4
新增专业	0	6	12	8	45	1	6	63	9	15	13	13

　　在 2020 年版本科专业目录中，增加的专业有网络空间安全、集成电路设计与集成系

统、人工智能、数据科学与大数据技术、智能制造工程、虚拟现实技术、工业智能、区块链工程、应急管理、跨境电子商务、智能感知工程、储能科学与工程、智慧农业、农业智能装备工程等与经济社会发展紧密结合的急需紧缺和新兴专业。与汽车服务工程相同或相近的专业类中，机械类（0802）增加了智能制造工程（080213T，2017）、智能车辆工程（080214T，2018）、仿生科学与工程（080215T，2018）、新能源汽车工程（080216T，2018）共 4 个专业；交通运输类（0818）新增了轨道交通电气与控制（081809T，2017）、邮轮工程与管理（081810T，2017）共 2 个专业。

另外，在 2020 年版本科专业目录中，专业名称中有"服务"一词的专业也由原来的 2 个增加到 6 个。除 2012 年版中的汽车服务工程（080208）和旅游管理与服务教育（120904T）专业外，2020 年版中又增加了服务科学与工程（080915T，2019）、养老服务管理（120414T，2019）、航空服务艺术与管理（130208TK，2018）、健康服务与管理（120410T，2015）。其中，服务科学与工程（080915T，2019）专业设在计算机类（0809）中，是 IT 技术、通信网络技术与其他学科相结合的一门新的交叉学科。其专业目标是将"服务"作为应用领域（物流、金融、医疗、教育、健康、社会、治理等），用"计算"的方法（软件 + 硬件 + 数据 + 互联网），解决服务领域存在的服务创新、系统设计、软件开发、智能化决策等问题；将"服务"作为软件形态、用"面向服务"的思维来解决分布式网络化软件的需求、设计、研发和演化过程中存在的架构、运作、性能等问题。这些带有"服务"的专业数量的增加，也代表了社会经济发展和产业结构变化对服务类人才的需求在不断地增加。

2.2 汽车服务工程专业溯源

2.2.1 汽车运用工程专业的演变

新中国成立初期，我国没有汽车运用工程专业的大学本科教育，只有少数学校（如武汉大学、华中工学院）开设汽车维护与修理专科班。1952 年，交通部倡议设立汽车技术使用与维修专业（大专）。

1957 年，原长春汽车拖拉机学院建立全国第一个"汽车运用与修理"本科专业。暑假期间，学校从汽车专业中抽调一个班（5908 班）改学汽车运用与修理专业，因此，1959 年开始有"汽车运用与修理"本科毕业生。

1957 年，教育部和交通部聘请苏联专家阿·弗·涅赫道夫在长春汽车拖拉机学院主持师资培养班。当时长春汽车拖拉机学院共聘请了两批苏联专家。第一批是拖拉机设计专家巴尔斯基和机械制造工艺专家舍里米齐耶夫两位；第二批是汽车运用工程专家阿·弗·涅赫道夫（原苏联利沃夫工学院教授）。当时，跟苏联汽车运用工程专家学习的有长春汽车拖拉机学院（9 人，何光理、高志毅、蔡俊、高延龄、蒋维明、郭克纯、徐传宙、张汉蔚、陈唐民）、清华大学（1 人，孙建纲）、西安公路学院（1 人，陈士珍）、东北林学院（2 人，王禹忱、廉昭）等学校的教师。1959 年暑假前，完成学习任务并进行毕业设计答辩，教师进修班正式结业。

1958 年，交通部所属西安汽车机械学校改为西安公路学院，并于 1958 年开始招收汽车运用与修理专业本科生，西安公路学院是全国第二所建立汽车运用与修理专业的学校。随着国家经济建设发展的需要，汽车运用工程专业有了长足发展，交通部、农业部、林业部、国防部等所属院校均相继建立了汽车运用与修理专业。

1983 年，为了加强全国汽车运用工程专业院校的联系和协作交流，由交通部组织成立了高等学校汽车运用工程专业协作组，除组织教学经验交流外，主要负责教学计划的讨论和修订，安排教材编写工作。1989 年，由教育部直属、挂靠交通部成立了全国高等学校汽车运用工程专业教学指导委员会。1990 年，在西安公路学院召开成立大会，参加的院校有 17 所。到 2000 年，第二届六次会议参加的院校已达到 42 所。预计设有汽车运用工程专业的院校有 60 所以上（含专科）。

1988 年，武汉工学院设立汽车营销工程专业方向。

1993 年，武汉工学院将汽车营销工程专业方向变为载运工具运用工程专业。

1998 年，武汉汽车工业大学将交通运输管理、道路交通管理专业合并为交通运输专业。

汽车运用工程专业的学科建设起步很早，发展很快。

1962 年，由教育部批准在吉林工业大学开始招收研究生。

1981 年，我国开始实施《中华人民共和国学位条例》，恢复研究生教育。汽车运用工程是国家第一批批准的硕士学位授权点。

1986 年，汽车运用工程设为博士学位授权点。

1995 年，批准建立博士后流动站。

1981 年，吉林工业大学和西安公路学院获得汽车运用工程硕士学位授予权。

1987 年，吉林工业大学获得汽车运用工程博士学位授予权；1993 年，西安公路学院获得汽车运用工程博士学位授予权。

1997 年，国务院学位委员会进行了"授予博士、硕士学位和培养研究生学科、专业目录"的调整工作，汽车运用工程与其他相关学科合并，改为载运工具运用工程学科，铁路、水运、民航等院校也相继成立了载运工具运用工程学科，更加扩大了汽车运用工程专业（学科）的发展空间。

汽车运用工程专业称谓的演变：1957—1981 年，汽车运用与修理；1982—1989 年，汽车运用工程；1990—1998 年，载运工具运用工程；1999 年—现在，交通运输。

汽车运用工程专业名称经历过多次变化。1957 年，苏联专家在中国时，专业名称定为"汽车使用与修理"。但这个名称不能确切表达专业的学科领域，往往引起混乱，不少学生对修理不感兴趣，影响招生质量。经过讨论后改名为"汽车运用工程"，目标为培养汽车运用工程师，因此汽车运用工程专业名称一直被沿用下来。

20世纪末，我国进行了较大的教育改革，由教育部主持修订调整了"高等学校本科专业目录"，由国务院学位委员会负责调整了"授予博士、硕士学位和培养研究生学科、专业目录"。为了扩大专业范围，在本科专业目录中，将汽车运用工程、交通运输管理和其他相关专业合并为交通运输专业。

在国务院修订的学位专业目录中，将学科基础相同的"汽车运用工程""机车车辆（部分）""军用车辆（部分）""船机修造工程"以及航空运用部分专业合并为一个二级学科，为了能表达这个学科包含各种运输形式的运输工具，改名为载运工具运用工程。

在载运工具运用工程的学科、专业简介中，关于该学科的业务范围和学科领域是：交通运输载运工具包括机车车辆、汽车、船舶和航空器。载运工具运用工程是交通运输工程一级学科下属的一门学科交叉的新兴二级学科，主要研究载运工具运行品质、安全可靠度和监测维修理论和技术，载运工具的合理运用与管理是交通运输安全、经济、高效的重要条件。本学科涉及机械工程、材料科学与工程、电子科学与技术、管理科学与工程、系统工程等多学科和现代信息技术、微电子技术、计算机技术、综合集成技术等高新技术。本学科的发展将充分依托这些学科和现代高新技术发展的最新成果，培养的人才应具有独立从事载运工具运行品质、安全可靠和监测维修等理论与技术的研究能力。

2.2.2 汽车服务工程专业的设立

21世纪初，我国的汽车产业迅猛发展，但无论是技术还是销售都与国际不在同一起跑线上。汽车行业能否与国际接轨这就要求大量的相关专业人才来开发技术，开辟市场。从这个角度看，需要汽车服务技术与营销专业人才。汽车保有量的持续增长，随之而来的汽车后市场的新车销售、汽车维修、零部件供应、金融服务、保险服务、配件销售、二手车销售、交通驾驶教育的市场空间越来越大。一般而言，汽车售后服务市场是汽车产业链中最稳定的利润来源，可占据总利润的50%～60%。

汽车后服务市场需要大量的从业人员，未来相当长的时间内，涉及汽车后市场的汽车企业业务管理、汽车技术服务与贸易、汽车保险与理赔等内容的企业市场行为会越来越多，也急需大量相关懂得汽车专业知识的专门人才。汽车技术服务与营销人员需求量将持续上升，人才需求将达到较大规模。但是人员素质远远满足不了行业发展需要，经过系统学习的专业人员供不应求，导致大量未经任何培训的人员进入汽车服务行业。

我国从事汽车服务行业人员中，初中及以下文化程度的占 38.5%，高中文化程度的占 51.5%，大专及以上文化程度的则仅占 10%（其中专科层次的占了大多数，而本科层次的更少），结构比例约为 4∶5∶1。在发达国家，这一比例一般为 2∶4∶4。从业人员中的技能等级状况同样令人担忧，技师和高级技师仅占技工总数的 8%。由于从业人员总体素质较差，导致劳动生产效率低、管理水平不高、服务质量不到位。近些年，由于汽车类的中职和高职专业毕业生进入市场，这一状况有所改观，但是高素质的专业人才尤其是掌握多种专业知识和技能的复合型人才仍然非常紧缺。

2003 年，我国已经超过德国成为世界上第三大汽车消费市场，两年后又跃居世界第二。2009 年，我国的汽车产销量位居世界第一。

2003 年，武汉理工大学申报并获教育部批准设立汽车服务工程专业（目录外专业）。

2012 年，本科专业目录在工学（08）机械类（0802）下，正式设置汽车服务工程专业（080208）。

目前，汽车运用工程的活动范围已经扩大并且内涵也在增加，其所涉及的相关核心工作由原来的"技术管理、合理运用、正确维修、强制检验"的运输企业生产过程的车辆技术管理，扩大到了包括"旧车评估、事故鉴定、理赔定损、信息咨询"等个人消费服务需求。汽车运用工程理论与技术的科学研究对象和实际应用领域的扩展，形成了广义的汽车运用工程活动范畴，即"管、用、维、检、评、鉴、定、咨"。因此，广义的汽车运用工程演变成为以汽车运用工程技术为基础的汽车服务工程。

汽车服务工程专业的特色是：以汽车运用理论与技术为基础，为汽车制造商和消费者实现汽车商品价值的合理方式、保证汽车使用价值的合适方法和保护汽车消费权益的合法程序等提供技术支持服务。汽车服务工程专业的设置，符合"基本专业"应是学科基础比较成熟、社会需求相对稳定、布点数量相对较多、继承性较好的要求；满足应针对当今及未来较长时期我国经济社会对多种类型的人才需求以及高等教育大众化阶段多样化人才培养的要求；同时，也是培养厚基础、高素质的复合型、创新型人才的宽口径专业，具有培养重实践、强能力的应用研究型人才的专业特点。

2.2.3　汽车服务工程的相关专业

根据教育部 2020 年颁布的《普通高等学校本科专业目录（2020 年版）》，与汽车服务工程专业人才培养的相关学科门类和专业主要有：工学（08）门类中的机械类（0802）和交通运输类（0818）专业，管理学（12）门类的管理科学与工程类（1201）专业等，以及与特设专业相关的汽车维修工程教育（080212T）专业等。与汽车服务工程所需人才培养的主要相关学科门类和专业如图 2-1 所示。

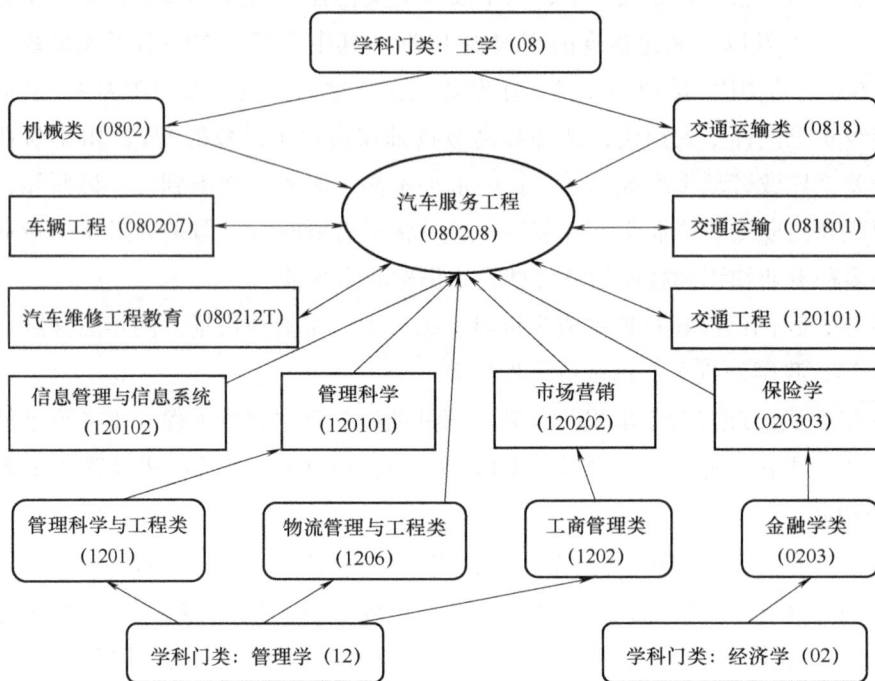

图 2-1　与汽车服务工程所需人才培养的主要相关学科门类和专业

2.3　汽车服务工程专业属性及定位

2.3.1　应用型专业释义

应用（Apply；Put to Use）的含义是：适用需要，以供使用；或指建立在对知识点掌握基础上，将学习的知识用于新的具体情境，包括原则、方法、技巧、规律等拓展的能力。

应用型专业是随科学技术发展和高等教育由精英教育向大众化教育转变过程中形成的一种新的专业教育类型，其相对于理论研究型专业和实用技术型专业而言，应用型专业是以培养知识、能力和素质全面而协调发展，面向生产、建设、管理、服务一线的应用型人才为目标定位的高等教育。

2.3.2　应用型专业基本属性

1. 培养模式定位要求

人才培养模式定位由价值取向、培养目标、课程设置、教学过程及质量评价等基本要素确定；以价值取向为基点、以目标为导向、以课程为载体、以教学为途径、以评价为保障构成定位体系。

应用型专业人才培养模式的定位特征主要体现在：①专业教育的价值取向在行业性需求；②人才培养的目标定位在复合性规格；③课程设置的主要原则在多元性结构；④能力培养的基本过程在实践性环境；⑤创新素质的能力要求在应用性阶段。

2. 应用型专业属性分析

应用型专业一般具有以下基本属性：

（1）价值取向的行业性 应用型专业人才培养的主要特点是为行业发展服务，充分体现其行业性需求是价值取向。

（2）培养目标的复合性 应用型专业人才培养的目标是面向行业生产、建设、管理或服务第一线培养所需的技术转化、应用研究及运作管理为主的专门人才。

（3）课程设置的多元性 应用型专业课程设置要符合专业所培养人才的规格要求，既不完全以学科知识为体系，也不完全以岗位标准为体系，应以行业技术应用为体系和标准。

（4）培养过程的实践性 应用型专业课教学内容要有行业针对性和技术实用性，在进行理论教学的同时还要注重实践能力的培养。通过实践教学，巩固所学理论知识，提高实践应用能力。因此，实践在应用型人才培养过程中起着重要作用，也内在决定了应用型专业的教学过程不完全是理论性的，而要有实践性。

（5）人才评价的多样性 应用型专业人才培养的质量评价：应以知识、能力和技能与社会对应用型人才要求的适应性为标准。复合性应用人才的评价应体现多样性。采用多样化的评价方式，包括评价主体、内容及方法的多样化，并采取定性与定量评价相结合的方法。

2.3.3 汽车服务工程专业的应用型属性

1. 汽车服务工程专业人才培养要求

当前，我国已经拥有了世界上规模最大的高等教育体系。但随着我国经济发展进入新常态，面对经济结构深刻调整、产业升级加快步伐，人才供给与需求关系也发生着深刻变化。高等教育面临着结构性矛盾，同质化倾向，毕业生就业难和就业质量低等较为严重问题，生产服务第一线紧缺的应用型、复合型、创新型人才缺乏培养机制。2015 年 10 月教育部、国家发展改革委、财政部联合发文《关于引导部分地方普通本科高校向应用型转变的指导意见》，着力推进有条件高校转型发展，通过加强顶层设计，激发改革动力，破除体制束缚。转型高校紧紧围绕创新驱动发展、中国制造 2025、互联网 +、大众创业万众创新、"一带一路"倡议等，找准转型发展的着力点、突破口，真正地增强高校为区域经济社会发展服务的能力，为行业企业技术进步服务的能力，为学习者创造价值的能力。

汽车服务工程是根据汽车的制造商或使用者为实现汽车产品的商品价值、使用价值以及权益价值等需求，以技术服务为特征所进行的应用理论研究、运用技术开发、使用过程支持及经营运作管理等工程化活动。

汽车服务工程专业人才培养目的是：以机械工程学为专业理论基础、汽车运用技术为专业知识主体，具有汽车服务工程所需的知识运用、工程实践、管理素质与服务能力相融合的复合性应用型专门人才为培养对象；立足区域交通发展与面向汽车行业技术进步对专业人才的需求，服务于"汽车化社会"对汽车消费服务增长的市场需求以及解决汽车在使用过程中的节约能源、保障安全和减少排放等关系到社会和谐发展问题所需的技术支持。

以汽车服务行业人才需求为价值取向，毕业生以能在汽车生产厂商产品销售和售后服务部门、汽车（含二手车）流通企业、汽车维修服务企业、汽车保险定损和保险公估机构、汽车运输与物流企业等汽车服务业相关的部门、企业、机构，从事具体的技术与管理工作为基本要求。

以复合性应用型人才为培养目标，具有汽车运用、市场营销、保险理赔、状态评估、事故鉴定、企业管理及相关法规的基础理论、技术方法等运用能力，汽车服务工作实践能力，具备"有技术，能服务，会管理"的专业综合素质，能够从事汽车技术保障、市场营销、保险理赔、旧车评估、事故鉴定等技术服务和企业管理工作，适应汽车技术及服务需求发展的复合性应用型专业人才。

2. 汽车服务工程专业人才培养定位

（1）应用型人才类型辨析　在《国家中长期人才发展规划纲要（2010—2020年）》中，人才被划分为六大类：党政人才、企业经营管理人才、专业技术人才、高技能人才、农村实用人才以及社会工作人才。

按照专业技术人才从事研究工作目的不同划分为：发现和研究客观规律的研究型人才；运用客观规律和科学原理改造或创造产品并可直接产生效益的应用型人才。因此，在人才培养规格上各有侧重。

（2）应用型人才类型划分

1）工程型人才。主要任务是把研究型人才所发现的科学原理转化成可以直接运用于社会实践的工程设计、发展规划和运行决策等。

2）技术型人才。在生产第一线或工作现场，从事组织管理生产、建设、服务等实践活动以及技术工作的人才。该类人才是介于工程型和技能型之间的一种人才类型，主要任务是从事工艺设计，流程监控，生产工具、机器、设备运行与维护，以及产品或服务的改进和更新等。

3）技能型人才。在生产第一线或工作现场，通过实际操作将工程型人才设计的图样、做出的计划、提出的方案等转变成具体的产品或落实执行的人才，主要从事具体的社会生产实践活动。

三类人才不仅在职责上彼此难以替代，而且从知识层面上也有差别：工程型人才强调学科知识的深度和系统性；技术型人才突出学科知识的广度和实用性，其深度相对较浅；技能型人才相对技术型人才的专业理论与技术知识的复杂度较低。

而从能力要求上：工程型人才侧重于工程科学的研究和工程设计，强调科学研究能力；技术型人才侧重于生产、建设、管理和服务等方面的技术应用与开发，强调综合应用能力和解决实际问题的能力；技能型人才则侧重于职业岗位的具体操作，强调操作技能和经验方法。

（3）应用型人才培养目标定位　有将应用型人才概念狭义化的现象存在，即将处于实践一线从事具体生产建设活动或直接服务于生活实践领域的都称为应用型人才。狭义化的结果是将应用型人才等同于实际操作的技能型人才，从而造成对不同类型人才属性和岗位职责的混淆，进而导致教育机构或部门对所培养人才规格定位的模糊认识。

区分应用型人才的标准应该是工作职责，而不是工作形式或场所。也就是不能以直接处于具体的实践活动领域作为划分应用型人才的标准。应用型人才通常也从事理论性的应用基础研究工作，运用理论知识来分析并解决现实问题。

在以高新技术为基础的生产条件下，应用型人才的作用与功能明显。其中，技术型人才的外延不断扩大，其工作领域从现场管理与工艺设计、设备维修和质量监控等技术应用层面，逐渐拓宽到参与产品设计、技术改进与新技术开发等技术创新层面。因此，技术型人才在具体的生产活动中承担着两个职能：一是技术应用；二是技术改进或创新。

本科层次的汽车服务工程专业技术人才培养目标定位的选择，除应考虑所在院校办学特色和历史传承以外，主要应以办学资源条件来确定人才培养类型。

1）对于有相关学科基础的院校，应以工程型人才为定位，突出技术创新和管理策划能力的培养。

2）对于以本科教育为主的院校，应以技术型人才为定位，突出技术应用并兼具技术创新能力的培养。

3）对于有职业教育背景的院校，也以技术型人才为定位，突出技术应用能力并兼具高技能的培养。

工程教育专业认证的核心就是要确认工科专业毕业生达到行业认可的既定质量标准要求，是以培养目标和毕业要求为导向的合格性评价。因此，应高度重视工程教育专业认证提出的新要求，切实结合汽车服务工程专业人才培养过程，针对"复杂工程问题"的解决、识别、表达、文献研究分析、设计解决方案、基于科学原理并采用科学方法、预测与模拟、评价及沟通交流等，教学过程应能支撑培养目标的达成并能通过评价证明毕业要求的达成。

应用型专业以"应用"教育为主，以体现时代发展要求的人才观、质量观和教育观为导向，构建满足和适应经济与社会发展需要的培养方向、知识结构、课程体系、教学内容、教学环节、教学方法和教学手段，全面提高教学水平，培养具有较强社会适应能力和竞争能力的高素质应用型人才。汽车服务工程专业的建设与发展，在以应用型人才培养为目标的前提下，应结合工程教育专业认证的要求，不断深化教育教学改革，提高教学水平，以保证人才培养质量。

2.4　汽车服务工程专业相关学科

2.4.1　学科与专业区分

学科是学术的分类，指一定的科学领域或一门科学的分支。现代社会里的大学承担着人才培养、科学研究、社会服务、文化传承和国际交流等职能，而学科是大学有效完成这些职能的载体。美国学者伯顿·克拉克在他的《高等教育新论》一书中提出学科包含两种含义：一是作为知识的"学科"；二是围绕这些"学科"而建立起来的组织。一般可以从三个不同的角度来阐述学科的含义：从创造知识和科学研究的角度来看，学科是一种学术的分类，指一定科学领域或一门科学的分支，是相对独立的知识体系；从传递知识和教学的角度看，学科就是教学的科目；从大学里承担教学科研的人员来看，学科就是学术的组织，即从事科学研究的机构。这是学科的三个基本内涵，在不同的场合和时间体现不同的内涵。

学科水平对大学能否培养优秀人才、产生丰硕的科研成果、提供优质的社会服务具有直接的影响，学科水平既体现在推动学科发展的贡献上，也体现在应用学科发展的成果培养人才和研究、解决社会现实问题的贡献上。每一所大学都能够通过不断提升学科水平，进而提高人才培养的质量、产生更多的科研成果，为社会提供更优质的服务。

学科通过专业承担人才培养职能，通常比较一致的看法是：专业是"高等教育培养学生的各个专门领域"，是大学为了满足社会分工的需要而进行的活动。这在一定程度上揭示了专业的本质内涵，表明了专业的范围、对象和功能，而"专门领域"是大学区别于其他层次教育的特征之一。大学中的专业是依据社会的专业化分工确定的，具有明确的培养目标。社会分工的需要作为一种外在刺激促成了专业的产生，专业处在学科体系与社会职业需求的交叉点上。因此，专业的定义中有两个关键概念，即社会需求与学科基础。一个专业要完成培养人才的任务，必须首先根据社会对人才的需求，其次必须依托与它相关的学科来组织课程体系，然后实施教学过程，获得教学效果。总之，专业是按行业职业体系划分，学科是以知识结构体系划分。大学为社会培养专业人才按照行业职业体系划分专业，而进行科学研究则按照知识结构体系划分为学科。

2.4.2　主干学科

根据《普通高等学校本科专业目录与专业介绍（2012 年）》（中华人民共和国教育部高等教育司编，高等教育出版社，2012.10）中所提出的汽车服务工程专业的主干学科是机械工程和交通运输工程两个学科。因此，汽车服务工程专业知识领域所涉及的相关学科如图 2-2 所示。除了机械工程和交通运输工程两个学科的知识外，汽车服务工程专业知识领域还涉及管理学和经济学学科的相关知识。

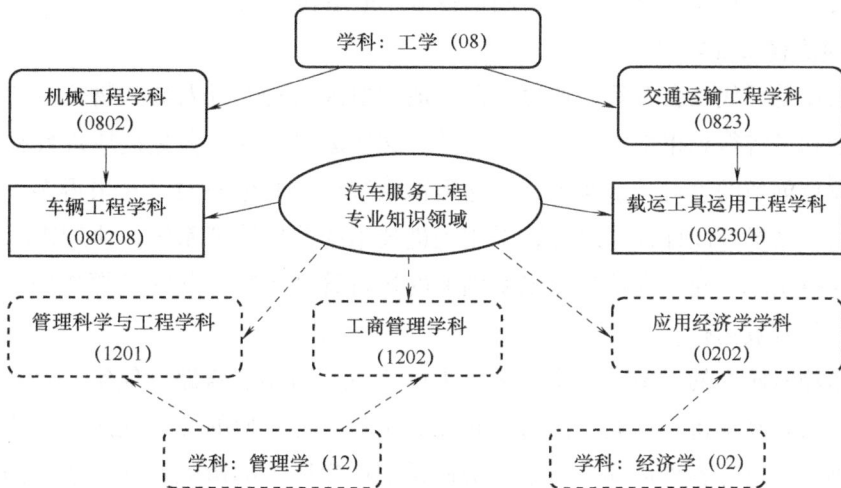

图 2-2　汽车服务工程专业知识领域所涉及的相关学科

1. 机械工程学科

机械工程是以相关的自然科学和技术为理论基础，结合生产实践经验，研究各类机械在设计、制造、运行和服务等全寿命周期中的理论和技术的工程科学。机械工程学科的基本任务是应用并融合机械科学、信息科学、材料科学、管理科学和数学、物理、化学等现代科学的理论与方法，对机械结构、机械装备、制造过程和制造系统进行研究，研制满足人类生活、生产和科研活动需求的产品和装置，并不断提供设计和制造的新理论与新技术。本学科具有理论与工程实践相结合、学科交叉以及为其他科学领域提供使能技术的特点，是发现规律、运用规律和改造世界的强有力工具。

机械工程学科主要包括 5 个学科方向：机械设计及理论、机械制造及其自动化、机械电子工程、车辆工程和微机电工程。机械设计及理论是根据使用要求对机械产品和装备的工作原理、结构、运动方式、力和能量的传递方式等进行构思、分析、综合与优化的一门学科；机械制造及其自动化学科是研究机械制造理论与技术、自动化制造系统和先进制造技术的一门学科；机械电子工程是将机械、电子、流体、计算机技术、检测传感技术、控制技术、网络技术等有机融合而形成的一门学科；车辆工程是研究各类动力驱动陆上运动车辆的基本理论、设计和制造技术的一门学科；微电机工程是研究具有微纳米尺度特征的功能器件及系统的工作原理、设计、制造与性能表征的一门学科。机械工程学科的各学科方向之间相互联系，学科技术相互渗透，学科发展相互促进。

近年来，机械工程学科发展过程中出现了绿色设计、数字化制造、微纳制造、生物制造、智能制造等前沿和新兴研究领域。环境友好型和资源节约型制造是今后制造技术遵循的重要原则；制造技术与信息技术相融合，使制造进入数字化时代，传统制造发生了革命性的变化。制造技术进一步与生物、纳米、新能源和新材料等高新技术相融合，使制造科技发生了日新月异的变化，制造技术不断取得突破。

2. 交通运输工程学科

交通运输是现代社会有效、快速、及时地在地区之间进行人员和物资流通的基本保证，是社会和经济得到正常发展的必要条件，交通运输工程学科是适应现代社会发展要求，不断发展创新的学科。事实上，交通运输系统比一般想象的要复杂得多。除了直接看到的道路、站场等硬件设施之外，采用先进技术的监控管理系统，协调需求与资源分配的决策支持系统，建立在信息技术基础上的运行管理系统等共同发挥作用，才能够保证交通系统的有效运行。

交通运输所研究的对象是一个复杂巨大的系统。道路、铁路、航空、水运、管道等各种交通方式相互支持、补充，同时也相互竞争；各种类型的交通使用者、相关者根据各自的准则分散进行各种活动，对整个交通系统产生巨大的影响；交通系统需要不断满足社会经济发展的需求，同时又必须考虑有限的资源制约，以及对自然生态及人居环境产生的巨大影响。为解决交通运输问题，不仅需要在系统规划、工程建设、运行管理等方面做出巨大的努力，还必须有明确的发展战略的指导和高新技术的支持。因此，交通运输工程研究是一项富有挑战性的工作，需要多学科知识的综合运用、扎实的理论功底及丰富的实践经验学习。

交通运输系统的构成要素包括产生交通运输需求的主体、载运工具、交通运输基础设施和控制系统等。交通运输工程学科是主要研究交通运输系统构成要素及其相互作用关系的科学，涉及交通基础设施的设计施工与养护、载运工具的运用与维修、交通信息工程及控制、运输规划与运营等方面。学科关注的研究内容是交通运输需求的发生机理、需求者的行为、交通运输供给方案、载运工具运用、交通信息工程、基础设施规划建设、基础设施运用与管控、综合运输体系构建，以及需求者-载运工具-基础设施-环境的协同优化等。

交通运输工程学科的研究方向可以划分为：以基础设施建设为主线的道路与铁道工程，研究道路和铁路的工程性能和建设技术；以交通运输系统的信息化控制为主线的交通运输信息工程及控制，基于信息技术研究载运工具与基础设施的管理与控制；以基础设施规划和运行管理为主线的交通运输规划与管理，研究交通运输需求的发生形态、需求者的行为特征、供给方案，以及交通运输系统运行控制与管理；以安全运用与维修保障为主线的载运工具运用工程，研究载运工具在交通运输基础设施上应用与运用所涉及的一系列相关问题。

交通运输工程学科是需求导向型的应用学科，它是在交通运输系统综合化、高速化、信息化、大型化以及经济社会需要畅通、高效、节能环保、安全、舒适的交通运输的背景下，产生的多学科交叉的复合学科。随着交通运输需求的多样化和复杂化，有必要科学地规划建设交通运输的供给系统，为实现交通运输系统的畅通、高效、节能环保、安全、舒适需要对交通运输系统的构成要素进行管理和控制。

经济发展和人类社会文明的进步对交通运输提出了新的要求。现代交通运输系统正在经历从单纯实现人与物的空间位移向提供舒适、快捷、安全与节能环保的运输服务的转变，赋予交通运输工程学科新的内涵。基于对交通运输需求与供给之间耦合作用机理的认识，交通规划思想正在由被动适应交通需求增长向主动引导交通供需平衡转变。在交通设计领域，以满足结构力学性能为核心的传统交通基础设施设计方法正在被面向不同层次需求的全寿命设计理论所代替。信息技术的发展有望实现对交通运输系统构成要素的高度互联，交通运输系统管理与控制的研究正在向主动型、智能化、集成化方向发展。交通运输工程日益呈现出鲜明的交叉学科的特征。

为满足经济社会对交通运输系统的需求，交通运输工程学科的发展趋势是：

1）从单一满足需求向需求诱导和需求管理转变。

2）从被动适应经济社会发展向引领经济社会发展转变。

3）从单纯实现人与物空间位移向提供舒适、快捷、安全与节能环保的运输服务转变。

4）运行控制从局部信息化向全程实时信息化转变。

5）从分散独立系统向综合一体化系统转变。

信息技术、电子技术、材料技术、现代控制技术和环境控制技术等现代工程技术和高新技术为本学科的研究注入了创新活力。交通运输工程学科的研究内容也发生了相应的变化，主要的研究内容是以实现安全、舒适、快捷、经济、节能环保的交通运输为目的，研究多重的交通运输需求的行为特征、高效合理的交通运输需求控制与管理措施、节能环保的载运工具的发展趋势、载运工具的安全高效运用、基础设施的建设技术、系统的信息化与智能化、综合运输体系的构建与运营管理技术等。所有这些都推动和促进了现代交通运输系统朝着高速、重载、自动化、信息化、大型化、专业化和综合化的方向迅猛发展。

2.4.3　其他相关学科

管理科学与工程面向社会与经济领域的复杂管理问题，在经济全球化和自然科学与社会科学日益协同发展的环境下，以及自然科学和社会科学两大领域的交叉过程中，从点到面、从面到体，逐步形成了自身的理论体系与方法论。一方面，应用广义建模原理（定量与定性分析），描述与揭示组织（人与人、人与物、物与物构成的系统）的特征和规律（形态、机制、模式）；另一方面，运用统计、评价、优化与决策等方法和技术，研究组织的运作与监控，使其达到理想的性能目标。

以互联网、移动通信技术和海量数据处理技术为代表的信息技术以及其他高新技术的快速发展，改变了人们的生活和生存方式以及社会服务体系，丰富了管理科学的研究内容，使信息技术与管理、知识管理、供应链管理、电子商务等热点问题的深入研究，有了新的支持平台和技术方法。企业市场竞争更加激烈，客户需求更加多样化，管理科学与工程理论正在发生深刻的变化，如应急管理、服务科学、社会管理、工程管理等出现了许多新问题急需解决。研究视角和研究手段也出现了新的变化，信息技术、心理学、神经科学等学科的发展，为管理科学与工程研究提供了更加精细的观察社会组织复杂管理行为的工具，能够通过过去无法实施的手段来探索管理理论，进一步凸显了管理科学与工程的交叉学科特征。

工商管理学科是一门以社会微观经济组织为主要研究对象，系统地研究其管理活动及决策的一般方法和普遍规律的科学。由于工商管理学科的主要研究对象是由人组成的社会微观经济组织，兼具自然属性和社会属性，因此，工商管理学科各领域的研究同时具有人文属性与科学属性。从学科基础、研究方法和研究内容来看，工商管理学科是以经济学和行为科学等为理论基础，以统计学、运筹学等数理分析方法和案例研究方法为分析手段，以企业的公司治理、生产运营、物流配送、组织行为与人力资源、财务与会计、市场营销与品牌创建、管理信息系统与互联网技术应用、技术创新与管理、战略管理、服务管理等职能管理为主要研究领域，探讨和研究企业内部产品或服务设计、采购、生产、运营、投资、理财、营销、战略发展等管理决策的形成过程、特征和相互关系，以及企业作为一个整体与外部环境之间的相互关系，并从中归纳和总结出旨在提高企业经营管理效率和社会效益的管理原理、管理规律以及管理方法和技术。

经济学下设理论经济学和应用经济学学科。其中，应用经济学的保险学、消费者行为理论、生产理论、市场理论、分配理论等知识，为汽车服务工程专业知识提供了相应的理论和方法支撑。应用经济学是运用经济学基本原理和分析方法，研究经济活动各相关领域基本理论和运行规律，或对非经济活动领域的经济效益和社会效益进行分析和评价的学科，具有理论联系实际、应用性强、直接服务于经济建设的特点。应用经济学作为经济学的一个分支，是随着社会经济发展的需要而不断扩展、充实的学科，在整个经济学、经济管理以及社会科学领域中都具有十分重要的地位和作用。现代应用经济学更加侧重将一般基础性的理论经济学、数学、统计学、心理学、行为科学和社会学等交叉学科有机地统一起来，直接服务于经济政策的制定和管理决策的形成，以提高现实社会生产力。

复习思考题

1. 如何理解"专业"的内涵?

2. 如何理解"汽车运用工程"定义的内涵?

3. 简述汽车运用工程的狭义活动范畴。

4. 简述汽车运用工程的广义活动范畴。分析其与汽车服务工程的关系。

5. 简述汽车运用工程在社会发展中的作用。

6. 简述汽车运用工程在"汽车化社会"中的作用。

7. 何谓应用型专业? 其基本属性表现在哪几个方面?

8. 应用型人才划分为几种类型? 各有何特点?

9. 应用型人才培养目标的定位是什么?

10. 为什么汽车服务工程专业人才培养以应用型为主? 你所在专业的培养类型是什么?

第 3 章

汽车服务体系及其专业知识结构

3.1 汽车服务体系概述

3.1.1 汽车服务阶段划分

20 世纪初期，随着汽车的普及应用就出现了专业的汽车服务商，从事汽车的维修、配件用品销售及清洁养护等工作。在汽车产业链中，汽车服务业是连接生产和消费的基础性、支持性及民生性的行业。从产品全寿命周期的角度，汽车产品使用寿命的存续需要有形实体的技术性能保持和无形服务的保障体系支持。例如，在选购汽车产品时，消费者不仅要重视汽车实体的价值，而且也要关心汽车服务的价值，既要买时称心合适，也要用时放心满意。因为汽车全寿命周期费用包括购置费 + 使用费，其中购置费是一次确定性投入，而使用费则是多次随机性投入。同时，汽车制造商除了需要不断开发汽车新产品、提高汽车有形实体的制造质量和技术性能外，还需要建立完善的品牌售后服务体系，以增加无形服务产生的产品附加值。由此可见，构建完善的汽车服务体系还能为汽车使用安全、减少排放和节约能源等带来直接的社会效益。

基于市场营销的观点，卖方构成产业，买方形成市场，企业、机构或个人在经济活动中由交易行为是卖方或买方而发生角色转换。根据汽车产品在销售市场中所呈现出的状态，广义的汽车服务分为售前服务、售中服务和售后服务三个阶段。

售前服务是指汽车产品未进入销售市场，即汽车产品处于实体形成阶段，由独立的汽车市场调查、开发设计、试验认证、材料供应、配套产品等企业、机构或个人，为汽车制造商提供各类相关的生产性服务。

售中服务是指为形成汽车产品销售市场，即汽车产品作为商品销售阶段，由独立的销售、广告、会展、物流等企业、机构或个人为汽车制造商提供的销售服务；以及由制造商、销售方、信息咨询、银行信贷、购车代理等企业、机构或个人为汽车购置客户提供的产品信息、性能介绍、分期支付、手续代办等购买服务。在售中服务阶段，汽车服务的对象既有汽车制造商，也有汽车购置者，而且汽车制造商既是被服务的对象，也应是服务的提供者。

售后服务是指汽车产品由销售转入到使用，即汽车产品作为个人财产的服务消费阶段，由汽车燃料供给、维护修理、配件销售、状况检验、保险理赔、事故鉴定、旧车交易、回收利用等企业、机构或个人为汽车使用者提供消费服务。

3.1.2   广义汽车服务体系

狭义的汽车服务，是指以汽车为载体，本质上是为其所有者或使用者提供汽车使用过程的各种需求服务，包括技术性服务和非技术性服务。因此，一般意义上讲，汽车服务主要是针对汽车消费者，而不包含汽车生产者。但是，基于广义的汽车服务所划分的售中阶段，汽车生产者即制造商，既是服务的提供者，也是被服务的对象。而且，为汽车制造商提供的销售服务与为汽车购置顾客提供的购买服务在汽车营销过程中的某些服务行为互为一体，因此将汽车营销作为汽车服务体系的组成部分。基于汽车产品全寿命周期的观点，广义的汽车服务体系如图 3-1 所示。

汽车后市场（Automotive After Market）是指汽车销售后提供使用过程中所需的各种服务形成的交易活动。由于汽车后市场涉及不同行业的相关服务，因此组成结构复杂，且又相互影响。它既包括汽车售出之后的维护修理服务及所需的汽车零配件、汽车用品和材料的交易市场，又包括汽车保险、加油站、停车场、汽车检测、旧车交易、汽车改装、车友协会（俱乐部）、交通出行和事故鉴定等服务市场，这些市场由交换过程紧密相连，构成一个完整的市场体系。所谓售后是相对于为实现汽车销售而进行的各种交易和生产服务构成的汽车前市场而言的。汽车后市场服务体系，如图 3-2 所示。

3.1.3   汽车销售维修一体化体系——汽车 4S 店

4S 店全称为汽车销售服务 4S 店（Automobile Sales Service Shop 4S），是集整车销售（Sale）、配件供应（Sparepart）、维修服务（Service）和信息反馈（Survey）四位一体的汽车销售服务企业。4S 是以汽车品牌为特征、经销商为主体进行"整车销售、配件供应、维修服务、信息反馈"的四位一体的一种汽车服务体系，通过实体店的形式将汽车制造企业、汽车经销商、汽车产品用户联系在一起。

汽车 4S 店是由经销商投资建设，按照汽车制造商规定的标准建造的，店内外设计统一，豪华气派，环境舒适，只能销售由制造商特别授权的单一品牌汽车，能够为顾客提供专业的技术支持和深入的售后服务。4S 店与汽车制造商共同组成汽车品牌联盟，代表汽车品牌文化，体现品牌价值，维护品牌忠诚度，为汽车制造商树立汽车品牌的知名度和信誉。通常一个品牌的 4S 店在一个地区只分布一个或相对等距离的几个专卖店，各专卖店之间不能跨区销售。

汽车服务

制造商　经销商　使用者　相关者

生产服务　流通服务　消费服务　其他服务

销售服务　使用保障服务　权益维护服务

营销服务　购车服务　非技术服务　技术服务　文娱服务

市场调查
开发设计
试验认证
材料供应
配套产品
运输物流

整车销售　燃料供给　维护修理　新闻资讯
车友协会
运动竞赛
文化博览

配件销售　驾驶培训　故障救援

用品销售　停车餐宿　性能检验

广告策划
媒体网络
产品展会

信息咨询
现场导购
证照代办　旧车交易　状态评估

车辆保险　车辆定损　保险理赔

金融贷款　节能驾驶　事故鉴定　法律事务

租赁共享　技术咨询　质量索赔

网络平台　交通出行　运行监控　缺陷召回

车辆改装　装饰美容

报废回收　再生利用

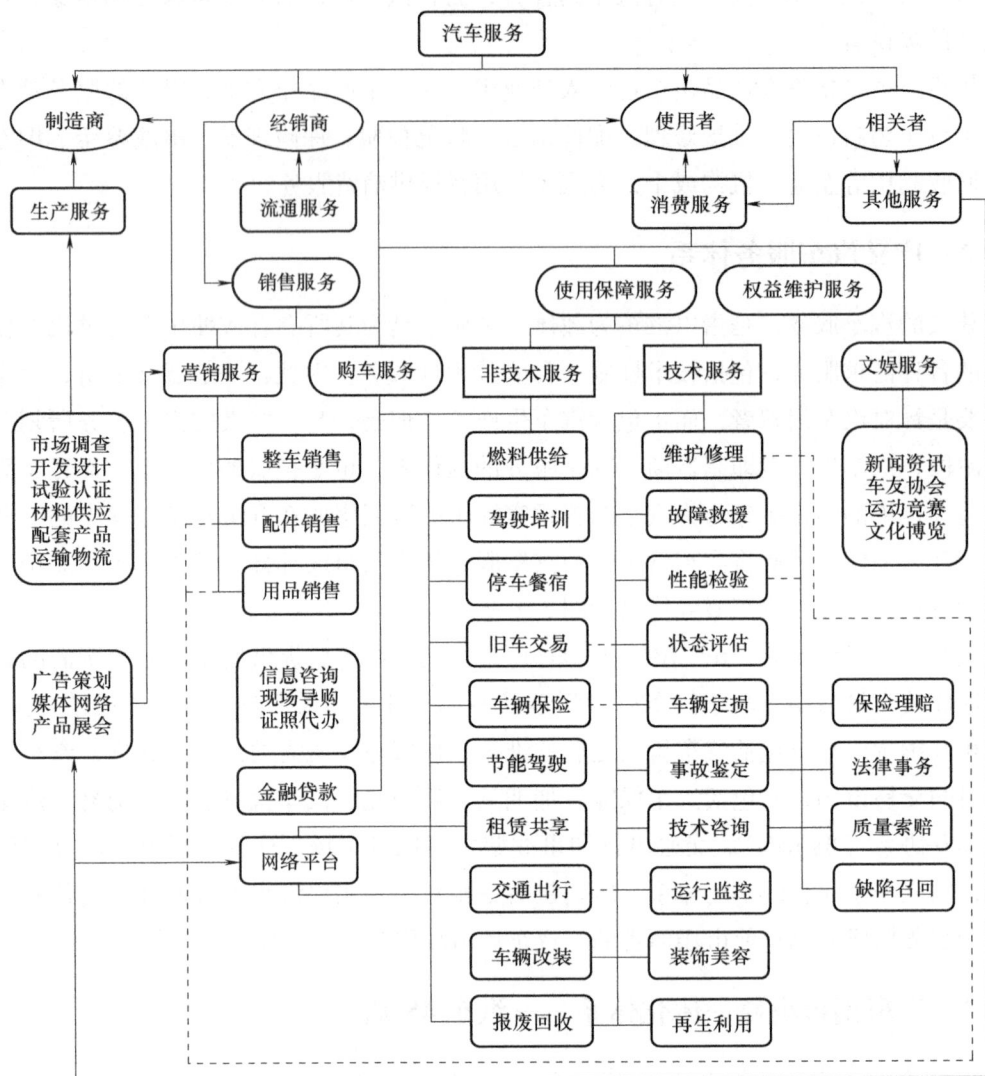

图 3-1　广义的汽车服务体系

2005 年 4 月 1 日实施的《汽车品牌销售管理办法》奠定了我国汽车销售的基本模式，即一家汽车 4S 店只能卖同一品牌的汽车。由于汽车制造商和经销商的地位严重不对等，因关系紧张而产生的问题时常出现。自 2014 年 10 月 1 日起，工商总局停止了实施汽车总经销商和汽车品牌授权经销商备案工作，从事汽车品牌销售的汽车经销商（含总经销商），按照工商登记管理相关规定办理，其营业执照经营范围统一登记为"汽车销售"。新的管理政策对汽车销售模式多元化发展提供了支持，例如，4S 店可以销售多个品牌的汽车，"汽车超市""汽车卖场＋综合维修厂"等新销售模式成为新兴的发展方向。与其他汽车销售模式相比，汽车 4S 店的优势表现在：

（1）品牌化——信誉优势　汽车 4S 店大多经营的是品牌效应好、竞争力强、市场

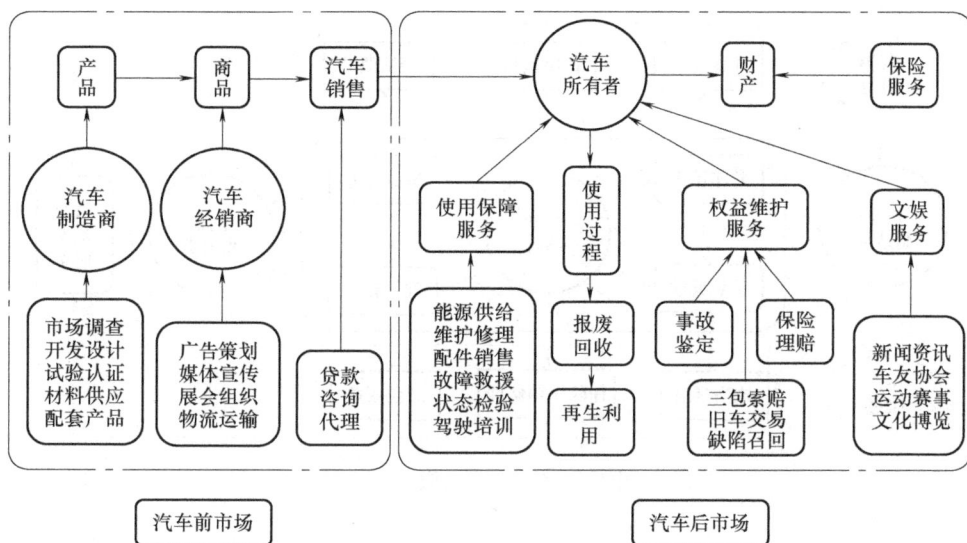

图 3-2 汽车后市场服务体系

份额比较大的汽车品牌，所以品牌信誉优势是其主要的竞争手段。

（2）专业化——完整规范 汽车 4S 店的核心竞争力是以优质的服务赢得顾客。在汽车 4S 店，消费者可以得到关于汽车信息、市场动态、维修保养、配件供应等服务。由于 4S 店大多只针对一个厂家的系列车型，有厂家的系列培训和技术支持，对车的性能、技术参数、使用和维修方面都是"专而精"。无论整车还是零部件都能够提供正品，维修服务规范，免去了消费者在这些方面的后顾之忧；而且，4S 店有一系列的客户投诉、意见、索赔的管理系统。

（3）个性化——增值服务 汽车 4S 店可以凭借其强大的实力推出各种差异化的服务，消费者在购买汽车以后，还有一些额外的增值服务。随着社会的进步，人们的消费观念和消费方式从基本消费时代转到目前的感性消费时代。感性消费时代最大的特点就是，人们在购买商品时常常诉诸于情感，其次是逐渐摒弃了"从众心理"而转向"求异心理"。由于情感因素的加入使得原本简单的问题复杂化了，同样的商品，同样的质量、价格，顾客可以用"不喜欢"给予否定，于是，个性化服务大行其道也就不足为奇了。

（4）人性化——客商互动 汽车 4S 店往往通过建立汽车俱乐部加强与顾客的联系，通过组织车友休闲活动，让客户感觉到 4S 店不仅仅就是把车卖给客户，还和客户是亲密的朋友关系，将汽车企业和汽车品牌的文化融入客户日常生活，提高了顾客的满意度和保留率；同时可通过口碑效应赢得更多的客户，提高汽车销量和企业竞争能力。

基于汽车产品所有者实现价值需求属性，构建的汽车 4S 店服务体系结构如图 3-3 所示。

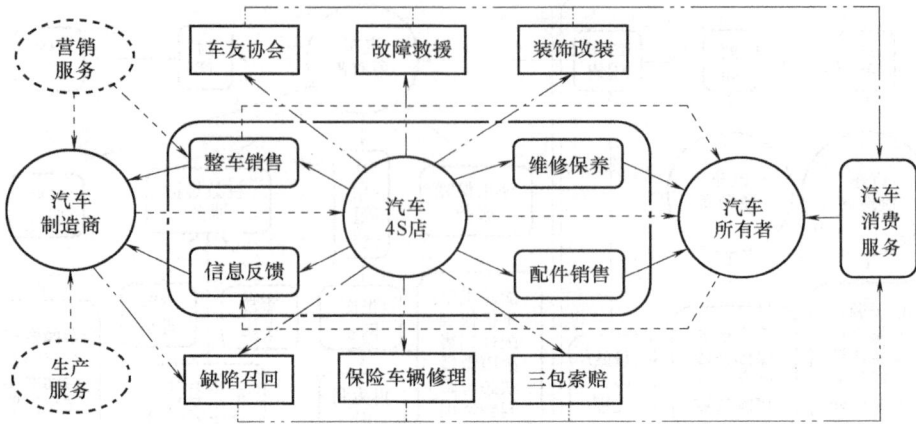

图 3-3　汽车 4S 店服务体系

3.1.4　汽车服务连锁体系结构

1. 特许连锁经营

特许经营（Franchise）又称为经营模式特许（Business Format Franchise）或特许连锁（Franchise Chain），目前国内外对于特许经营的定义主要有以下几种：

美国商务部将特许经营定义为：一种经营方式，被特许者给予权利，依照特许者设计的营销程式销售、分销商品或提供服务。特许者允许被特许者使用其商标、商号及广告。

国际特许经营协会将特许经营定义为：一种持续的关系，特许者对被特许者提供特许的特权，使其进行经营，并在组织、培训、商品和管理方面给予协助，为此收取一定管理费用。

欧盟在相关立法中对特许经营也做出了与美国大致相同的定义：特许经营允许或要求被特许者基于直接或间接的经济上的对价，使用特许者的共同商号或店徽，使用统一的店面陈设和运输工具以及特许者提供的商业秘密，同时特许者应不断地向被特许者提供资金或技术上的援助。

1997 年，我国国内贸易部发布的《商业特许经营管理办法（试行）》中对特许经营的定义是：特许经营是指特许者将自己所拥有商标（包括服务商标）、商号、产品、专利和专有技术、经营模式等以特许经营合同的形式授予被特许者使用，并给予被特许者人员训练、组织结构、经营管理、商品采购等方面的指导和帮助；被特许者在统一的业务模式下从事经营活动，并向特许者支付相应的费用。由此可见，特许经营是以特许经营权的转移为核心，在特许者和被特许者之间形成的一种契约关系。

2. 特许连锁经营的类型

特许连锁在自身的发展过程中，又产生了许多具体的形式。从特许权内容的角度划分有两大类：一类是属于商品的商标特许权连锁，即盟主将其拥有的某一专门商品或商标的经销权和使用权，授给加盟者；另一类是经营模式（或系统）特许权，即盟主将其拥有的可获利的经营诀窍系统地授给加盟者。前一类是初期特许连锁普遍采用的形式，后一类则是现代特许连锁广泛采用的形式，当然，有时也有交叉。从加盟者或特许权承受方经营的角度来看，又可分为 5 类：

（1）投资性特许经营体系　即承受商投入大量资金获得一个特许经营权体系，本人控制整体营业策略，同时雇人经营分店。

（2）职业性特许经营体系　即承受商投入较少资金，获得特许权后自己以职业者身份，亲自从事业务，如维修、服务、清洗和保安等。

（3）零售式特许经营体系　即承受商大量投资商业产业设施，利用所获特许权亲自经营零售业，而在自己经营不便时，可以转卖所获特许权和投资产业。

（4）管理式特许经营体系　即承受商利用所获特许权亲自经营管理业务，多在财务、人事、咨询服务或工程、物业管理行业进行。

（5）销售与分销式特许经营体系　即在获得授权地区对授权产品进行分销业务。

一般来说，特许者提供品牌、生产及经营中必须遵循的方法和标准，提供组织及预订、营销方面的帮助，从而确保业务有效地运行，并定期对被特许者进行检查，以保证市场中同一品牌的经营店产品保持质量的一致性，通过以品牌为主要纽带的方式将特许经营店编到连锁体系之中。而被特许者的财产权和财务仍保持独立，不受连锁体系的控制。

3.1.5　电动汽车应用服务体系

到 2025 年，我国计划电动车销售量达到 700 万辆，预计电动汽车数量将占全球的50%。根据《节能与新能源汽车技术路线图》提出的汽车产业中长期发展方向：从2015—2030 年的中长期尺度来看，由"十三五"的"三化"，即电动化、轻量化、智能化，要扩大到"六化"，主要体现在以下几个方面：

（1）电动化与能源低碳化结合　电动化如果不跟能源低碳化相结合，电动车可能无法做到很低碳。低碳的关键在于电的来源要向可再生能源发展，现在有智能电网规划、能源互联网规划和氢能发展规划。

（2）轻量化与制造生态化结合　其注重的是电动汽车乃至整个汽车工业制造角度的大变革。

（3）智能化与网联化结合　未来智能网联的发展将实现通过网络控制，利用网上的大数据进行整车决策的推理。因此，未来汽车的发展将实现汽车的自动控制和网络紧密地结合在一起，即所谓的智能网联技术。

基于《新能源汽车生产企业及产品准入管理规则》（2009 年）的定义：新能源汽车

是指采用非常规的车用燃料作为动力来源，或使用常规的车用燃料、采用新型车载动力装置，综合车辆的动力控制和驱动方面的先进技术，形成的技术原理先进，具有新技术、新结构的汽车。简单地说，新能源汽车实际就是新燃料汽车和新动力汽车的总称。

基于《节能与新能源汽车产业发展规划（2011—2020年）》的定义：新能源汽车是指采用新型动力系统，完全或主要依靠新型能源驱动的汽车，主要包括纯电动汽车、插电式混合动力汽车及燃料电池汽车。节能汽车是指以内燃机为主要动力系统，综合工况燃料消耗量优于下一阶段目标值的汽车。发展节能与新能源汽车是降低汽车燃料消耗量，缓解燃油供求矛盾，减少尾气排放，改善大气环境，促进汽车产业技术进步和优化升级的重要举措。目前电动汽车的普及应用还处在初始阶段，在推广应用中存在的主要问题包括制造技术和应用支持两方面，表现为方便、可靠、绿色、效率等，如图3-4所示。

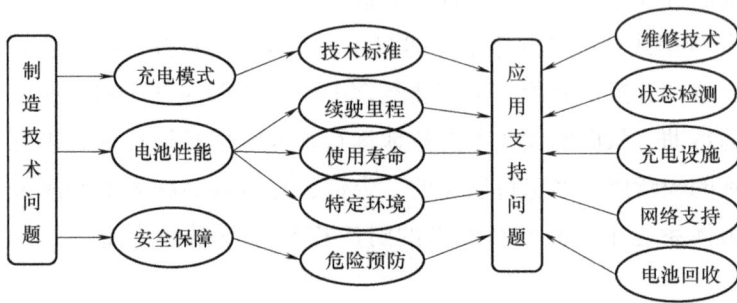

图3-4 电动汽车推广应用中存在的主要问题

针对电动汽车的普及应用的主要模式，即整车出售模式、换电模式、整车租赁模式与共享模式，电动汽车应用服务体系结构如图3-5所示。

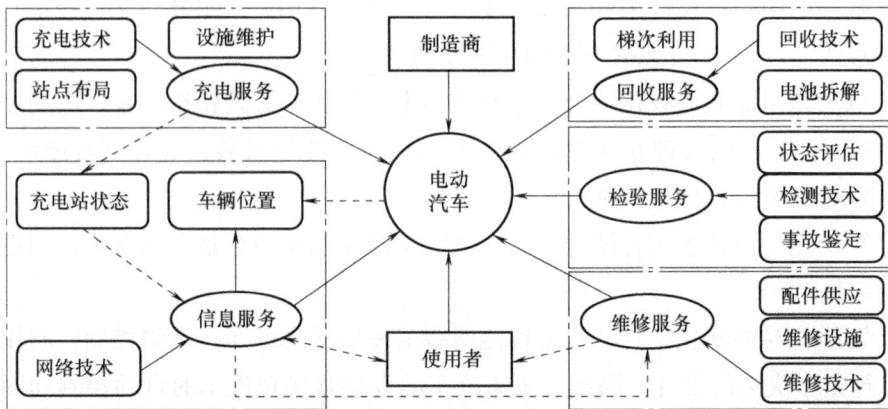

图3-5 电动汽车应用服务体系

3.1.6　汽车服务特点及分类

1. 汽车服务的特点

根据美国汽车售后业协会（American Automotive Aftermarket Industry Association，AAIA）的定义，所谓汽车后市场是指汽车在售出之后维修和保养服务及其所需汽车零配件、汽车用品和材料的交易市场，所涵盖的行业和企业有汽车维护、保养和修理服务企业，汽车零配件、汽车用品和材料的经销商和制造商，以及相应的金融、保险等。美国的汽车后市场容量非常大，一方面是汽车工业的异常发达，美国被誉为"车轮上的国家"，汽车已经渗透到社会的各个角落，围绕着汽车需要各种各样的服务，如汽车餐厅、汽车旅馆、汽车公园等，即美国的汽车后市场是以服务为主。而日本的汽车后市场的概念主要是以产品为主，基本等同于"汽车配件"和"汽车配饰"市场。国内最初也把汽车后市场局限在与产品直接相关的方面，没有考虑金融、保险、检测、咨询等方面，产品概念大于服务概念。

现在国内对汽车后市场及其汽车服务的认识更全面，而且更符合汽车消费的实际需求。汽车后市场可以提供汽车消费所需的各种服务，汽车服务的主要特点是：

（1）全过程服务　汽车全过程服务是指汽车从经销商将汽车销售给顾客以后，直至车辆报废回收的全过程服务。

（2）全员性服务　在汽车的全生命周期内需要所有工作的人员都为用户提供服务，这种服务是汽车专业技术性服务与非技术性服务的结合。

（3）定场点服务　由于服务的不可分离的特点，以及汽车本身具有的技术复杂、局部高温和高压、带电作业、带易燃油品等产品特性，汽车服务必须在汽车市场或者服务站等特定地点进行。

（4）多层次服务　汽车服务中，对车辆的咨询、介绍、质量保证等服务是必须向用户提供的基本服务；提供专业养护和维修以及车辆改装等服务属于连带服务，也是增值服务；而帮助用户办理车辆上牌、事故车的理赔等服务是企业体现服务差别和优势的增值服务。

（5）多重性服务　汽车服务具有指导性、可靠性、及时性和善后性等作用，通过服务引导用户熟悉车辆，了解车辆性能和使用方法，并指导用户熟悉用车环境；提供及时的救援服务和备件服务，最大限度地减小因车辆问题停驶给用户带来的不便；车辆可靠性保证，除了在产品设计、生产过程中提供的设计和生产保证外，还要靠汽车的服务质量来保证；在车辆出现问题后，及时排除故障，并妥善解决好由车辆故障引发的相关事宜。

2. 汽车服务的分类

根据各种汽车服务的具体特征，可以对汽车后市场包括的服务进行一定分类。

1）按照服务的技术密集程度，汽车服务可以分为技术型服务和非技术型服务。技术型服务包括汽车厂商的售后服务、汽车维修与养护服务、智能交通服务、汽车故障救援服务等，其他服务为非技术型服务。

2）按照服务的资金密集程度，汽车服务可以分为金融类服务和非金融类服务。金融类服务包括汽车消费信贷服务、汽车租赁服务和汽车保险服务等，其他服务为非金融类服务。

3）按照服务的知识密集程度，汽车服务可以分为知识密集型服务和劳务密集型服务。知识密集型服务包括售后服务、维修检测服务、智能交通服务、信息服务、咨询服务、汽车广告服务和汽车文化服务等；劳务密集型服务则包括汽车物流服务、废旧汽车的回收与解体服务、汽车驾驶培训服务、汽车展会服务以及各种代办服务手续的代理服务等。其他服务则是介于知识密集型服务和劳务密集型服务之间的服务。

4）按照服务的作业特性，汽车服务可以分为生产作业型服务、交易经营型服务和实体经营型服务。生产作业型服务包括汽车物流服务、售后服务、维修检测服务、美容装饰服务、废旧汽车的回收与解体、汽车故障救援服务等，交易经营型服务包括旧车交易服务、汽车配件营销与汽车用品销售服务，其他服务则为实体（企业）经营型的服务。

5）按照服务的载体特性，汽车服务可以分为物质载体型服务和非物质载体型服务。物质载体型服务是通过定的物质载体（事物商品或设备设施）实现的服务，如上述的技术服务、生产作业型服务、交易经营型服务、汽车租赁服务、汽车广告服务、汽车文化服务、展会服务等；非物质载体型服务没有明确的服务物质载体，如汽车信贷服务、汽车保险服务、汽车信息服务、汽车咨询服务和汽车俱乐部等。

当然，汽车服务还可以按照其他划分途径进行分类，这里不再一一列举。

3.2 汽车服务创新方式与技术应用

3.2.1 "互联网＋"服务融合

1. "互联网＋"简介

"互联网＋"代表着一种新的经济形态，指的是依托互联网信息技术实现互联网与传统产业的联合，以优化生产要素、更新业务体系、重构商业模式等途径来完成经济转型和升级。"互联网＋"的目的在于充分发挥互联网的优势，将互联网与传统产业深入融合，以产业升级提升经济生产力，最后实现社会财富的增加。

"互联网＋"概念的中心词是互联网，它是"互联网＋"的出发点。"互联网＋"具体可分为两个层次来表述。一方面，可以将"互联网＋"概念中的文字"互联网"与符号"＋"分开理解。符号"＋"代表着添加与联合，这表明"互联网＋"的应用范围为互联网与其他传统产业，应用手段是通过互联网与传统产业进行联合和深入融合的方式进行的；另一方面，"互联网＋"作为一个整体概念，是通过传统产业的互联网化进行产业升级。互联网通过将开放、平等、互动等网络特性在传统产业的运用，通过大数据的分析与整合，试图理清供求关系，通过改造传统产业的生产方式、产业结构等内容，来增强经济发展动力及提升效益，从而促进国民经济健康有序发展。

2. "互联网＋"的特征

（1）跨界融合　"＋"就是跨界，就是变革，就是开放，就是融合。跨界使创新的基础就更坚实，融合才会实现群体智能协同，从研发到产业化的路径才会更直接。

（2）创新驱动　粗放的资源驱动型增长方式难以为继，必须以创新驱动发展。互联网的特质就是用所谓的互联网思维来求变革，并发挥创新的力量。

（3）重塑结构　信息化、全球化、互联化已重塑了原有的社会结构、经济结构及地缘结构，推动着科技进步、经济增长、社会发展和文化繁荣。互联网的力量之强大，最根本的也是来源于对人的创造性发挥的重视。

（4）开放生态　"互联网＋"的生态特征非常重要，而且本身是开放的。推进"互联网＋"，其中重要的方向就是要把过去制约创新的环节化解掉，把孤岛式创新连接起来，让研发由市场驱动，让创业并努力者有机会实现价值。

（5）连接一切　连接是有层次的，可连接性是有差异的，连接的价值是相差很大的，但是连接一切是"互联网＋"的目标。

3. "互联网＋汽车服务"

"互联网＋汽车服务"对促进汽车服务行业发展的作用主要表现在以下几方面：

1）可实现汽车服务市场的消费需求和供给能力信息的对称，及时了解掌握汽车服务项目以及服务点分布情况；深入挖掘汽车服务数据，分析汽车服务特点及规律，形成提供全方位服务的网络体系，对汽车服务资源的合理配置与优化有积极的促进作用。

2）有利于汽车服务运作管理的有序化，从而提高汽车服务业务的有效性。随着互联网技术与汽车服务行业的融合，市场供需信息更充分，使现有的汽车服务设施、服务能力等条件得到有效利用，进而提高服务效率、降低服务成本。

3）可快速拓展汽车服务新业务，提高汽车服务便捷性，最大限度发挥互联网的聚集作用，创造汽车服务的新生态。

在汽车营销方面，基于互联网可构建线上、线下营销体系以及网络信息管理平台，发布详细的汽车资讯以及提供便捷的购车途径。通过全方位的销售服务可有效地减少中间环节及订货与配送周期，节省商品储存空间和费用，进而降低销售成本。在汽车租赁方面，基于互联网技术与大数据平台可使服务管理更加科学、运营安全可靠，在提高经营效益的同时使运行风险进一步减少。在汽车保险方面，构建以互联网为基础的保险营销、宣传、咨询、市场调查、网上投保、实时核保以及理赔等业务，可以不受时间和空间的约束，直接与客户沟通开展业务。除此之外，在汽车金融、美容、配件等服务方面都能与"互联网＋"融合而形成新的服务模式。

随着汽车服务市场规模的扩大和用户需求的增加，汽车服务行业必将融合"互联网 +"模式下的新理念和新技术为用户提供更加满意的服务，并且向着技术支撑标准化、管理机制专业化、服务业务智能化的方向发展，以不断提高客户对优质服务的体验。汽车服务与"互联网 +"的融合，有利于汽车服务规模扩张、服务技术提升以及服务业务创新。两者的融合发展，并非简单的叠加，而是将技术平台与行业需求紧密联系在一起，进行深度融合，进而为用户需求提供更加便捷的优质服务。

3.2.2 大数据及其应用

1. 大数据释义

最早将大数据应用于 IT 环境的是著名的咨询公司麦肯锡，其关于大数据的定义是：大数据是指无法在一定时间内用传统数据库软件工具对其内容进行采集、存储、管理和分析的数据集合。另外，被引用较多的还有维基百科的定义，即大数据是指数量巨大、类型复杂的数据集合，现有的数据库管理工具或传统的数据处理应用难以对其进行处理，包括捕获、收集、存储、搜索、共享、传递、分析与可视化等。

2017 年，国务院正式印发《促进大数据发展行动纲要》，提出将推动大数据与云计算、物联网、移动互联网等新一代信息技术融合发展，探索大数据与传统产业协同发展的新业态、新模式，促进传统产业转型升级和新兴产业发展，培育新的经济增长点。互联网让信息变得越来越透明起来，大数据时代下的行业、企业或岗位也在被不断地重新定义职能和改变运作方式。首先，大数据的资源化，即大数据成为企业和社会关注的重要战略资源，并已成为争相抢夺的新焦点；其次，与云计算的深度结合为大数据提供了弹性可拓展的基础，是产生大数据的平台之一；再者，随着数据挖掘、机器学习和人工智能等相关技术的深入发展，可能会产生很多新算法和新理论，像计算机和互联网一样，大数据将带来新一轮的技术革命。另外，数据科学将成为一门专门的学科，被越来越多的人所认知，各大高校设立专门的数据科学类专业，也会催生一批与之相关的新的就业岗位。大数据是互联网发展到现今阶段的一种表象或特征，是信息技术发展的一种必然。在以云计算为代表的技术创新背景下，原本很难收集和使用的数据开始容易收集和被利用起来，通过各行各业的不断创新，大数据会逐步为人类创造更多的价值。

2. 大数据特征

大数据有四个基本特征：数据规模大（Volume）、数据种类多（Variety）、数据价值密度低（Value）和数据要求处理速度快（Velocity），即所谓的 4V 特性。这些特性使得大数据区别于传统的数据概念。

（1）数据规模庞大　这是大数据最主要的特征，同时数据还在不断地加速产生。因此，传统的数据库管理技术无法在短时间内完成对数据的处理。

（2）数据种类多　与传统的数据相比，大数据的数据种类繁多，包括结构化数据、半结构化数据和非结构化数据等多种数据类型，如网络日志、音频、视频、图片、地理位置信息等。多类型的数据对数据的处理能力提出了更高的要求，传统的数据处理方式也面临着巨大的挑战。

（3）数据价值密度低 这是大数据关注的非结构化数据的重要属性，以视频为例，连续不间断的监控过程中，可能有用的数据仅仅有一两秒，如何通过强大的算法更迅速地完成数据的价值"提纯"，是大数据时代亟待解决的问题。

（4）数据处理速度要求快 大数据的产生与存储是动态的，有的处理结果时效性要求很高，这就要求对数据能够快速处理，数据处理速度快也是大数据区别数据仓库的主要因素。数据产生的速度以及快速变化形成的数据流，超越了传统的信息系统的承载能力。

大数据的核心是能够通过数据挖掘分析，从而产生新的数据。今天的数据不仅是大，而且是在线的情形，这恰恰是互联网的特点，也是"大"数据的本质。

3. 大数据技术

大数据技术就是从各种类型的数据中快速获得有价值信息的技术。大数据处理关键技术一般包括采集、预处理、存储及管理、分析及挖掘、展现和应用等。

大数据采集一般分为：

1）智能感知层。主要包括数据传感体系、网络通信体系、传感适配体系、智能识别体系及软硬件资源接入系统，实现对结构化、半结构化、非结构化的海量数据的智能化识别、定位、跟踪、接入、传输、信号转换、监控、初步处理和管理等，重点是针对大数据的智能识别、感知、适配、传输、接入等技术。

2）基础支撑层。提供大数据服务平台所需的虚拟服务器，结构化、半结构化及非结构化数据的数据库及物联网络资源等基础支撑环节，重点是分布式虚拟存储技术，大数据获取、存储、组织、分析和决策操作的可视化接口技术，大数据的网络传输与压缩技术，大数据隐私保护技术等。物联网、云计算、移动互联网、车联网、手机、平板电脑、PC 以及遍布全球各个角落的各种各样的传感器，无一不是数据来源或者承载的方式。

大数据预处理主要是对已接收数据的辨析、抽取、清洗等操作。因获取的数据可能具有多种结构和类型，数据抽取过程可以帮助将这些复杂的数据转化为单一的或者便于处理的构型，以达到快速分析处理的目的。对于大数据，并不全是有价值的，有些数据并不是所关心的内容，而有些数据则是完全错误的干扰项，因此要对数据通过清洗、过滤"去噪"从而提取出有效数据。

大数据存储与管理要用存储器把采集到的数据存储起来，建立相应的数据库，并进行管理和调用，重点是复杂结构化、半结构化和非结构化大数据管理与处理技术，主要解决大数据的可存储、可表示、可处理、可靠性及有效传输等几个关键问题。大数据必然无法用单台计算机进行处理，必须采用分布式架构。

大数据分析及挖掘技术是大数据应用的关键。数据挖掘就是从大量的、不完全的、有噪声的、模糊的、随机的实际应用数据中，提取隐含在其中的、人们事先不知道的但又是潜在有用的信息和知识的过程。数据挖掘技术方法很多，主要有机器学习方法、统计方法、神经网络方法和数据库方法等。

4. 汽车大数据及应用

汽车大数据可分为狭义和广义两种。狭义的大数据是指来自互联网和物联网的数据，如由车辆传感器、车联网搜集上传的数据。其特点一是海量，二是数据来源广泛、结构复杂，包含文本、语音、图像、视频等形式，不是传统数据库的结构化数据。广义大数据还包含汽车厂商的传统数据，如4S店销售网络收集的车辆维修保养数据、调研机构的市场调研分析数据等。大数据在汽车领域的应用主要有：

（1）市场调研　汽车制造商以往通过市场调研机构了解消费者需求，但传统线下调研存在样本量少、数据分析报告周期长等缺点；同时，还存在产品定义（配置定义、人群定义、市场定义、价格定义）不精准的缺陷。随着互联网、物联网、算法、分析引擎等技术的进步，能够提供大数据服务的公司逐渐涌现。与传统调研形式相比较，大数据公司的调研数据样本量更大、更丰富，效率也更高。借助汽车大数据服务，制造商不仅可以拓宽汽车行业调研数据的广度和深度，还可以从大数据中了解汽车行业市场构成、细分市场特征、消费者需求和竞争者状况等众多因素，挖掘出市场需求及提出更好的解决问题的方案和建议。

（2）战略规划　产品定位是企业战略规划的重要内容，通过收集产生于微博、微信、点评网、评论版上海量的网络评论交互性大数据，如商家信息、个人信息、行业资讯、产品使用体验、商品浏览记录、商品成交记录、产品价格动态，建立网评大数据库，与竞品分析对比，找到自身产品与竞品相比的优缺点。通过对大数据的统计分析，能充分了解市场信息，掌握竞争者的商情和动态，知晓产品在竞争群中所处的市场地位，可以更好地改进和创新产品，精准地宣传产品特性和向特定人群推广产品。同时，还可以通过大数据统计分析，进行科学的需求和产品价格走势预测，并针对不同的细分市场来实行动态定价和差别定价，从而使企业收益最大化。

（3）产品研发　制造商每年都要投入大量的经费，研发投入未来市场的汽车产品。需要有大量真实用户体验信息的大数据，以助力于研发设计出更适合用户需求的产品。随着成熟的大数据技术逐步应用于汽车生产、销售、服务中的各环节，可以帮助总结过去经验，预判未来周期的市场需求走势，提升整体运营效率。

（4）市场营销　汽车大数据的应用改变了传统的营销方式，推动了汽车营销变革。以往的营销主要通过品牌传播或群体分析，而大数据时代的营销变得更加精准，更加有效，甚至让交易直接成为现实。同时，汽车大数据实现了线上和线下渠道的紧密结合，让传统的营销方式直接进入智能营销时代。通过用户画像分析、市场状况分析、场景分析、营销产品内容分析，洞悉用户的诉求点，利用个性化推荐技术，实现真正意义上的个性化精准营销、智能营销。具体而言，就是通过大数据分析用户的消费行为、兴趣偏好、客户分布、发展趋势、消费能力、消费特征和产品的市场口碑现状，再制定有针对性的营销方案和营销战略，实现精准信息精准推送，更好地为用户服务和发展忠诚用户。

在大数据时代的汽车后市场中，大数据对汽车服务的价值主要体现在：

1）汽车产品的全面数据化以及用车行为的数据化，都会形成大数据被挖掘应用而产生价值，如车辆技术状况、驾驶操作习惯、维修保养、配件选用、地理位置等信息。另外，汽车大数据的资产化，即大数据将成为企业的有效资产，同其他资产一样可为企业带来收益，其应用将创造出更多的价值。

2）大数据能带给企业的是对业务的管理以及对客户的服务，利用大数据来适配汽车后服务是整个行业在服务模式的质变。特别是，维修数据公开将让汽车后市场成为整体，融合形成更多维度的大数据，打破了行业垄断所造成的信息不对称壁垒。汽车产业链上的企业都关注自己所在的行业，其所需要的相关数据将由专业的数据商提供，汽车后市场的竞合时代由此开始。

3）由于汽车服务的所有环节都无法脱离线下，互联网能够改变的是预约服务、汽车零部件适配、工时费用结算、网络投保等可以在线上操作的服务项目，剩下的保养、维修、换件、美容、洗车、定损等业务，除了在线预约环节，其实际操作的业务部分仍旧是通过上门或者定点进行操作。汽车后市场服务中的竞争不在于维修人员的多少，需要的是对原厂配件、品牌配件、工时、维修信息等数据的适配，数据多、全、细就有竞争力，这意味着能够给予全品牌、全车型进行数据匹配。

4）大数据时代的车辆上，每一组数据信息都带有位置信息和时间，并且形成海量数据。在大数据平台上，基于对车辆、道路、环境感知等数据海量信息的处理、分析、汇总，可获得相关车辆技术状况、驾驶行为、行驶里程等用车过程数据，从而可基于大数据挖掘对车主进行精细化的服务。

总而言之，大数据将会为整个汽车服务行业的进步提供更有利的基础。目前已经有汽车服务大数据平台，如中国汽车售后服务质量监测大数据平台，采集、整合汽车行业多样的数据源，并对其进行分析、建模，用大数据智能认知方式，探索行业动态，发现价值，实现创新；针对企业的商务活动，提供决策支持，提升收益、降低成本。

现阶段大数据正在多个环节推动着汽车产业的进一步升级。第一，在汽车产品研发环节，大数据助力提升产品研发品质；第二，在营销环节，大数据助力汽车精准营销；第三，在使用环节，借助大数据能够准确掌握车辆位置、车辆故障、驾驶行为等信息，结合具体使用场景和互联网技术，支撑智能导航、车辆故障预警等领域拓展创新，推动建立便捷用车、经济用车、安全用车的社会用车新局面；第四，在后市场环节，以车辆识别代号为核心，以零部件编码、材料编码为主要纽带的大数据体系，使得整车与零部件信息的精确匹配成为可能，为汽车后市场的繁荣发展奠定了基础。

尽管汽车海量大数据的积累为行业的发展提供了更多的机遇，但在数据共享及安全性等方面，也面临前所未有的挑战。例如，国内外汽车厂商数量众多，相关数据检测方式多样，信息模式复杂，造成数据种类繁多，且缺乏统一的标准，各厂商的数据资源缺乏互通与共享。从长远来看，这将成为汽车大数据使用的瓶颈与障碍。再如，数据开放的同时应提高数据资源的安全性，尊重和保护相关政府部门、汽车制造商以及个人的机密和隐私不受侵犯。这就需要从法律法规层面予以保障，加强监管。此外，汽车大数据还存在现有数据利用率不高、大数据市场化应用尚缺乏相应机制、汽车行业大数据缺乏顶层设计等问题。因此，迎接大数据时代为汽车产业技术发展带来的机遇与挑战，亟须打破应用瓶颈实现产业结构重塑。立足国情、运用新技术手段，结合智能交通系统建设发展，加快汽车大数据分析技术研发，促进汽车制造商的服务转型，将是我国汽车产业重要的发展方向。

未来，汽车将成为大数据的重要输出源，信息通信技术、新能源、新材料等与汽车产业加快融合。汽车产品将从单纯的交通工具变成大型的移动智能终端，数据非常富有挖掘价值。汽车服务业、互联网与汽车将进一步深度融合，将使便捷出行、安全驾乘、娱乐休闲等需求充分释放，消费需求的多元化将日趋明显。

3.2.3　智能网联技术与应用

人工智能是研究、开发使机器能够胜任一些通常需要人类智能才能完成的复杂工作，模拟、延伸和扩展人的智能的一门新技术科学。2018年4月，教育部制定《高等学校引领人工智能创新行动计划》，设人工智能专业，进一步完善中国高校人工智能学科体系。2019年3月，教育部印发《教育部关于公布2018年度普通高等学校本科专业备案和审批结果的通知》，全国共有35所高校获首批人工智能专业建设资格，探索实践适合高等人工智能人才培养的教学内容和教学方法，培养人工智能产业的应用型人才。而智能化是将人工智能方法与电气、计算机、传感、通信、控制等众多领域技术相融合，使系统或产品具有人工智能属性的过程。因此，汽车服务行业应面向产业未来发展进行智能化改造升级。

随着移动互联、人工智能等新技术的迅速发展以及国家对智能网联汽车的规划引导，车联网应用领域已经成为汽车发展的热门技术。通过车联网技术为消费者提供更加智能化和便捷的服务已经成为汽车企业间竞争的焦点，且车联网服务成为提升产品竞争力的关键点。

传统的车辆故障检测模式是通过对车辆的操作及仪表指示灯点亮情况来获悉车辆运行状态，如有故障需将车辆开到 4S 店进行检测，利用诊断仪对车辆进行 ECU 故障码读取、清除等操作，对于复杂的系统故障可能还需要进一步反馈给制造商排查解决。总线技术发展加速了汽车电子化，越来越多的系统开始配置 ECU 控制单元以提升整车性能，如电动助力转向、车身稳定系统、自动变速器、停车辅助等，而且越高端的车型 ECU 数量也越多。当车辆具备远程诊断功能后，制造商或服务商就可以第一时间利用远程诊断系统获取车辆故障数据，远程清除故障码或协助排除故障。针对不能被清除的故障则要求车辆到 4S 店进行检修，并提前通知 4S 店进行相应的准备。4S 店也会主动联系预约维修，预约成功后生成维修工单，并根据获取的故障信息提前备件、制定维修方案，实施维修服务的同时将维修工单及维修进度通过车联网 App 推送给车主，方便用户及时了解车辆维修进度。

面对共享出行的新市场，不论是制造商作为共享出行的运营方，还是为运营方提供车辆，都将面对客户提出的新要求和出现的问题。过去制造商单纯依托 4S 店线下服务、层层上报解决问题的模式将不再适用新的共享出行运营场景。面对不可避免的各种硬件和软件故障问题，制造商通过远程诊断发现问题、定位问题、解决问题的能力和效率十分重要。对于共享车辆运营商来说，最大的风险是车辆的潜在故障没有及时发现和处理，导致在使用过程中车辆出现故障，这会影响用户对共享运营的体验。所以，构建车辆监控和管理能力，包括车辆故障状态获取、排查、定位以及修复能力，是共享运营体系能够健康发展的技术基础与运营保证。智能化的诊断体系可以使得共享出行服务商能够实时监控及时发现故障状态车辆，根据故障问题智能化匹配维修建议。对于硬件的问题，指导维修人员携带特定工具、备件去特定的地点进行维修；对于软件的问题，通过 OTA（Over the Air，空中下载）技术的方式进行解决。甚至提前预测风险，利用特定的周期间歇提前进行维护，以保障车辆始终处于有行驶服务能力的正常状态。

3.3　汽车服务工程专业人才知识结构

3.3.1　专业知识结构体系

汽车服务工程专业人才知识结构，主要由基础素质知识、工程技术知识和人文社科知识三方面构成，即从事汽车服务工程的专业技术人员除需要具备必需的人文科学知识外，还需具备自然科学、机械工程基础理论、车辆运用工程专业技术以及相关管理与服务等基本知识。因此，知识结构的多元化需要课程设置具有多元性。汽车服务工程专业人才的知识结构体系如图 3-6 所示。

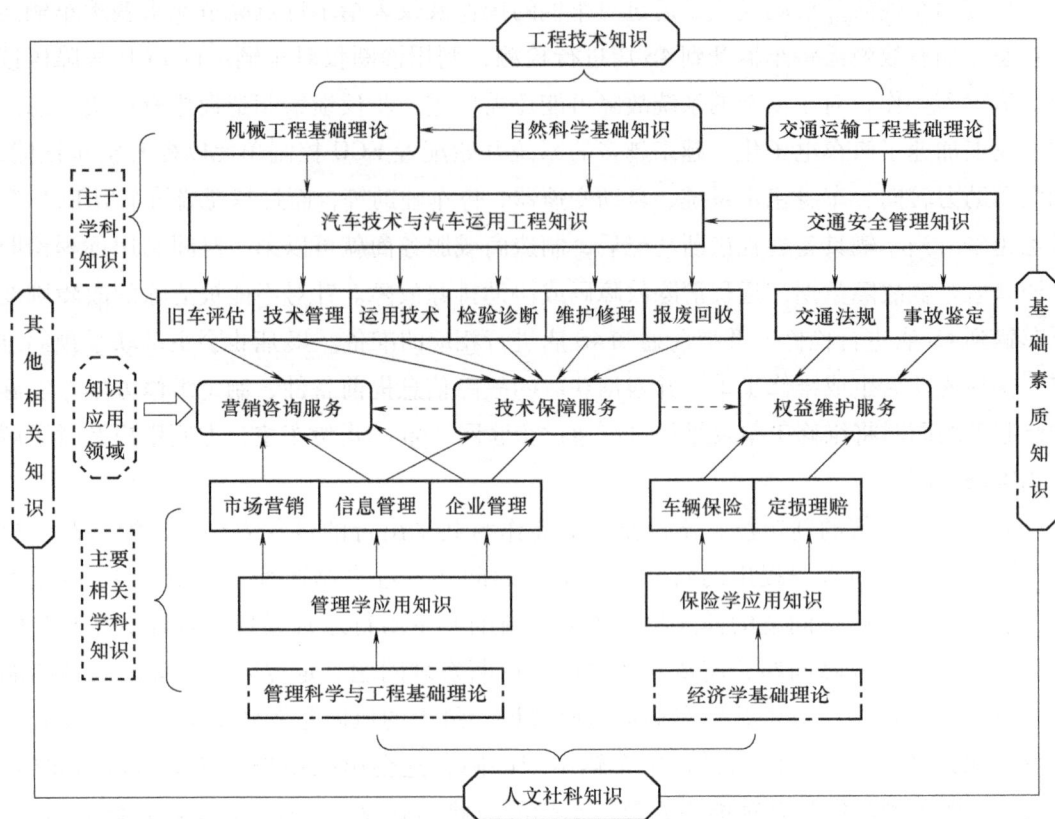

图 3-6　汽车服务工程专业人才知识结构体系

3.3.2　通识教育知识

1. 概述

通识教育主要是针对大学的专业过于专门以及所学知识被严重割裂等问题，提出进行通识教育，以达到培养学生独立思考且对不同的学科有所认识，以至能将不同的知识融会贯通的目的。通识知识是指除专业知识之外的基础课程知识。如果说专业知识旨在培养学生在某一知识领域的专业技能和谋生手段，那么，通识知识则要通过知识的基础性、整体性、综合性、广博性，使学生拓宽视野、避免偏狭，培养独立思考与判断能力、社会责任感和健全人格。一般而言，大学本科的课程体系主要由"公共基础课 + 学科基础课 + 专业课"三部分构成。其中，"公共基础课"的部分课程应视作"通识教育课程"，主要包括思想政治理论课、英语、军训与体育、通识教育选修课等。

2. 人文社会科学知识

人文社会科学是人文科学和社会科学的总称。人文科学是以人类的精神世界及其沉淀的精神文化为对象的科学；社会科学则是一种以人类社会为研究对象的科学。如果说人文科学主要研究人的观念、精神、情感和价值，即人的主观精神世界及其所积淀下来的精神文化的话，那么社会科学更多地则是研究客观的人类社会而外在于具体的个人及其主观世界。人文科学包括文、史、哲及其衍生出来的美学、宗教学、伦理学、文化学、艺术学等，而社会科学则主要有经济学、社会学、政治学、法学等。

人文社会科学是相对于自然科学而言的知识体系。当然，两者都是对客观事物的本质、发展规律的揭示，相互渗透、相互转化，具有内在相关性、相似性和统一性。其发展趋势正如马克思所说："自然科学往后将包括关于人的科学，正像关于人的科学包括自然科学一样：这将是一门科学"。但根源于人类精神活动与社会活动的特殊性，人文社会科学具有与自然科学不同的特点，认识两者之间的差异有助于了解它们的特点。人文社会科学领域的众多学科门类相互贯通，联为一体，形成了人文社会科学的体系结构。其中，不同学科以不同的结合方式融入体系结构之中，各学科在体系结构中的地位和作用也各不相同。

汽车服务工程专业学生应具备的人文社会科学知识主要包括政治思想理论、思想道德修养、法律基础、军事理论、科技写作、中国传统文化、文学艺术以及其他人文社科知识。要求掌握马克思主义、毛泽东思想、邓小平理论、"三个代表"重要思想、科学发展观和习近平新时代中国特色社会主义思想等的基本内容，了解中国和世界历史文化。

3. 外语知识

外语知识包括大学英语、专业英语和第二外语。要求熟练掌握基本语法、基本词汇，能较好地阅读和翻译本专业的文献资料，有一定的听说与写作能力。

外语指非本国人使用的语言或指某一地区的本土居民不使用的语言。例如，英语在中国就是一种外语。它也指某人所属国家不使用的语言，也即对一名生活在中国的英语使用者来说，中文也是一门外语。现在，世界上主要的语系有七大类。英语因在国际上的通用性，尤其在欧美等国家被广泛使用。英语是联合国工作语言之一，也是事实上的国际交流语言。

4. 计算机信息技术知识

在计算机知识方面，要求熟练掌握计算机应用基础，掌握一种或以上的计算机高级语言，如 C ++ 语言及其他。

在信息技术（Information Technology，IT）方面，应掌握用于管理和处理信息所采用的各种技术以及开发信息系统和应用软件的知识，能利用计算机、网络等各种硬件设备及软件工具与科学方法，对信息进行获取、加工、存储、传输与使用。

信息技术代表着当今先进生产力的发展方向，信息技术的广泛应用使信息的重要生产要素和战略资源的作用得以发挥，使人们能更高效地进行资源优化配置，从而推动传统产业不断升级，提高社会劳动生产率和社会运行效率。信息技术在全球的广泛使用，不仅深刻地影响着经济结构与经济效率，而且作为先进生产力的代表，对社会文化和精神文明产生着深刻的影响。

信息技术已引起传统教育方式发生着深刻变化。计算机仿真技术、多媒体技术、虚拟现实技术和远程教育技术以及信息载体的多样性，使学习者可以克服时空障碍，更加主动地安排自己的学习时间和速度。特别是借助于互联网的远程教育，将开辟出通达全球的知识传播通道，实现不同地区的学习者、传授者之间的互相对话和交流，不仅可望大大提高教育的效率，而且给学习者提供一个宽松、内容丰富的学习环境。远程教育的发展将在传统的教育领域引发一场革命，并促使人类知识水平的普遍提高。

互联网已经成为科学研究和技术开发不可缺少的工具，是科研人员可以随时进入并从中获取最新科技动态的信息宝库，大大节约查阅文献的时间和费用；互联网上信息传递的快捷性和交互性，使身处世界任何地方的研究者都可以成为研究伙伴，在网上进行实时讨论、协同研究，甚至使用网上的主机和软件资源，来完成自己的研究工作。

信息技术推广应用的显著成效，促使世界各国致力于信息化，而信息化的巨大需求又驱使信息技术高速发展。当前信息技术发展的总趋势是以互联网技术的发展和应用为中心，从典型的技术驱动发展模式向技术驱动与应用驱动相结合的模式转变。

5. 体育知识

体育知识包括大学体育和体育专项。要求达到国家对大学生身体素质的要求。体育（Physical Education，PE 或 P. E.）是一种复杂的社会文化现象，它以身体与智力活动为基本手段，根据人体生长发育、技能形成和机能提高等规律，达到促进全面发育、提高身体素质与全面教育水平、增强体质与提高运动能力、改善生活方式与提高生活质量的一种有意识、有目的、有组织的社会活动。

3.3.3 学科基础知识

1. 数学与自然科学

数学是研究数量、结构、变化、空间以及信息等概念的一门学科。在人类历史发展和社会生活中，数学发挥着不可替代的作用，也是学习和研究现代科学技术必不可少的基本工具。在数学中，作为一般的思维形式的判断与推理，以定理、法则、公式的方式表现出来，而数学概念则是构成它们的基础。正确理解并灵活运用数学概念，是掌握数学基础知识和运算技能、发展逻辑论证和空间想象能力的前提。

正确地理解和形成一个数学概念，必须明确这个数学概念的内涵——对象的"质"的特征以及外延——对象的"量"的范围。一般来说，数学概念是运用定义的形式来揭示其本质特征的。有些数学概念要经过长期的酝酿，最后才以定义的形式表达，如函数和极限等。定义是准确地表达数学概念的方式。数学是理性思维和想象的结合，它的发展建立于社会的需求，主要有统一性、对称性和简单性，透过抽象化和逻辑推理的使用，由计数、计算、量度和对物体形状及运动的观察中产生。

自然科学是研究自然界的物质形态、结构、性质和运动规律的科学，包括数学、物理学、化学、生物学、天文学等基础科学和医学、农学、气象学、材料学等应用科学，它是人类改造自然的实践经验即生产斗争经验的总结，其发展取决于生产的发展。原始社会中，人类对自然界的斗争，因生产工具简单、粗笨，还受到原始宗教及其他意识的影响，自然科学的发展是缓慢的。不过，人类取得的每一个科技进步，都推动了生产的发展，同时又促进了自然科学知识的不断积累，预示着科技的新突破。因此，尽管当时的人们尚处于蒙昧与野蛮状态，他们在与自然界的斗争的过程中，以辛勤的劳动与聪明智慧，不断地推动着科学技术的发展。

自然科学认识的对象是整个自然界，即自然界物质的各种类型、状态、属性及运动形式；认识的任务在于揭示自然界发生的现象以及自然现象发生过程的实质，进而把握这些现象和过程的规律性，以便解读并预见新的现象和过程，为在社会实践中合理而有目的地利用自然界的规律开辟各种可能的途径。

物理学（Physics）是研究自然界最一般的运动规律、相互作用，以及物质的基本存在状态与结构层次的科学，是一门以实验为基础的自然科学。物理学的一个永恒主题是寻找各种序、对称性和对称破缺、守恒律或不变性。一切自然现象都不会与物理学的定律相违背，因此，物理学是其他自然科学及一切现代科技的基础。物理学的理论结构充分地运用数学作为自己的工作语言，以实验作为检验理论正确性的唯一标准。

化学（Chemistry）是研究物质的组成、结构、性质以及变化规律的科学。世界是由物质组成的，化学则是人类用以认识和改造物质世界的主要方法和手段之一。从开始用火的原始社会，到使用各种人造物质的现代社会，人类都在享用化学成果。人类的生活能够不断提高和改善，化学的贡献在其中起了重要的作用。化学与人类进步和社会发展的关系非常密切，它的成就是社会物质文明的重要标志。因此，化学是"材料科学的基础、物质科学的核心、物质工业的后盾"，它是一门历史悠久而又富有活力的学科。

科学实验、生产实践和社会实践并称为人类的三大实践活动。实践不仅是理论的源泉，而且也是检验理论正确与否的唯一标准，科学实验就是自然科学理论的源泉和检验标准。特别是现代自然科学研究中，任何新的发现、新的发明、新的理论的提出都必须以能够重现的实验结果为依据，否则就不能被他人所接受，甚至发表的学术论文可能都会被撤销。即便是一个纯粹的理论研究者，也必须对他所关注的实验结果，甚至实验过程有相当深入的了解才行。因此，可以说，科学实验是自然科学发展中极为重要的活动和研究方法。

汽车服务工程专业学科基础知识包括高等数学（微积分、级数、微分方程）、工程数学（线性代数、概率与数理统计）、大学物理、数学建模、计算方法及其他。要求掌握高等数学、概率与数理统计、大学物理等基本内容。

2. 工程技术基础知识

在现代社会中，"工程"一词有广义和狭义之分。狭义而言，工程定义为以某组设想的目标为依据，应用有关的科学知识和技术手段，通过有组织的一群人将某个（或某些）现有实体（自然的或人造的）转化为具有预期使用价值的人造产品过程。广义而言，工程则定义为由一群（个）人为达到某种目的，在一个较长时间周期内进行协作（单独）活动的过程。工程的主要依据是数学、物理学、化学，以及由此产生的材料科学、固体力学、流体力学、热力学、输运过程和系统分析等。依照工程对科学的关系，工程的所有各分支领域都有如下主要职能：

1）研究。应用数学和自然科学概念、原理、实验技术等，探求新的工作原理和方法。

2）开发。解决把研究成果应用于实际过程中所遇到的各种问题。

3）设计。选择不同的方法、特定的材料并确定符合技术要求和性能规格的设计方案，以满足结构或产品的要求。

4）施工。包括准备场地、材料存放、选定既经济又安全并能达到质量要求的工作步骤，以及人员的组织和设备利用。

5）生产。在考虑人和经济因素的情况下，选择工厂布局、生产设备、工具、材料、元件和工艺流程，进行产品的试验和检查。

6）操作。管理机器、设备以及动力供应、运输和通信，使各类设备经济可靠地运行。

7）管理及其他职能。

技术是解决问题的方法及方法原理，是指人们利用现有事物形成新事物，或是改变现有事物功能、性能的方法。技术应具备明确的使用范围和被其他人认知的形式和载体，如原材料（输入）、产成品（输出）、工艺、工具、设备、设施、标准、规范、指标、计量方法等。技术是人类为了满足自身的需求和愿望，遵循自然规律，在长期利用和改造自然的过程中，积累起来的知识、经验、技巧和手段，是人类利用自然改造自然的方法、技能和手段的总和。

科学是对自然合理地研究或学习，焦点在于发现（现象）世界内元素间的永恒关系（原理）。它通常利用合乎规则的技术，即系统建立好的程序规则，如科学方法。工程是对科学及技术原理合理的使用，以达到基于经验上的计划结果。技术是人类为实现社会需要而创造和发展起来的手段、方法和技能的总和。作为社会生产力的社会总体技术力量，包括工艺技巧、劳动经验、信息知识和实体工具装备，也就是整个社会的技术人才、设备和资料。

技术既可表现为有形的工具装备、机器设备、实体物质等硬件，也可以表现为无形的工艺、方法、规则等知识软件，还可以表现为虽不是实体物质而却又有物质载体的信息资料、设计图样等。在作为物质手段和信息手段的现代技术中，技能已逐步失去原有的地位和作用，而只是技术的一个要素。根据不同的功能，技术可分为生产技术和非生产技术。生产技术是技术中最基本的部分；非生产技术如科学实验技术、军事技术、文化教育技术、医疗技术等，是为满足社会生活的多种需要的技术。

一般地说，技术的发明是科学知识和经验知识的物化，使可供应用的理论和知识变成现实。现代技术的发展，离不开科学理论的指导，已在很大程度上变成了"科学的应用"。然而，现代科学的发展同样离不开技术，技术的需要往往成为科学研究的目的，而技术的发展又为科学研究提供必要的技术手段。在它们之间是一种互相联系、相互促进、相互制约的关系。可以预见，它们的联系还会更加密切，界限也会变得模糊起来。但是，科学与技术毕竟是两种性质不尽相同的社会文化，二者的区别也是十分明显的。

科学的基本任务是认识世界，有所发现，从而增加人类的知识财富；技术的基本任务是发现世界，有所发明，以创造人类的物质财富，丰富人类社会的精神文化生活。科学要回答"是什么"和"为什么"的问题；技术则回答"做什么"和"怎么做"的问题。因此，科学和技术的成果在形式上也是不同的。科学成果一般表现为概念、定律、论文等形式；技术成果一般则以工艺流程、设计图、操作方法等形式出现。科学产品一般不具有商业性，而技术成果可以商品化。现代技术具有较强的功利性和商业色彩。

汽车服务工程专业工程技术基础知识包括：画法几何与机械制图、理论力学、材料力学、流体力学、电工与电子技术、工程材料与机械制造、互换性和技术测量、机械设计基础、计算机应用、编程语言；选修单元有微机原理与接口技术、传感器技术、计算机控制技术、液压与气压传动。要求掌握工学领域的机械、电子信息等工程技术基础知识，具有机械设计、计算机应用及工程管理方面的能力。

3. 经济与管理基础知识

人类经济活动就是创造、转化、实现价值，满足人类物质文化生活需要的活动。简单地说，经济就是对物资的管理，是对人们生产、使用、处理、分配一切物资这一整体动态现象的总称。包括人类的生产、储蓄、交换、分配的各项活动，生产是这一动态的基础，分配是这一动态的终点。管理是人类各种组织活动中最普通和最重要的一种活动。近百年来，人们把研究管理活动所形成的管理基本原理和方法，统称为管理学。作为一种知识体系，管理学是管理思想、管理原理、管理技能和方法的综合。随着管理实践的发展，管理学不断充实其内容，成为指导人们开展各种管理活动，有效达到管理目的的指南。

管理活动始于人类群体生活中的共同劳动，至今专家和学者们对于什么是管理仍然各抒己见，没有统一的表述，几个典型的定义如下：

1）管理是指在特定的环境条件下，以人为中心通过计划、组织、指挥、协调、控制及创新等手段，对组织所拥有的人力、物力、财力、信息等资源进行有效的决策、计划、组织、领导、控制，以期高效地达到既定组织目标的过程。

2）管理是由计划、组织、指挥、协调及控制等职能为要素组成的活动过程。

3）广义的管理是指应用科学的手段安排组织社会活动，使其有序进行。其对应的英文是 Administration 或 Regulation。狭义的管理是指为保证一个单位全部业务活动而实施的一系列计划、组织、协调、控制和决策的活动，对应的英文是 Manage 或 Run。

4）管理是指在特定的时空条件下，通过计划、组织、指挥、协调、控制、反馈等手段，对系统所拥有的生物、非生物、资本、信息、能量等资源要素进行优化配置，并实现既定系统诉求的生物流、非生物流、资本流、信息流、能量流目标的过程。

汽车服务工程专业经济与管理基础知识包括市场营销、工程技术经济学、服务信息系统及其他。要求掌握企业管理、市场营销、技术经济学等经济与管理基本原理和方法，有较强的经济管理意识。

3.3.4　专业技术知识

1. 专业技术知识范围

汽车服务工程专业既不同于一般的市场营销专业，也不同于一般的工程专业，培养的学生必须是集技术知识、管理知识、营销知识以及法律法规知识于一体，具备"有技术、会管理、能服务"的综合素质，能够胜任汽车服务领域工作需要的复合型工程技术人才。特别是，汽车服务业作为汽车产业链中利润最大的环节，高质量汽车服务人才的培养必将是未来我国汽车产业发展的十分重要的智力资源。首先，汽车服务工程专业人才应具有适应不断出现的汽车服务消费新需求的专业知识，为以汽车出行的交通方式提供技术保障支持；其次，在"汽车化社会"中，汽车服务对车辆在使用过程中的节约燃油、保障安全和降低排放等，关系到资源节约、交通安全和环境保护等社会和谐发展问题，也起到了不可忽视的重要作用。此外，汽车工业作为我国的支柱产业在推动制造技术不断进步和产量不断增加的同时，必须重视汽车市场未来竞争的重点和利润的增长点，即汽车服务业是汽车产业链的重要环节。

在《普通高等学校本科专业目录和专业介绍（2012年）》中，对汽车服务工程专业介绍的表述是：本专业培养具备扎实的汽车服务理论基础，掌握现代信息技术和经营管理知识，熟悉相关法律法规，具备"懂技术、会经营、善服务"的基本素质和能力，能够在汽车技术服务、汽车营销服务、汽车金融保险服务、汽车相关产品规划等领域从事技术或管理工作的复合型工程技术人才。但是，在"懂技术、会经营、善服务"的表述中，"懂"和"经营"在字义上的理解还有商榷之处。就其中的字义解释，"懂"是了解、明白（Understand；Know）之义；另外，"经营"（Operation）的含义是根据企业资源状况和所处的市场竞争环境，对企业长期发展进行战略性规划和部署、制定企业的远景目标和方针的战略层次活动，它解决的是企业的发展方向、发展战略问题，具有全局性和长远性。因此，"经营"与"产品规划"的内涵要求不一致。综上所述，对"懂技术、会经营、善服务"的表述建议改为"有技术，能服务，会管理"或"有理论，通技术，会服务，能管理"，其主要理由是：

第一，强调专业技术知识在本科专业人才培养中的重要性，也是凸显汽车服务工程专业人才培养在"技术能力"要求上的核心地位。

第二，要求本科专业学生掌握一定深度和广度的专业技术知识。"有"的含义是表示"大、多"（Mean Big and Many）或"取得，获得，占有"（Get；Seize）之意，如"有学问"。

第三，逻辑上的合理性，即"有"专业技术知识，才"能"做好专业技术服务，以至"会"进行企业管理。

第四，将"经营"改为"管理"，是因为"管理"（Manage；Run）的内涵是保证某个单位全部业务开展而实施的一系列计划、组织、协调、控制和决策的活动，与"从事技术或管理工作的复合型工程技术人才"的培养目标要求一致。

因此，汽车服务工程专业培养的目标是：本专业培养具有相关的自然科学、人文社会以及汽车服务工程专业必要的基础理论、技术方法等知识运用能力与工作实践能力，具备"有技术，能服务，会管理"的专业综合素质，能够从事汽车的技术保障、市场营销、保险理赔、旧车评估、事故鉴定等相关技术服务和企业管理工作，并适应汽车技术及服务需求发展的应用型工程技术人才。针对汽车服务工程专业人才"有技术，能服务，会管理"的职业岗位能力和素质要求，汽车服务工程专业学习的主要专业技术知识内容，如图3-7所示。可以看出，汽车服务工程专业技术知识主要由三部分构成，即汽车技术与汽车运用知识、服务知识和相关技术管理知识，可为职业岗位所需要的"技术、服务、管理"能力打下专业技术知识基础。

2. 汽车技术与汽车运用知识

根据国家标准《汽车和挂车类型的术语和定义》（GB/T 3730.1—2001）中对汽车的定义是，由动力驱动，具有四个或四个以上车轮的非轨道承载的车辆，主要用于载运人员和（或）货物，牵引载运人员和（或）货物的车辆，或特殊用途。根据汽车定义中的三个基本特征，所用动力是汽车技术水平的重要标志之一。按动力装置类型，可分为活塞式内燃机汽车、电动汽车、混合动力汽车等种类。其中，以活塞式内燃机为动力的车辆，若以汽油或柴油为燃料，则称之为汽油车或柴油车；也有用压缩天然气或液化石油气为燃料的车辆发动机，被称为气体燃料汽车。此外，还有采用新型动力系统，即完全或主要依靠新型能源驱动的新能源汽车，包括纯电动汽车、插电式混合动力汽车及燃料电池汽车。

发展节能与新能源汽车是促进汽车产业技术进步和优化升级的重要举措，未来的汽

```
                    汽车服务工程专业技术知识
   ┌──────────────┬──────────────┬──────────────────────────────────────┐
技术管理知识        服务知识              汽车技术与汽车运用知识
┌──────┬──────┐  ┌──────┐  ┌──────┬──────┬──────┬──────┬──────┬──────┐
车辆管理  信息咨询    服务运作    车辆运用  车辆维修  车辆检验  旧车评估  事故鉴定  理赔定损
```

相关法规	信息技术	服务产品	运用指标	工艺流程	检验范围	评估理论	鉴定方法	保险范围
注册管理	信息管理	服务生产	影响因素	维护技术	检验方法	评估程序	鉴定技术	现场勘查
安全管理	信息收集	服务消费	运行材料	修理技术	检验设备	检测方法	事故分析	理赔程序
节能管理	信息分析	服务营销	特定条件	诊断技术	检验制度	状态判断	原因确定	定损方法
环保管理	咨询服务	服务管理	使用技术	质量控制	标准限值	价值确定	责任认定	损失计算
		服务质量						

```
   管理            服务                          技术
```

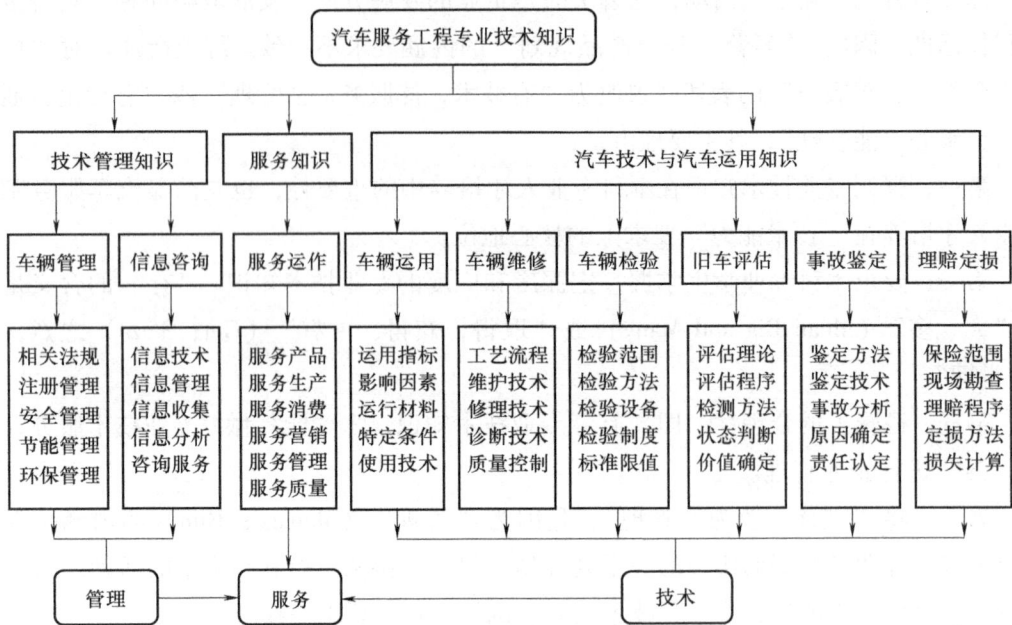

图 3-7 汽车服务工程专业学习的主要技术知识内容

车产品将从"三化"（即电动化、轻量化、智能化）发展到"六化"（即电动化、低碳化、轻量化、生态化、智能化与网联化）的结合。汽车产品的技术先进性、使用经济性和驾驶方便性是被用户接受程度的主要评价指标，也是产品市场竞争力的基础。

汽车服务工程专业应学习的汽车技术知识，除了汽车构造、发动机原理、汽车理论、汽车电器、汽车电子控制系统、汽车性能试验、汽车技术法规等专业核心知识外，还要学习汽车电动化、智能化、网联化所涉及的各种先进技术知识，如电动汽车的动力电池、驱动电机、电控系统的结构组成、工作原理和使用要求等；智能汽车的传感识别、推理决策、控制执行等的系统组成、功能要求和智能决策机制等。

在汽车运用知识方面，需要学习汽车运用技术和汽车维修技术两部分知识：

1）汽车运用技术方面，主要内容有汽车运用指标及其评价、汽车使用性能评价与选型、汽车维护制度、汽车技术状况评价、汽车公害防治、汽车在特殊条件下的使用、汽车运行材料与选用、汽车报废更新与回收利用和汽车服务场站设计等。

2）汽车维修技术方面，主要内容是汽车零部件损伤机理分析、汽车可靠性与维修性评价、汽车技术状况监测与故障诊断、汽车维修工艺、汽车维修信息系统、汽车维修服务管理等。

值得关注的是，汽车与人工智能、大数据、新能源等技术的深度融合，将使汽车运用技术发生变化。5G时代将会形成一种新的人、车、路、网、端、云的多层次融合，智能网联汽车将成为移动终端。汽车不再是交通系统或出行网络中的单独节点，还有更多的运用方式,如车辆编队、高度协同感知、完全自动驾驶以及远程遥控等。因此,5G将凭借其极快速率、极大连接、极低时延的特点,使汽车运用方式重新定义。

实际上,汽车产品是应用具体的物质、消耗一定能量并注入足够信息后,经过相应的设计制造系统而生产出的产品。在产品的全寿命周期内,始终都有信息的输入和输出。信息反映着产品的状态,信息的注入决定着产品全寿命周期内各个阶段的进程。汽车产品在全寿命周期内主要信息的输入与输出过程如图 3-8 所示。

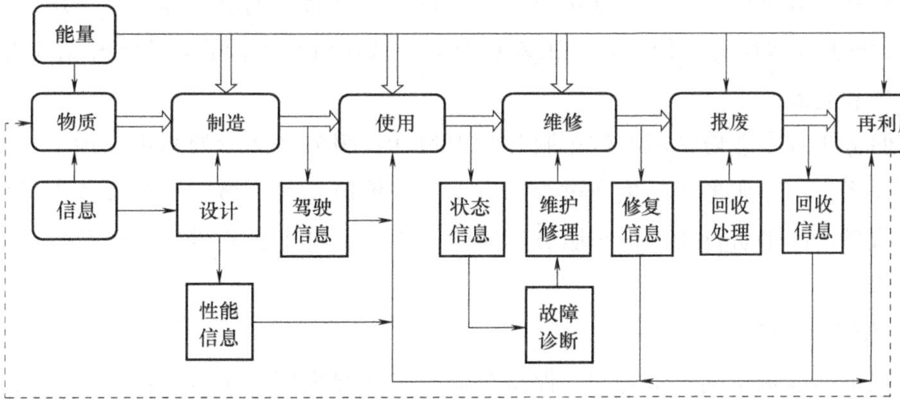

图 3-8　汽车产品在全寿命周期内主要信息的输入与输出过程

因此,基于物联网收集汽车产品全寿命周期的大数据,采用人工智能方法进行处理,将是汽车运用工程技术的发展方向。例如,用大数据、云管控、智能化方法完善汽车动力电池的安全管理,可以进一步提高电动汽车的安全保障;另外,随着碳交易政策的推行,实时全程网络化监测电动汽车耗电量,用户因用电率补贴而使电动汽车全寿命周期成本优势凸显。

3. 汽车服务知识

根随着第三产业在国民经济产值比重的日益增加,社会形态将从制造业向服务业占主导地位转型。因此,以服务经济学或服务学为对象的学术研究引起重视,并取得了一系列理论成果。汽车服务业是典型的服务性行业,不仅延长了汽车产业链,也扩大了汽车产业规模。在满足汽车消费者各种需求的前提下,各式各样的汽车服务联成一体并有机结合而形成新型的带有明显服务性质的行业。因此,汽车服务业的发展不仅需要理论指导,而且还要在理论与实践相结合的研究基础上不断创新汽车服务模式,以丰富理论研究内容并促进行业更快地发展。据相关文献预测分析,到 2025 年新售车辆中的 25%将是电动汽车;到 2040 年乘客出行里程的 55%将用电动汽车、自动驾驶汽车和共享汽车。这就意味着新能源汽车用高度智能化、网联化赋能,"新"与"智"融合的新能源汽车产品在构建方式、生产模式、功能实现上将与传统汽车大不相同。因此,利用汽车出行的方式将被重新定义,即"出行即服务"。

已提出的绿色智慧出行一体化解决方案，为用户创造出电动化、智能化、个性化的驾乘体验，构建起汽车与能源、互联网、人工智能产业融合发展的新生态、新格局。新能源汽车"使用权交易"成为"制造业与服务业融合"的新模式，即在购车环节，消费者只需购买整车车身，比主流的同级别燃油车价格更加实惠；在用车环节，消费者以租赁的方式获得电池的使用权，可根据需要选择从 1200～3000km 的里程套餐。汽车制造商将参与提供汽车出行服务，成为汽车出行服务提供商，并从新能源汽车的换电站网点布局、换电技术等维度，提供"换电三分钟，畅行一整周"的服务体验。当用户决定把"所有权"的思维转换为"使用权"的新思维时，选用汽车出行的体验将开始变得轻松、美好、简单和高效。

汽车服务工程专业应学习的汽车服务知识包括：服务经济学的基本原理、汽车服务分类及其体系、汽车服务产品生产过程、汽车服务价值及其价格、汽车服务市场供需分析、汽车服务产品消费行为、汽车服务产品营销方法、汽车服务质量评价及控制和汽车服务生产率及其效益。

4. 技术管理知识

为加强道路运输车辆技术管理，保持车辆技术状况良好，保障运输安全，发挥车辆效能，促进节能减排，根据《中华人民共和国安全生产法》《中华人民共和国节约能源法》《中华人民共和国道路运输条例》等法律、行政法规，中华人民共和国交通运输部令 2016 年第 1 号公布了《道路运输车辆技术管理规定》，内容包括总则、车辆基本技术条件、技术管理的一般要求、车辆维护与修理、车辆检测管理、监督检查、法律责任、附则共八章三十四条，自 2016 年 3 月 1 日起施行。

由此可见，车辆技术管理作为企业管理的重要方面，是指对运输车辆实行择优选配、正确使用、定期检测、强制维护、视情修理、合理改造、适时更新和报废的全过程综合性管理。车辆技术管理的目的就是为交通运输生产提供安全、优质、高效、低耗、及时、舒适的运输力，保证车辆运行安全，确保车辆使用的良性循环，使运输车辆获得最佳的经济效益和社会效益。车辆技术管理应依靠科技进步，采取现代化管理方法，建立车辆质量监控体系，推广检测诊断和计算机应用等先进技术，提高车辆管理水平和技术水平。因此，汽车服务工程专业应学习车辆技术管理的相关法规，以及注册、安全、节能、环保等方面的管理知识，掌握信息技术在信息管理、信息收集分析以及咨询服务中的应用知识。

复习思考题

1. 名词解释：（1）汽车后市场；（2）4S 店；（3）特许连锁。

2. 广义的汽车服务划分为几个阶段？主要服务内容有哪些？

3. 汽车 4S 店的优势与存在的问题表现在哪些方面？

4. 特许连锁有哪些主要特点？

5. 特许连锁经营主要类型是什么？

6. 特许权交易价值的主要因素是什么？

7. 特许经营必备的要素是什么？

8. 简述特许经营的赢利机制。

9. 简述汽车服务的主要特点。

10. 简述汽车后市场的服务分类及其服务内容。

11. 什么是"互联网 +"？"互联网 +"的特征是什么？

12. 目前"互联网 + 汽车服务"的主要模式有哪些？各具什么样的特点？

13. 什么是大数据？大数据主要有哪些特征？

14. 何谓大数据技术？你对大数据应用有何展望？

15. 何谓智能网联技术？举例说明在汽车服务领域的创新应用。

16. 什么是人文社会科学知识？本专业需要学习的人文社会科学知识有哪些？怎样才能学好并能结合实践应用？

17. 你已经掌握了哪些计算机及信息技术知识？将如何进一步深入学习？

18. "互联网 +"给你熟悉的生活及学习环境带来了哪些变化？你对"互联网 +"在本专业领域内的应用有何新的想法？

19. 汽车服务工程专业学科基础知识包括哪些？你感兴趣的课程有哪些？为什么？

20. 你认为数学、物理、化学对专业课程的学习和将来从事专业工作有何意义？

21. 什么是自然科学？包括哪些门类？

22. 什么是科学？什么是技术？什么是工程？科学与技术有何区别？

23. 汽车服务工程专业包括哪些专业技术知识？

第4章

汽车服务工程专业教学质量标准

4.1 专业教学质量国家标准简介

4.1.1 教学质量国家标准制定原则

目前，我国高等教育规模位居世界首位，进入了国际公认的大众化发展阶段。随着高等教育教学改革不断深化，人才培养质量稳步提高，科学研究水平全面提升，社会服务能力显著增强，国际合作交流日益广泛，国际地位明显提高，各项改革取得突破性进展，高等教育迎来了生机勃勃的崭新局面。2013 年 7 月 17 日，教育部高等教育司理工处发布《关于理学本科专业类教学质量国家标准框架说明》。本科专业类教学质量国家标准（以下简称标准）是该专业类人才培养、专业建设等应达到的基本要求，主要适用于三个方面：一是作为设置专业的参考，各高等院校增设新专业时，应对照标准来评估师资队伍、教学条件等是否达到专业的基本要求；二是作为人才培养和专业建设的指导性规范，学校要以标准为基础制定人才培养目标和专业建设规划；三是作为质量评价的参考。因此，专业类教学质量国家标准制定遵循的原则是：

（1）把握标准定位尺度　将标准作为各类本科专业设置、建设和评价的基本要求和依据。

（2）统筹标准内容集成　将标准作为专业准入的门槛，指导高校制订和实施本校的专业人才培养方案，促进人才培养质量的持续改进。

（3）按照框架要求编制　标准应严格符合教育部的统一格式，对于我国各类本科专业具有良好的普适性。

（4）合理确定标准的规定　标准内容要尽可能体现专业类的共性要求。

（5）注重相关标准的衔接　标准要注重与本科教学工作评估标准、学位授予基本要求等的衔接，工科专业类国家标准要与工程教育专业认证标准相衔接。

（6）广泛征求各方面意见　标准制定过程中，要广泛听取不同类型高校和行业企业的意见，达成基本共识。

由于我国高等院校数量众多，实际存在研究型大学、教学科研型大学、教学型本科院校和高等专科学校或高等职业学校等不同的类型。因此，在专业类教学质量国家标准制定过程中还必须关注以下问题：

（1）正视高校多样性现实　不同类型的高校应有不同的分工，具有不同的发展目标、重点与特色，彼此不可替代。不同高校办学历史、学科基础、师资水平、办学条件、服务面向等存在较大差异。制定统一的标准应该尽可能避免导致人才培养的趋同性、同质化，甚至导致一些高校失去自己特色。应该在大类基础上充分考虑到分类学科的质量标准，使之更有针对性。

（2）关注各类型人才需求　要充分注重我国当前社会经济建设及科学研究和学科发展对不同类型人才培养的多重需求。

（3）体现培养目标的层次　充分容纳不同类型人才培养的实际需求。

（4）鼓励有特色培养目标　即不同高校可以在符合标准的基本要求前提下，根据人才培养的目标、特色、定位制定进一步细化、量化的质量标准。从而鼓励各高等学校决策者根据自身的类型定位，选择差异化发展策略，办出特色，有效规避"千校一面、千人一面"的局面。

本科教学质量保证过程首先是确定培养目标。根据培养目标制定培养标准，设计培养方案；利用所有可利用的资源条件，通过教学过程的各个环节实施培养方案，达到培养目标；通过质量监控，使上述质量活动处于有效监控状态，并对相关信息进行分析，从而达到持续改进质量的目的。

4.1.2　专业教学质量国家标准主要内容

专业教学质量国家标准包括质量目标、教学资源、教学过程和质量管理 4 个方面；每个方面各包括 3 个要素，总计 12 个要素，对每个要素都规定了基本要求。

1. 质量目标

质量目标是在质量方面所追求的目的，即人才培养的总目标、总规划，这种规划确定了培养什么样的人以及如何培养人的要求。

（1）培养目标　培养目标是学校人才培养的质量预期，是开展教育教学活动、构建知识体系、配置课程资源的基本依据。不同类型的学校所确定的培养目标可能不一样。

学校应确立先进的人才培养理念，准确进行人才培养定位，科学、合理地确定每个专业具体的培养目标，明确人才服务面向。人才培养目标确定应符合学校的办学定位，充分体现国家、社会及学生的要求与期望。

（2）培养标准　培养标准是学校针对人才培养目标所制定的各个方面（例如，学生应达到的思想品德标准、能力标准、学习标准）、各个教学环节（例如，教师课程教学的标准等）的基本要求。不同类型的学校由于培养目标的不同，培养标准也不相同。

学校应科学、合理地确定各个方面、各个环节的质量标准，质量标准应能够指导教学过程的工作，确保人才培养目标的实现。

（3）培养方案　培养方案是保证教学质量，达到人才培养质量目标的纲领性文件，是组织开展教学活动的依据。培养方案包括专业培养目标、专业标准、培养规格、知识结构、课程体系、主要课程、学制或学分、毕业条件和授予学位等。

培养方案应符合专业培养目标；培养方案的制定应能够很好地体现知识、能力与素质的协调发展；应建立培养方案的制定和审批程序，以及监控和评审制度，应保证得到有效执行。

2. 教学资源

教学资源是学校为人才培养所提供的所有软件、硬件条件，如教师、实验室、图书资料、实习、实践、实训基地和教学经费等。对资源的合理配备和有效使用可以保证实现既定的培养目标。

（1）教师队伍　教师是最重要的教学资源，是核心要素。高水平的教师队伍是高水平教学的基本保障。学校应建立一支数量充足、能够满足人才培养需要的教师队伍；教师队伍年龄、学历、职称、学缘结构应合理；教师能够把足够的精力投入本科教学。

对于研究型人才培养，要求教师中具有博士学位的比例不低于60%；教师中外籍教师、具有海外教学背景或获得国际著名大学学位的比例不低于10%；教授、副教授为本科生授课比例不低于95%；教师应有机会参加国际会议、出国访问和访学等。

对于应用型人才培养，要求教师中具有硕士、博士学位的比例不低于60%；符合岗位任职资格的主讲教师比例不低于90%；具备专业（行业）职业资格和任职经历的比例不低于30%。

（2）学习条件　学习条件是学校为学生学习所提供的所有条件，包括实验室、图书资料、网络、实习、实践、实训基地、教室等，以及为保证学生有效学习所建立的学生学习支持系统，包括有效的学业指导和心理咨询等。

学校应以满足学生需求为服务宗旨，为学生提供恰当并充足的学习资源，图书馆、体育设施、实习、实践、实训基地等能够满足人才培养要求，并建立全方位的学生学习支持系统。

对不同类型学校的学习条件可提出不同的要求。例如，对以培养研究型人才为主的学校应要求将高水平的科研资源、学科资源转化为教学资源；积极引进国外优质教学资源，为学生提供多途径学习异国文化的机会等。

（3）教学经费　教学经费主要体现教学经费的投入与使用，包括教学四项经费（本专科生业务费、教学差旅费、体育维持费及教学仪器设备维修费），尤其是持续增长情况。教学经费的投入应满足人才培养的需要，保证持续增长并有效使用。

3. 教学过程

教学过程是人才培养质量的形成过程，由各个教学环节组成。教学环节对培养质量的形成起着基础性作用。

（1）理论教学　理论教学是教学的主渠道，包括备课、讲授、讨论、作业、答疑、考试等。理论教学要突出强调教学内容与课程体系的改革，倡导研究型、启发式教学方法的应用。

学校应切实加强教育教学研究，不断深化教学内容、教学方法的改革，充分调动和发挥学生学习的积极性和主动性，确保学生在校期间很好地掌握基本理论。

（2）实践教学　实践教学包括实验、实习、实训、课程设计、毕业设计（论文）等环节。实践教学要突出构建以提高学生创新能力、实践能力为核心的实践教学体系。

学校应切实加强实践教学，能够有效地满足专业培养方案中对学生创新能力和实践动手能力的要求。

对不同类型学校的实践教学可提出不同的要求。例如，对以培养研究型人才为主的学校应要求依托高水平的科研项目、高水平教师队伍，建立鼓励大学生开展创新实践的机制，对学生进行创新能力的培养；对以培养应用型人才为主的学校应更强调加强学生实训和社会实践。

（3）第二课堂　第二课堂是通过开展丰富多彩的活动，如讲座、社团活动、课外科技活动、文体活动、社会调查和社会实践等，培养学生高尚的思想品德和良好的综合素质。

学校应建立并完善第二课堂教育体系，围绕思想政治与道德修养、社会实践与志愿服务、学术科技与创新创业、文化艺术与身心发展、社团活动与社会工作以及技能培训等方面，开展丰富多彩的第二课堂活动。

4. 质量管理

质量管理是保证教学过程中各个环节质量的一种手段，即通过对影响质量的要素进行一系列有计划、有组织的监控、评估、分析后，进行持续性的质量改进。

（1）质量监控　质量监控是对教学的关键环节，如课堂教学、实验与实习、毕业设计（论文）、考试等质量控制点，制定质量保证流程和实施条例，按照计划、执行、检查和处理（PDCA）的运行机制，使执行过程与监督过程形成一个循环闭合的流程。

学校应建立完善的教学管理规章制度和质量监控机制，对主要教学环节的教学质量实施全方位的有效监控；有一支高水平的教学督导队伍，对日常教学工作进行检查、监督和指导；建立完善的评教、评学等制度。

（2）质量分析　质量分析是对反映人才培养质量的各个指标，如生源质量、学生的学习状况、毕业生就业去向和就业质量、毕业生工作状况和成就感，用人单位的反映等进行定期的分析。

学校应建立制度，对生源情况进行年度分析，对应届生就业情况进行年度分析，对在校生学业状况进行年度分析，对校友工作情况进行定期调查与分析。

（3）质量改进　质量改进是针对人才培养过程中存在的问题，及时采取纠正与预防措施，并进行持续改进。

学校应针对质量监控、质量评估和质量分析中发现的问题，制定纠正与改进措施，配备必要的资源，进行质量改进，并对纠正与改进措施的有效性适时进行评价。

4.2　机械类教学质量国家标准

4.2.1　机械类专业简介

机械类教学质量国家标准是由教育部于2018年1月发布，2018年4月出版。而机械类教学质量国家标准是基于机械类工程教育认证制定的，基本与工程教育认证体系一致。

机械工业是国家工业体系的核心产业，在发展国民经济中处于主导地位。没有先进的机械工业，就没有发达的农业和工业，更不可能实现国防现代化。机械工业担负着向国民经济各部门提供技术装备的任务，国民经济各部门的生产技术水平与经济效益，在很大程度上取决于机械工业所能提供装备的技术性能、质量和可靠性。因此，机械工业的技术水平与规模是衡量一个国家工业化程度和国民经济综合实力的重要标志。

机械类专业包括机械工程、机械设计制造及其自动化、材料成型及控制工程、机械电子工程、工业设计、过程装备与控制工程、车辆工程、汽车服务工程等。主干学科分别包括机械工程、材料科学与工程、动力工程及工程热物理。

机械类专业承担着机械工业专业人才的培养重任，直接影响着我国机械科学与技术的发展，进而影响着我国的经济建设与社会发展。同时，机械类专业人才培养所提供的相关教育，对其他工程类专业人才的培养也具有基础性的意义。机械类专业人才培养水平的高低，直接影响着国家的发展和民族的进步。另外，机械类专业的大规模、多需求以及社会的高度认可，使其成为供需两旺的专业类。

机械学科的主要任务是将各种知识、信息融入设计、制造和控制中，应用现代工程知识和各种技术（包括设计、制造及加工技术，维修理论及技术，材料科学与技术，电子技术，信息处理技术，计算机技术和网络技术等），使设计制造的机械系统和产品能满足使用要求，并且具有市场竞争力。

机械学科的主要内容包括机械的基本理论、各类机械系统及产品的设计理论与方法、制造原理与技术、测控原理与技术、自动化技术、材料加工、性能分析与实验、工程控制与管理等。机械学科及相关学科的飞速发展和相互交叉、渗透、融合，极大地充实和丰富了机械学科基础，拓展和发展了机械学科的研究领域。

总体上，机械类专业更加强调学生自然科学、工程科学以及机械学科及相关学科专业知识的融合，更加强调学生知识和能力的融合，更加强调学生设计、创新和工程技术应用能力的培养。

机械类专业类代码为0802。本标准适用的专业包括：机械工程（080201）；机械设计制造及其自动化（080202）；材料成型及控制工程（080203）；机械电子工程（080204）；工业设计（080205）；过程装备与控制工程（080206）；车辆工程（080207）；汽车服务工程（080208）；机械工艺技术（080209）；微机电系统工程（080210）。

4.2.2　培养目标

机械类专业的培养目标是：培养德、智、体、美全面发展，具有一定的文化素养和良好的社会责任感，掌握必备的自然科学基础理论和专业知识，具备良好的学习能力、实践能力、专业能力和创新意识，毕业后能从事专业领域和相关交叉领域内的设计制造、技术开发、工程应用、生产管理、技术服务等工作的高素质专门人才。

各高校所确定的培养目标必须符合所在学校的定位及专业基础和学科特色，并能够适应社会经济发展需要。培养目标应包括学生毕业时的要求，还应能反映学生毕业后在社会与专业领域预期能够取得的成就。培养目标应向教育者、受教育者和社会有效公开。

应根据持续发展的需要，建立必要的制度，定期评价培养目标的达成度，并定期对培养目标进行修订。评价与修订过程应有行业或企业专家参与。

4.2.3　培养规格

学制为4年；授予工学学士学位。

机械类专业总学分建议150～190学分。各高校可根据具体情况自行设定。

4.2.4　人才培养基本要求

1. 思想政治和德育方面

按照教育部统一要求执行。

2. 业务方面

1）具有数学、自然科学和机械工程科学知识的应用能力。

2）具有制定实验方案、进行实验、分析和解释数据的能力。

3）具有设计机械系统、部件和过程的能力。

4）具有对机械工程问题进行系统表达、建立模型、分析求解和论证的能力。

5）具有在机械工程实践中选择、运用相应技术、资源、现代工程工具和信息技术工具的能力。

6）具有在多学科团队中发挥作用的能力和人际交流能力。

7）能够理解、评价机械工程实践对世界和社会的影响，具有可持续发展的意识。

8）具有终身学习的意识和适应发展的能力。

各高校应根据自身定位和人才培养目标，结合学科特点、行业和区域特色以及学生发展的需要，在上述业务要求的基础上，强化或者增加某些方面的知识、能力和素质要求，形成人才培养特色。

3. 体育方面

按照教育部统一要求执行。

4.2.5 师资队伍

1. 师资队伍数量和结构要求

专任教师数量和结构满足专业教学需要，每个专业至少应有 10 名专任教师，专业生师比不高于 24:1。校外兼职教师占总教师的比例应不高于 25%。专任教师中具有硕士、博士学位的比例应不低于 50%。专任教师中具有高级职称的比例应不低于 30%。

2. 教师背景和水平要求

1）专业背景。从事各专业教学工作的教师，其本科、研究生学历中，至少有一个学历为机械类专业或相关理工基础类专业。

2）工程背景。专任教师中具有企业或相关工程实践经验的比例应不低于 20%，从事过工程设计和研究背景的比例应不低于 30%。

3）教师发展环境。各高校应建立基层教学组织，健全教学研讨、老教师传帮带、集体备课和重点研讨教学难点等机制。

4）各高校应为教师提供良好的工作环境和条件。有合理可行的师资队伍建设规划，为教师进修、从事学术交流活动提供支持，促进教师专业发展，包括对青年教师的指导和培养。

5）各高校应拥有良好的相应学科基础，为教师从事科学研究与工程实践提供基本的条件、环境和氛围。鼓励和支持教师开展教学研究与改革，指导学生开展学术研究与交流、工程设计与开发、社会服务等。使教师明确其在教学质量提升过程中的责任，不断改进工作，满足专业教育不断发展的要求。

4.2.6 教学条件

1. 教学设施要求（实验室、实践基地等）

1）教室、实验室及设备在数量和功能上满足教学需要。有良好的管理、维护和更新机制，使学生能够方便地使用。

2）实验室向学生开放，实验设备充足、完备，满足各类课程教学实验的需求。实验技术人员数量充足，能够熟练地管理、配置、维护实验设备，保证实验条件的有效利用，有效指导学生进行实验。

3）建有大学生科技创新活动基地，吸引学生广泛参与科技活动，提高创造性设计能力、综合设计能力和工程实践能力。

4）与企业合作共建实习基地，在教学过程中为全体学生提供稳定的参与工程实践的平台和环境。参与教学活动的人员应理解实践教学目标与要求，配备的校外实践教学指导教师应具有项目开发或工程经验。

2. 信息资源要求

配备各类图书、手册、标准、期刊及电子与网络信息资源，能满足学生专业学习和教师专业教学与科研所需。

3. 教学经费要求

教学经费有保证，生均年教学运行费不低于教育部《普通高等学校本科教学工作合格评估指标体系》的要求，能满足专业教学、建设、发展的需要，且随着教育事业经费的增长而稳步增长。

已建专业除正常教学运行经费外，应有稳定的专业建设经费投入，满足师资队伍建设、实验室维护更新、图书资料购买和实习基地建设等需求。

新开办专业应保证一定数额的不包括固定资产投资在内的专业开办经费，特别是要有实验室建设经费。

4.2.7　质量保障体系

1. 教学过程质量监控机制要求

各高校应对主要教学环节（包括理论课程、实验课程等）建立质量监控机制，使主要教学环节的实施过程处于有效监控状态；各主要教学环节应有明确的质量要求；应建立对课程体系设置和主要教学环节教学质量的定期评价机制，评价时应重视学生与校内外专家的意见。

2. 毕业生跟踪反馈机制要求

各高校应建立毕业生跟踪反馈机制，及时掌握毕业生就业去向和就业质量、毕业生职业满意度和工作成就感、用人单位对毕业生的满意度等；应采用科学的方法对毕业生跟踪反馈信息进行统计分析，并形成分析报告，作为进行质量改进的主要依据。

3. 专业的持续改进机制要求

各高校应建立持续改进机制，针对教学质量存在的问题和薄弱环节，采取有效的纠正与预防措施，进行持续改进，不断提升教学质量。

4.3 机械类专业知识体系和核心课程建议

4.3.1 专业类知识体系

1. 通识类知识

（1）人文社会科学类 除国家规定的教学内容外，由各高校根据办学定位和人才培养目标确定。

（2）数学和自然科学类 主要包括数学和物理学，并合理考虑化学和生命科学等知识领域。

数学主要包括微积分、线性代数、微分方程、概率与数理统计、计算方法等相关知识领域。物理学主要包括力学、热学、电磁学、光学及近代物理学等相关知识领域。

数学、物理学的教学内容应不低于教育部相关课程教学指导委员会制定的基本要求。各高校可根据自身人才培养定位提高数学和物理学（含实验）的教学要求，以加强学生的数学和物理学基础。

2. 学科基础知识

学科基础知识被视为专业类基础知识，教学内容应覆盖以下知识领域的核心内容：工程图学、力学（材料力学、理论力学等）、热流体（流体力学、热力学或传热学）、电工电子学、材料科学基础等。

3. 专业知识

不同专业的课程须覆盖相应的核心知识领域，并培养学生将所学知识应用于解决复杂工程问题的能力。

1）机械工程专业核心知识领域包括：机械设计原理与方法、机械制造工程原理与技术、控制理论与技术、工程测试及信息处理、计算机应用技术、管理科学基础等。

2）机械设计制造及其自动化专业核心知识领域包括：机械设计原理与方法、机械制造工程原理与技术、机械系统中的传动与控制、计算机应用技术等。

3）材料成型及控制工程专业核心知识领域包括：机械设计及制造基础、材料成形原理、材料成形工艺与装备、材料成形质量检测、材料成形控制基础等。

4）机械电子工程专业核心知识领域包括：机械设计基础、机械制造基础、控制理论与技术、传感与检测技术、机电系统设计与控制等。

5）过程装备与控制工程专业核心知识领域包括：机械设计及制造基础、过程（化工）原理、过程设备设计、过程流体机械、过程装备控制技术与应用等。

6）车辆工程专业核心知识领域包括：机械设计基础、机械制造基础、车辆构造、车辆理论、车辆设计、车辆试验学等。

7）汽车服务工程专业核心知识领域包括：机械设计基础、汽车构造、汽车理论、汽车电子、汽车检测与维修、汽车营销、汽车保险与理赔等。

4.3.2　主要实践性教学环节

各高校应具有满足教学需要的完备的实践教学体系，主要包括工程训练、实验课程、课程设计、生产实习、科技创新活动、毕业设计（论文）等。

1. 工程训练

学生通过系统的工程技术学习和工艺技术训练，提高工程意识、质量、安全、环保意识和动手能力，包括机械制造过程认知实习、机械制造基础训练、先进制造技术训练、机电综合技术训练等。

2. 实验课程

实验类型包括认知性实验、验证性实验、综合性实验和设计性实验等，培养学生实验设计、实施和测试分析的能力。

3. 课程设计

专业主干课程应设置独立的课程设计，培养学生的设计能力和解决问题的能力。

4. 生产实习

培养学生观察和学习各种加工方法；学习各种加工设备与装备、物流系统或流程型工艺装备的工作原理、功能、特点和适用范围；了解典型零件、部件及设备的加工和装配工艺路线；了解产品设计、制造过程；了解先进的生产理念和组织管理方式；培养学生工程实践能力、发现和解决问题的能力。

5. 科技创新活动

组织学生参与科学研究和科技创新活动，培养学生的创新创业意识、工程实践能力、表达能力和团队精神。

6. 毕业设计（论文）

培养学生综合运用所学知识分析和解决复杂工程问题的能力，提高专业素质，培养创新能力。

选题应符合各专业的培养目标和培养要求，具有明确的工程应用背景，工程研究类和工程设计类选题应有恰当的比例，一人一题。应由具有丰富经验的教师或企业工程技术人员指导，支持学生到企业进行毕业设计（论文）。应制定与毕业设计（论文）要求相适应的标准和检查保障机制，对选题、内容、学生指导、答辩等提出明确要求，保证课题的工作量和难度，并为学生提供有效指导。

4.3.3　专业类核心课程建议

1. 课程体系构建原则

由学校根据自身定位、培养目标和办学特色自主设置课程体系。课程设置应能支持培养目标及毕业要求的达成。人文社会科学类教育应能够使学生在从事工程设计时考虑经济、环境、法律、伦理等各种制约因素。

数学和自然科学类教育应能够使学生掌握理论和实验的方法，为学生将相应基本概念运用到复杂工程问题的表述，建立数学模型并能进行分析推理奠定基础。

学科基础类课程、专业类课程与实践环节应能体现以数学和自然科学为基础，培养学生发现并解决本专业领域复杂工程问题的能力。

人文和社会科学类课程至少占总学分的15%；数学和自然科学类课程至少占总学分的15%；实践性环节至少占总学分或总学时的20%；学科基础知识和专业知识课程至少占总学分的30%。

课程体系的设置应有企业或行业专家参与。

2. 核心课程体系

核心课程体系是实现专业人才培养目标的关键。各高校应根据人才培养目标，将核心知识领域的内容组合成核心课程，并适当增加体现本校特色的教学内容。将这些核心课程根据学科内在逻辑和学生知识、素质、能力形成规律进行编排，构建专业核心课程体系。核心课程的名称、学分、学时和教学要求以及课程顺序等由各高校自主确定，标准中未做统一规定。

机械类各专业核心课程建议参见"5.2.3 机械类专业课程体系简介"一节的相关介绍。

4.3.4 其他

1. 人才培养多样化建议

各高校应依据自身办学定位和人才培养目标，以适应社会对多样化人才培养的需要和满足学生继续深造与就业的不同需求为导向，建立多样化的人才培养模式以及与之相适应的课程体系、教学内容和教学方法，设计优势特色课程，结合学科发展和职业需要，提高选修课比例，由学生根据个人兴趣和发展进行选修。

2. 有关名词释义和数据计算方法

1）专任教师是指承担专业学科基础知识和专业知识教学任务的教师。

2）生师比

$$生师比 = 折合在校生数/教师总数$$

3）折合在校生数

折合在校生数 = 普通本、专科（高职）生数 + 硕士生数 × 1.5 + 博士生数 × 2 + 留学生数 × 3 + 预科生数 + 进修生数 + 成人脱产班学生数 + 夜大（业余）学生数 × 0.3 + 函授生数 × 0.1

4）教师总数

$$教师总数 = 专任教师数 + 聘请校外教师数 × 0.5$$

4.4 工程教育专业认证及毕业要求

4.4.1 工程教育专业认证简介

工程教育专业认证是指专业认证机构针对高等教育机构开设的工程类专业教育实施的专门性认证，由专门职业或行业协会（联合会）、专业学会会同该领域的教育专家和相关行业企业专家一起进行，旨在为相关工程技术人才进入工业界从业提供预备教育质量保证。

随着全球一体化进程的不断加快，国家之间的联系日益紧密，各国高等教育领域的竞争日趋激烈。作为高等教育体系重要组成部分的工程教育，在教育领域的国际交流和竞争中也扮演着重要的角色。工程专业人才在世界范围内的流动日益频繁，提高工程教育质量、完善注册工程师制度、加强国际工程教育互认已成为工程教育发展的基本趋势。目前全球关于工程教育学历或者从业资格的国际互认协议主要有《华盛顿协议》、《悉尼协议》、《都柏林协议》、《亚太工程师计划》、《工程技术员流动论坛协议》和《工程师流动论坛协议》。

工程教育专业认证是国际通行的工程教育质量保障制度，也是实现工程教育国际互认和工程师资格国际互认的重要基础。工程教育专业认证的核心就是要确认工科专业毕业生达到行业认可的既定质量标准要求，是一种以培养目标和毕业出口要求为导向的合格性评价。工程教育专业认证要求专业课程体系设置、师资队伍配备、办学条件配置等都围绕学生毕业能力达成这一核心任务展开，并强调建立专业持续改进机制和文化以保证专业教育质量和专业教育活力。

2013 年 6 月，我国成为《华盛顿协议》预备成员；2014 年初提交转正申请，经过该组织的资料审查、现场考察和会议表决后，2016 年 6 月成为正式成员。今后，我国将全面参与《华盛顿协议》各项规则的制定，我国工程教育专业认证的结果将得到其他成员认可，通过认证的专业的毕业生在相关国家申请工程师执业资格时，将享有与本国毕业生同等待遇。正式加入《华盛顿协议》，标志着我国高等教育对外开放向前迈出了一大步，我国工程教育质量标准实现了国际实质等效，工程教育质量保障体系得到了国际认可。

工程教育是我国高等教育的重要组成部分，在高等教育体系中"三分天下有其一"。我国普通高校工科毕业生总规模已位居世界第一。工程教育在国家工业化进程中，对门类齐全、独立完整的工业体系的形成与发展，发挥了不可替代的作用。2015 年 10 月，中国工程教育专业认证协会成立，是由工程教育相关的机构和个人组成的全国性社会团体，主要负责我国工程教育专业认证工作的组织实施，由教育部主管，是中国科协的团体会员。中国工程教育专业认证协会致力于通过开展工程教育专业认证，提高我国工程教育质量，为工程教育改革和发展服务，为工程教育适应政府、行业和社会需求服务，为提升我国工程教育国际竞争力服务。中国工程教育专业认证协会建立了国际实质等效的工程教育认证体系，认证工作得到了国际社会的广泛认可，极大地提高了我国工程教育的国际影响力。

4.4.2 国外工程教育专业认证协议

1. 华盛顿协议

1989 年，美国、加拿大、英国、爱尔兰、澳大利亚和新西兰等国就有关工程学士学位专业鉴定问题（Professional Accreditation）在美国华盛顿签订了国际相互承认的协议——《华盛顿协议》。

1993 年，《华盛顿协议》接受了南非和中国香港的加入申请书。

1995 年，《华盛顿协议》开始酝酿和筹划专业工程师的国际相互承认问题。但考虑到工程师资格的国际相互承认是不同于工程专业鉴定相互承认的另一个问题，应在《华盛顿协议》之外解决。

1997 年，工程师流动问题论坛（Engineers Mobility Forum，EMF）成立，《华盛顿协议》解决了专业工程师的国际相互承认问题。同年，中国香港工程师协会（Hong Kong Institution of Engineers，HKIE）经评审成为《华盛顿协议》正式签约组织。

1999 年，日本工程教育（本科）专业认证机构（Japan Accreditation Board for Engineering Education，JABEE）成立；2001 年成为《华盛顿协议》预备成员，2005 年经评审成为《华盛顿协议》正式签约组织。

2007 年 6 月，中国台北经评审成为《华盛顿协议》正式签约组织。同年俄罗斯成为《华盛顿协议》预备成员，一些亚太国家也提出了申请，德国（ASIIN）被延长两年。

2008 年，已在世界范围内享有盛誉的《华盛顿协议》，吸引了覆盖 27 国的欧洲国家工程协会联合会（European Federation of National Engineering Associations，FEANI）等前来谈判入盟问题。

2. 专业认证机构

（1）美国工程和技术认证委员会 美国工程和技术认证委员会（Accreditation Board for Engineering and Technology，ABET），在教育、医学、工商管理、工程、音乐、卫生护理等专业都设有专业认证机构，其中，ABET 负责工程与技术各专业（包括土木、机械、电子、化学工程等 30 多个工程专业）的专业认证工作。ABET 由加盟学会/协会组成董事会，董事会下设 8 个委员会，分别是工程认证委员会、技术认证委员会、计算科学认证委员会、应用科学认证委员会、工业咨询委员会、国际活动委员会、其他常务和特别委员会、执行委员会。其中，工程、技术、计算科学、应用科学 4 个认证委员会分别根据自己制定的标准和自评问卷实施其认证功能和确定其认证活动。这4个委员会还制定了专业标准，它们是专业评鉴的准绳。ABET的主要职能是为美国全国工程教育（本科）专业制定认证政策、准则和程序，认证并开发与学历教育相关的工程专业课程，改善工程教学质量。ABET对推动美国工程教育的改革与发展，保证其工程教育质量起到了重要作用。

（2）德国工科专业认证机构　德国工科专业认证机构（Accreditation of Bachelor's and Master's Study Programs in Engineering, Informatics, Natural Sciences and Mathematics, ASIIN），是德国唯一对工科、信息科学与计算机科学、自然科学和数学学科本科教育项目、硕士教育项目的认证机构。ASIIN是在德国工程师协会的倡导下，由各大学、应用科学大学、权威的科技协会、专业教育和进修联合会以及重要的工商业组织共同参与的非营利机构。1999年，ASIIN成立；2000年，制定专业认证准则和程序，并获得德国认证委员会的资格认可。2003年，ASIIN建立专家库并获得《华盛顿协议》预备组织资格。2004年，ASIIN推行欧洲认证工程项目（European Accredited Engineering Project, EUR-ACE），目的是建立欧洲体系的工程教育（本科）专业认证。经过ASIIN认证的专业点的毕业生，可以获得"欧洲工程师"的头衔。

ASIIN的会员大会包括4方面的会员组，大学会员组——技术大学协调组；应用科学大学会员组——应用科学大学协调组；工业会员组——工业联合会和工会组织；协会会员组——技术与科学协会以及专业组织。理事会由每一个会员组提名3个代表组成，理事会下设总部。理事会另设工程与信息科学认证委员会和自然科学与数学认证委员会，认证委员会从专家库中聘任专家按学科分别成立14个技术委员会。认证委员会负责制定认证准则、程序和认证要求，提名各技术委员会成员和各审核小组成员，基于审核小组的审核报告发布认证决议。

（3）英国工程委员会　英国工程委员会（Engineering Council of United Kingdom, ECUK），是英国皇家特许的非政府机构，《华盛顿协议》发起人之一。1981年，ECUK成立。英国高等教育质量的保证工作是由高等教育质量保证机构（QAA）负责，该机构提出高等学校学历与学位资格框架、学科基准、专业规格指南等。专业认证和工程师资质鉴定则统一委托给ECUK负责。ECUK在英国国内负责对各工程专业进行管理，在国外代表英国工程师的利益。它的重要使命就是为工程师、工艺师和技术员制定专业能力和职业道德的国际性标准，并授权工程师学会确保和提高这一标准。

4.4.3　工程教育专业认证与本科教学评估的区别

教学评估是评价、监督、保障和提高教学质量的重要举措，是我国高等教育质量保障体系的重要组成部分。开展教学评估的目的是促进高等学校全面贯彻党的教育方针，推进教学改革，提高人才培养质量，增强本科教学主动服务经济社会发展需要和人的全面发展需求的能力；促进政府对高等学校实施宏观管理和分类指导，引导高等学校合理定位、办出水平、办出特色；促进社会参与高等学校人才培养和评价、监督高等学校本科教学质量。

根据《教育部关于普通高等学校本科教学评估工作的意见》（教高〔2011〕9 号）的规定，院校评估包括合格评估和审核评估。合格评估的对象是 2000 年以来未参加过院校评估的新建本科学校，审核评估的对象是参加过院校评估并获得通过的普通本科学校。

合格评估的重点是考查学校基本办学条件、基本教学管理和基本教学质量，学校服务地方经济社会发展的能力和应用型人才培养的能力，学校教学改革和内部质量保障体系建设和运行的情况。评估结论分为"通过"、"暂缓通过"和"不通过"三种。"通过"的学校 5 年后进入审核评估。

审核评估重点考查学校办学条件、本科教学质量与办学定位、人才培养目标的符合程度，学校内部质量保障体系建设及运行状况，学校深化本科教学改革的措施及成效。审核评估形成写实性报告，不分等级，周期为 5 年。

高校本科工程教育专业认证与教学评估有很大的不同，表 4-1 列出了两者的不同点比较。

表 4-1　工程教育专业认证与教学评估的比较

序　号	比 较 项 目	工程教育专业认证	教 学 评 估
1	工作要求	自愿申请	强制接受
2	目标结果	合格评估	状态评估
3	工作范围	一个专业	整个学校
4	专业性质	仅适应于工程类专业	适应所有专业
5	组织部门	非官方组织	政府组织
6	工作标准	国际等效	教育部制定
7	实施目的	培养人才国际互认	教学质量水平
8	国际化程度	与国际接轨	国内评价
9	专家成员	高校、企业、公司等	全部来自高校
10	考查程度	详细全面	重点抽查
11	展示广度	侧重全体学生	个别特色优势
12	工程要求	重视实践	没有特殊要求
13	有效期	3～6 年	5 年

4.4.4　工程教育专业认证意义

工程教育专业认证作为高校专业评估的一种形式，其意义主要体现在：

（1）推动工程专业教学质量的提升　工程教育专业认证既是工科专业的建设标准，又是所有专业人才培养可资借鉴的指导思想。引进工程教育认证评估体系，可以推进工程教育改革与创新，健全工科专业的建设与发展质量标准和质量监控体系，完善工程教育与行业、企业的联系机制，增强工程教育人才培养对产业发展的适应性，促进工程教育的国际互认，提升工程专业人才的国际竞争力。

（2）进入国际就业市场的通行证　工程教育专业认证是国际通行的工程教育质量保证制度，也是实现工程教育国际互认和工程师资格国际互认的重要基础。在我国，工程教育专业认证是由专门职业或行业协会、学会（联合会）会同该领域的教育工作者和相关行业、企业专家一起进行的，是针对高等教育本科工程类专业开展的一种合格评价。从 2006 年开始，我国在计算机、机械、电子电气、化工制药等专业开始试点进行工程教育专业认证，目前认证专业类已扩大到 15 个，在推动我国工程教育改革上发挥了重要作用。

4.4.5　工程教育专业认证基本理念

工程教育专业认证的基本理念是：

（1）强调面向全体学生　将学生作为首要服务对象，学生和用人单位对学校或专业所提供服务的满意度是能否通过认证的重要指标。

（2）强调以学生的学习产出为导向　对照毕业生核心能力、素质要求，评价专业教育的有效性。

（3）强调合格评价　专业认证强调工程教育的基本质量要求，是一种合格评价。

（4）强调质量的持续改进　要求专业建立持续有效的质量改进机制，并进行持续的评估。

工程教育专业认证强调，"学生"是办学的中心，"自评工作"是专业认证最重要的环节，"持续改进"是提高教学质量的保障，"全员参与"是做好专业认证的条件。对学生来说，取得经认证合格专业的毕业文凭就相当于拿到了进入国际就业市场的"入场券"。

工程教育专业认证不仅是工程教育改革的必然趋势和内在要求，也是学校促进专业建设、提高人才培养质量的契机。通过工程教育专业认证的专业，其社会影响力会得到增强，会吸引优秀的高中毕业生报考，形成办专业的良性循环。而开展工程教育专业认证，最大受益者还是专业的培养对象，即学生。

4.4.6　工程教育专业认证过程及要求

工程教育专业认证一般是由申请单位提交专业认证申请书和《专业认证自评报告》，认证分委员会在受理申请和审查《专业认证自评报告》并通过后，接着就是派专家组到被认证单位和专业做现场考查，现场考查的主要目的和任务是核实《专业认证自评报告》的情况。对专业认证进行现场考查主要包括以下 7 个方面：

（1）学生 现场考查"学生"方面的情况主要包括：吸引优秀生源的制度和措施，生源质量，学生学习指导、职业规划、就业指导和心理辅导的措施和效果，学生评价制度是否完善和是否开展评价，评价制度是否能够证明毕业要求和培养目标的实现，转专业和转学认证制度是否完善等。

（2）培养目标 现场考查"培养目标"方面的情况主要包括：培养目标公开程度，专业培养定位的合理性（层次、类型、面向等），培养目标是否可衡量，对培养目标是否达成的评估制度是否完善（定期、企业参与），培养目标达成度等。

（3）毕业要求 现场考查"毕业要求"方面的情况主要包括：毕业要求是否覆盖认证标准中的基本要求，各项能力是否有相应的教学过程实现，对毕业要求是否实现的评估情况，毕业要求是否能够支持培养目标的达成等。

（4）持续改进 现场考查"持续改进"方面的情况主要包括：教学过程管理机制（制度、架构、执行）是否完善，培养方案的制定、评估和修订情况，毕业要求和培养目标的评估情况，各门课程支持毕业要求和培养目标实现的评价情况，评价结果的利用情况，毕业生跟踪反馈机制是否完善，外部评价机制是否完善（方式、频度、结果利用情况），内部评价和外部评价结果是否在教学质量支持改进中发挥作用等。

（5）课程体系 现场考查"课程体系"方面的情况主要包括：课程设置满足培养目标和毕业要求程度，行业企业专家参与课程体系设计情况，课程体系设置的完整、科学与合理程度，核心课程教学内容是否支持培养目标的达成，实践环节满足培养目标和毕业要求程度，实践环节满足学生自主、动手、综合、实验、设计和创新能力培养的程度，学生工程意识、协作精神以及综合解决问题能力培养形式与效果，毕业设计（论文）内容的工程性、专业性、规模、完整性，企业或行业专家参与毕业设计（论文）选题、指导和考核情况等。

（6）师资队伍 现场考查"师资队伍"方面的情况主要包括：专业教师数量和结构满足教学需要的程度，行业企业兼职教师情况，教师能力和水平满足教学情况，具有企业工程背景的教师情况，教师对教学和教改的投入情况，教师参与学生指导的情况，教师对在教学质量提高过程中发挥承担的责任的理解以及发挥作用情况，对教师工作评价方式与记录等。

（7）支持条件 现场考查"支持条件"方面的情况主要包括：教学经费到位和满足教学需要程度，专门性教室、实验室、实习基地和相关设施的功能满足教学需要程度，图书资料特别是工程实践必需的资料、图样、手册、软件齐备，专门性资料的使用率和使用效果，计算机网络配置状况和使用情况，企业参与教学活动和提供教学条件情况，校企共建实践基地情况，教师队伍建设政策措施和支持青年教师发展政策的完备情况，教学管理与服务政策规范完善，能支持培养目标的达成等。

4.4.7　工程教育专业认证对毕业生能力要求

工程教育专业认证的核心就是要确认工科专业毕业生达到行业认可的既定质量标准要求，是以培养目标和毕业要求为导向的合格性评价。因此，应高度重视工程教育专业认证提出的新要求，切实结合专业人才培养过程，针对"复杂工程问题"的解决、识别、表达、文献研究分析、设计解决方案、基于科学原理并采用科学方法、预测与模拟、评价及其沟通和交流等，教学过程应能支撑培养目标的达成并能通过评价证明毕业要求的达成。《工程教育认证标准（2018 版）》中的毕业要求，见表 4-2。

表 4-2　《工程教育认证标准（2018 版）》中的毕业要求

序号	项　　目	要　　　求
1	工程知识	能够将数学、自然科学、工程基础和专业知识用于解决复杂工程问题
2	问题分析	能够应用数学、自然科学和工程科学的基本原理，识别、表达并通过文献研究分析复杂工程问题以获得有效结论
3	设计/开发解决方案	能够设计针对复杂工程问题的解决方案，设计满足特定需求的系统、单元（部件）或工艺流程，并能够在设计环节中体现创新意识，考虑社会、健康、安全、法律、文化以及环境等因素
4	研究	能够基于科学原理并采用科学方法对复杂工程问题进行研究，包括设计实验、分析与解释数据，并通过信息综合得到合理有效的结论
5	使用现代工具	能够针对复杂工程问题，开发、选择与使用恰当的技术、资源、现代工程工具和信息技术工具，包括对复杂工程问题的预测与模拟，并能够理解其局限性
6	工程与社会	能够基于工程相关背景知识进行合理分析，评价专业工程实践和复杂工程问题解决方案对社会、健康、安全、法律以及文化的影响，并理解应承担的责任
7	环境和可持续发展	能够理解和评价针对复杂工程问题的工程实践对环境、社会可持续发展的影响
8	职业规范	具有人文社会科学素养、社会责任感，能够在工程实践中理解并遵守工程职业道德和规范，履行责任
9	个人和团队	能够在多学科背景下的团队中承担个体、团队成员以及负责人的角色
10	沟通	能够就复杂工程问题与业界同行及社会公众进行有效沟通和交流，包括撰写报告和设计文稿、陈述发言、清晰表达或回应指令，并具备一定的国际视野，能够在跨文化背景下进行沟通和交流
11	项目管理	理解并掌握工程管理原理与经济决策方法，并能在多学科环境中应用
12	终身学习	具有自主学习和终身学习的意识，有不断学习和适应发展的能力

在中国工程教育专业认证协会 2019 年 3 月发布的《工程教育认证标准（2018 版）》中，对"毕业要求"的多项条款中（12 条中有 8 条）提到"复杂工程问题"，而且必须

具备下述特征 1），同时具备下述特征 2）~7）的部分或全部。

1）必须运用深入的工程原理，经过分析才可能得到解决。

2）涉及多方面的技术、工程和其他因素，并可能相互有一定冲突。

3）需要通过建立合适的抽象模型才能解决，在建模过程中需要体现出创造性。

4）不是仅靠常用方法就可以完全解决的。

5）问题中涉及的因素可能没有完全包含在专业工程实践的标准和规范中。

6）问题相关各方利益不完全一致。

7）具有较高的综合性，包含多个相互关联的子问题。

复习思考题

1. 专业教学质量国家标准有何作用？其制定的基本原则有哪些？

2. 专业教学质量国家标准包括几个方面？各方面的主要内容有哪些？

3. 机械类专业教学质量国家标准提出的培养目标是什么？与你所在专业有何异同？

4. 机械类专业教学质量国家标准的培养规格是什么？与你所在专业有何异同？

5. 机械类专业教学质量国家标准提出的素质要求有哪几个方面？各方面的要求是什么？

6. 机械类专业教学质量国家标准提出的能力要求有哪几个方面？各方面的要求是什么？

7. 机械类专业教学质量国家标准提出的知识要求有哪几个方面？各方面的要求是什么？

8. 什么是工程教育专业认证？为什么开展工程教育专业认证？

9. 我国已经加入了哪个工程教育专业认证协议？工程教育专业认证作为高校专业评估形式的意义主要体现在哪些方面？

10. 工程教育专业认证的基本理念是什么？

11. 简述工程教育专业认证的过程及要求。

12. 工程教育专业认证对毕业生的能力要求有哪些方面？各方面的要求是什么？

13. 《工程教育认证标准》中对"毕业要求"提到的"复杂工程问题"应具备的特征是什么？

14. 中国工程教育专业认证协会（CEEAA）提出的制定专业培养目标的基本要求是什么？与毕业要求有何联系？

第5章

汽车服务工程专业人才培养方案

5.1 专业培养方案制定要求

5.1.1 相关概念

1. 培养方案

专业人才培养方案是根据专业培养目标和培养规格所制定的实施人才培养活动的具体计划，是对专业人才培养的培养目标与规格、内容与方法、条件与保障等培养过程和方式的描述和设计。高校各专业都要制定专业培养方案，它是专业人才培养的总体蓝图，是学校和专业实现教育目的，体现国家、社会对人才培养质量的统一要求和质量标准的整体规划，是从事教育教学活动的总依据。专业培养方案是教育教学活动的重要文件，经学校确定印发后，要坚决执行，不能随意更动。

2. 教学计划

教学计划是课程设置的整体规划，规定了各类课程所占比例、每门课程的学时及开课时间等，同时对实践教学、课外活动等做出全面安排。教学计划、教学大纲和教材互相联系，共同反映教学内容。

3. 课程

课程有广义和狭义之分。广义的课程指的是为实现专业教育目的而选择的教学内容的总和，即指教师应教、学生应学的各门课程、实验、实习和课外活动等。狭义的课程是具体的教学课程或科目。

4. 教学大纲

教学大纲是根据专业培养方案，以大纲形式编写的有关课程教学内容的教学指导文件，它具体规定实现专业培养目标的教学目的、任务、教材内容（知识、理论、技能）的范围，教学体系结构，同时规定教学进度及教学方法上的基本要求。

教学大纲是专业培养方案中规定的课程内容的具体化，专业培养方案中规定开设的每一门课程都有相应的教学大纲，是从事教学、选择教材、编写教材的具体依据，是考核评估具体课程教学质量的标准。

5. 教材

教材是依据教学大纲和教学法的要求编写的、系统而简要的叙述某门课程教学内容的教学用书。除选用的教材外，还包括与课程学习相关的教学参考书、文献资料等。

6. 培养模式

（1）大类培养模式　按大类培养的专业，分阶段实施培养。大类培养阶段，按学科分类集中培养，主要设置通识课程和学科大类课程。专业培养阶段，按分流后的专业进行专业培养，制定专业培养方案。

（2）专业培养模式　学生在入学时确定专业，其培养方案和课程有较强的专业特色，学生按专业设定的培养目标进行课程修读。

5.1.2　培养方案主要内容

专业培养方案主要内容包括：①专业名称与专业代码；②培养目标；③毕业要求；④主干课程或核心课程；⑤主要实践性教学环节；⑥修业年限；⑦毕业学分；⑧授予学位；⑨课程设置与学时分配等。

专业培养方案规定了专业应设置的课程、各门课程开设的先后顺序、学分分配、课时分配（各门学科教学周时数、总学时数和所占学分）以及学年编制（包括学期划分、确定节假日、学周与教学及其他活动安排的时间）等。以上内容仅为基本要求，各学校可结合本校实际，自主确定各专业人才培养方案框架格式，并调整或增加其他内容，如课程介绍及修读指导建议。

5.1.3　培养方案制定原则

1）编制专业培养方案必须坚持立德树人的指导思想，全面贯彻党和国家的教育方针，坚持学生知识、能力和素质协调发展的原则，要充分考虑教育对象的广泛性，以满足学生的不同需要。

2）专业培养方案既要保持专业建设先进性，反映科学技术发展水平，适应经济社会发展需要，又要具有相对的稳定性，确保正常的教学秩序。

3）既要坚持高度的统一性，以保证人才培养的规格，又要具有一定的灵活性，以适应不同地区的办学需要。

4）专业培养方案必须准确描述本专业的培养目标和培养规格，并明确该专业对学生在政治思想品德方面、业务知识和能力方面、素质方面的基本要求。

5）课程按公共基础课、专业基础课、专业课、通识课、拓展课等模块进行设置，课程教学内容按"必需"和"够用"的原则进行选择，重点放在理论的实际应用上。

6）实践性教学环节按课程实践教学环节（实验、实训、课程大作业等）和综合实践教学环节（课程设计、实习、社会调查、毕业设计或论文等）设置。

7）最低毕业总学分要求须符合有关规定。

5.1.4　培养方案制定要点

为推动教育教学改革深入开展，加强学生人文素质与科学素质的交融，实现通识教育、大类课程教学与宽口径的专业教育的有机结合，促进学生全面发展，真正实现"厚基础、宽口径、高素质、强能力、重创新"的培养理念。专业人才培养方案的制定应广泛开展企业调研，对接专业标准，通过职业分析，明确人才培养目标；应深入开展校企合作，召开实践专家研讨会，做好培养目标与要求的分析提炼，规划课程体系，构建教学环节结构，明确教学内容，落实能力培养要求，创新教学方式和手段。专业培养方案的制定要点如下：

（1）明确人才培养目标及培养要求　培养目标和培养要求是培养方案修订的根本出发点。培养目标必须根据学校对本科人才培养的要求，结合相关领域的发展趋势、未来人才需求和本专业的自身现状及特色，参考国家人才培养标准和行业人才培养标准，在充分论证的基础上科学制定专业培养目标，制定与培养目标相适应的专业培养要求。专业培养要求要具体，除学生应掌握的知识技能外，要有明确的毕业要求和毕业条件，明确本专业毕业生知识、能力和素质所达到的要求。

（2）课程体系应符合培养目标要求　课程体系的设置应围绕和支撑培养目标和专业培养要求的实现。工程类专业可按照《工程教育认证标准》或参照工程教育认证的理念和思路制定培养方案。

（3）优化课程体系，合理确定总学分　注重先修课程与后续课程的逻辑关系和学期分布，做到合理衔接，避免出现学期课程分布不均以及课程重复开设等现象，合理控制各专业学分总量，以减轻课业负担，为学生创造更多自主学习、主动进行创新实践的机会。

（4）推进通识教育以提高综合素质　实施通识教育与专业教育的相互交融，实现全过程育人。一年级学生以通识课程教学为主，渗透学科基础教育，各专业只开设通识课程和学科大类课程中的公共基础课程；二年级以后以专业教育为主，在专业教育中渗透和深化通识教育，使通识教育贯穿本科阶段全过程，以实现通识教育与专业教育的有机结合。

（5）实行大类培养以拓宽专业口径　确立按学科大类培养专业人才的主导思想，拓宽专业口径，优化和整合课程资源，完善和建立前期大类培养与后期分流培养有效衔接的课程体系。同一专业大类下各专业大类必修课的设置必须统一，相近大类的专业一年级开设的课程应该相同，课程设置尽可能向大类培养方向靠近并进行课程内容优化，鼓励分布在不同学院，具有大类培养基础的相近专业进行跨学院组建大类培养体系。

（6）实施创新创业教育以强化创新创业能力　在强调基本知识、基本理论和基本技能教学的同时，应更加注重创新创业意识、创新创业方法和创新创业能力的培养，把创新创业教育贯穿到整个人才培养过程。要加强创新创业教育课程体系和内容的规划和建设，强化基础课程、专业课程在创新创业教育和创新创业人才培养中的主体和主导作用。推进创新创业方法课程、开放实验、创新创业训练项目的建设，课内课外相结合，大力推进大学生创新创业训练和竞赛活动，强化学生创新创业思维与创新创业能力的培养。

（7）推动信息化教学以改进教学方法　在课程体系的构建中，应加强信息化课程建设，促进信息技术与教育教学的深度融合。推进翻转课堂、微课、混合式教学、MOOC等信息化教学方式在课堂教学中的应用。

对于开展卓越教育培养的专业和参加工程教育专业认证专业，应按照相关规定和培养特色单独制定培养方案。

5.1.5　对本科生的素质、能力及知识培养要求

1. 素质要求

（1）思想道德素质　思想道德素质包括政治素质、思想素质、道德品质、法制意识、诚信意识和团队意识六个方面的培养。

1）政治素质：应掌握社会发展及规律的基础知识，坚持四项基本原则，热爱祖国，热爱社会主义。

2）思想素质：应初步掌握辩证唯物主义，善于从相互联系、发展和对立统一中去观察、分析和解决问题，树立积极向上的世界观、价值观和人生观。

3）道德品质：应具有社会主义的道德品质和文明的行为习惯；具有敬业精神和职业道德。

4）法制意识：应具有很强的法制观念和意识。

5）诚信意识：应具有诚信做人、做事、做学问的理念。

6）团队意识：应具有协调配合的团队精神。

（2）文化素质　文化素质包括文化素养、文学艺术修养、现代意识和理性意识四个方面的培养。

1）文化素养：应具有中华传统文化的基本知识，自觉传承和弘扬民族精神。具有一定的人文科学知识，对中外历史有一定了解。

2）文学艺术修养：应具有对音乐、美术、艺术的一定鉴赏力。

3）现代意识：应具有较强的竞争意识，富有合作精神，善于与人交流。

4）理性意识：应具有适应意识，有自我控制能力，能理性地处理生活、工作与学

习中发生的各种问题。

（3）身心素质 身心素质主要包括身体素质和心理素质两个方面的要求。

1）身体素质：应具有健康的身体，良好的体魄。

2）心理素质：应具有健康的情绪，正确的自我认识，良好的人际关系，健全的人格，良好的气质与性格，坚强的意志，坚忍不拔的毅力，良好的环境适应能力。

（4）专业素质 专业素质主要包括科学素质和工程素质两个方面的培养要求。

1）科学素质。科学素质主要体现在科学思维方法、科学研究方法、创新意识和科学素养四个方面的培养。

① 科学思维方法：应具有较强的逻辑思维、辩证思维、形象思维，有理性的批判意识；有尊重客观事物发展的科学务实的思维方法。

② 科学研究方法：应能较好掌握汽车服务工程专业相关理论与工程技术的科学研究方法和基本思路。

③ 创新意识：应具有较强的创新思想和创新精神。

④ 科学素养：应具有求实、求真精神，有理性的批判意识和跟踪自然科学重要发现、发展的意识。

2）工程素质。工程素质主要体现在工程意识、综合分析素养、价值效益意识和革新精神四个方面的培养。

① 工程意识：应具有良好的工程实践意识和质量意识。

② 综合分析素养：应具有综合分析在实际工作中遇到的科学和技术问题的能力，并能提出解决问题的思路。

③ 价值效益意识：在科学研究和技术研发实践中具有市场意识和价值效益意识。

④ 革新精神：敢于革新，善于提出革新的新思路、新方法。

2. 能力要求

（1）获取知识的能力 获取知识的能力包括自学能力、表达能力、社交能力、计算机及信息技术应用能力、文献检索能力五个方面。

1）自学能力：应具有较强的自主学习能力，高效的学习方法；具有终身学习的观念。

2）表达能力：应具有良好的书面和口头表达能力，以及基本的外语交流能力。

3）社交能力：应具有良好的社交和协调能力；善于与他人合作，待人谦和，虚心求教。

4）计算机及信息技术应用能力：应熟练掌握计算机基础知识，掌握一种或以上的计算机高级语言编程方法，会使用常用的计算机应用软件。

5）文献检索能力：应具有基本的资料搜集和文献检索能力，特别是用互联网进行资料检索和查询的能力。

（2）应用知识的能力　应用知识的能力包括应用知识解决问题的能力、实验能力和工程实践能力三个方面。

1）应用知识解决问题的能力：基础理论扎实，具有发现、提出、分析和解决问题的能力。

2）实验能力：应能熟练使用常用的实验仪器；掌握实验原理，并具有实验方案的设计能力。

3）工程实践能力：应具备综合分析并解决实际工程技术中出现的问题，且善于提出新思路、新方法，并在综合类实践中具有较强的系统分析和调试能力。

（3）创新能力　创新能力包括创新思维能力、创新实验能力、科研开发能力和科技研究能力四个方面。

1）创新思维能力：应具有创造性的科学思维能力。

2）创新实验能力：在实践环节中，能积极探索、善于验证已有的结论，并具备较强的自主设计实验的能力。

3）科研开发能力：应具有较强的钻研精神和接受新理论、新知识并进行新技术开发的能力。

4）科技研究能力：应具有提出科技选题和实施科技研究的能力。

3. 知识要求

（1）工具性知识　主要体现在外语、计算机、信息技术应用、文献检索、方法论和科技写作六个方面。

1）外语：应具有一定的本专业外文书籍、外文课件和文献资料的阅读与翻译能力；能写专业论文的外文摘要；能使用外文进行一般性交流。

2）计算机：应熟练掌握本专业需要的各类计算机技术的相关知识。

3）信息技术应用：了解数据库、管理信息系统，熟练掌握各种利用互联网的相关技术知识。

4）文献检索：掌握多种文献检索方法的相关知识。

5）方法论：掌握系统工程方法、数理统计方法、系统分析与设计方法、运筹学方法。

6）科技写作：了解并掌握科技写作的特点、要素与方法。

（2）人文社会科学　主要体现在文学、历史、哲学、思想道德、政治学、艺术、法学、社会学和心理学九个方面。

1）文学：阅读一定数量的文学名著。

2）历史：了解中华文明史、世界史和世界科技发展中发生的重大事件。

3）哲学：系统地学习马克思主义哲学，掌握唯物辩证法的基本思想。

4）思想道德：中华民族传统的道德观念和优秀的道德品质。

5）政治学：系统学习毛泽东思想、邓小平理论、习近平新时代中国特色社会主义思想等主要内容。

6）艺术：了解基本的中外音乐、美术或其他艺术知识。

7）法学：具有系统的法律基本知识。

8）社会学：具有一定的社会学知识。

9）心理学：具有基本的心理学知识，了解大学生的基本心理特征，能够进行初步的自我心理调整。

（3）自然科学知识　主要体现在数学、物理两个方面。

1）数学：具有系统的数学知识，基本概念清楚，推导演算熟练，能灵活运用。

2）物理学：具有基本的大学物理知识及必要的工程力学知识（如理论力学、材料力学、流体力学），概念清楚，理论扎实，实验技能强。

（4）经济与管理知识　主要体现在经济学和管理学两个方面。

1）经济学：基本掌握现代经济学的基本概念、基本原理、基本方法，能正确认识社会主义市场经济体制下的经济规律。

2）管理学：具有一定的服务管理基础知识。

（5）工程技术与专业知识　主要体现在工程技术基础、专业基础知识、专业方向知识和工程实践四个方面。

1）工程技术基础：掌握工学领域的机械、电子信息等工程技术基础知识，具有机械设计、计算机应用及工程管理方面的能力。

2）专业基础知识：从宽口径的角度学习专业基础知识，涉及汽车技术、汽车运用、汽车服务等工程技术，运作管理等关键性课程，建立起较广泛的专业基础知识架构。

3）专业方向知识：学生应熟练掌握专业方向的基本知识与相关理论，各高校可根据自身办学历史、办学条件优势、市场需求等自主选定。

4）工程实践：金工实践、驾驶实践、汽车拆装实习、汽车服务生产实习、汽车检测试验、机械类课程设计、工程类课程设计、毕业设计（论文）等。

5.1.6　培养目标与毕业要求的确定

中国工程教育专业认证协会提出，要求认证专业要有公开的、符合学校定位的、适应社会经济发展需要的培养目标，且能反映学生毕业后 5 年左右在社会与专业领域预期能够取得的成就。定期评价培养目标的合理性并根据评价结果对培养目标进行修订，评价与修订过程应有行业或企业专家参与，并将抽象的培养目标具体分解为核心能力并进行有效评估，最终使得培养目标可量化、可评估。

培养目标是对毕业生在毕业后 5 年左右能够达到的职业和专业成就的总体描述。培养目标是专业人才培养的总纲，它是构建专业知识结构、形成课程体系和开展教学活动的基本依据。毕业要求（或称毕业生能力）是对学生毕业时所应该掌握的知识和能力的具体描述，包括学生通过本专业学习所掌握的技能、知识和能力，是学生完成学业时应该取得的学习成果。

尽管毕业要求包含知识、能力、素质三个层面，即知、能、信，但掌握知识的目的是应用和创造知识，而应用和创造知识需要技能和创造力，归根到底还是一种能力。培养目标更加关注的是学生"能做什么"，而毕业要求更加关注的是学生"能有什么"，能"做什么"主要取决于"能有什么"。因此毕业要求是培养目标的前提，培养目标是毕业要求的结果。

在确定培养目标和毕业要求时，要注意二者在制定依据、参与人员和条款数目等方面的差异。培养目标的制定依据主要是：

1）外部需求，包括国家、社会和学生的要求与期望；内部需求，包括学校办学定位、人才培养定位及培养质量追求。毕业要求的制定依据主要是培养目标和认证标准。

2）制定培养目标应参与的人员是毕业生、用人单位、学校管理者、教师和学生。

3）制定毕业要求的参与人员主要是教师、学生、学校管理者（包括教务部门、学生工作部门等）和毕业生。

毕业要求的条款数目，取决于是否将毕业要求进一步细化为能力指标。所谓能力指标，是指将毕业要求（毕业生能力）细化为更易落实在具体教学环节中，并且能对其进行定量或定性评价的条款。当然，上述对培养目标和毕业要求条款数的约定，只是一个相对的概念，并不是一般性规定。

中国工程教育专业认证协会提出，认证专业必须有明确、公开的毕业要求，毕业要求应能支撑培养目标的达成。专业应通过评价证明毕业要求的达成。专业制定的毕业要求应完全覆盖以下内容：工程知识、问题分析、设计/开发解决方案、研究、使用现代工具、工程与社会、环境和可持续发展、职业规范、个人和团队、沟通、项目管理、终身学习。该部分的重点在于专业是否通过有说服力的证明材料（成绩、课题、发展质量、自评、他评等）对各项毕业要求的达成情况进行有效举证。

5.1.7 人才培养多样化

（1）宽口径培养模式 在通识教育的基础上，建立宽口径培养模式。学科门类相同或相近的各专业合并基础课，进行通识培养，统一设置公共基础课程和学科基础课程，提倡多学科交叉培养，之后学生根据志趣和爱好自主选择专业方向，全校所有本科专业课程可向其他专业、学院开放作为选修课程。打破学生的专业界限选课。

（2）允许辅修第二专业 允许辅修或兼修第二专业，培养复合型人才。鼓励学有余力的学生根据自己的志趣辅修其他专业或攻读第二学位。

（3）提高实践能力 设创新实践学分、培养学生创新实践能力，倡导研究式学习的学习能力培养。将学生参加科学研究、科技创新和社会实践以及各种相关竞赛所取得的成果纳入教学管理。调动学生的学习积极性，激发学生的参与热情。

（4）提倡多学科合作　鼓励学生参加各类科技竞赛，提倡多学科专业合作共同组队参赛。支持多学科专业联合申请创新创业训练项目，加强学科专业的互补与认知。

（5）建立校级合作机制　通过校际之间合作交流、联合培养互认学分、开展网络视频授课等途径，选送部分学生到国内外实习或就读，建立相关学科专业高校的人才培养合作机制，发挥优质资源的有效配置作用。

5.2　汽车服务工程专业主要课程设置

5.2.1　汽车服务工程专业人才培养目标及毕业要求

《普通高等学校本科专业目录和专业介绍（2012 年)》中提出的汽车服务工程专业人才培养目标是：本专业培养具备扎实的汽车服务理论基础，掌握现代信息技术和经营管理知识，熟悉相关法律法规，具备"懂技术、会经营、善服务"的基本素质和能力，能够在汽车技术服务、汽车营销服务、汽车金融保险服务、汽车相关产品规划等领域从事技术或管理工作的复合型工程技术人才。

汽车服务工程专业的人才培养要求是：本专业学生主要学习汽车服务技术、汽车市场营销、汽车金融保险等方面的基本理论和基础知识，接受汽车检测诊断与维修、汽车市场分析、汽车营销策划、汽车事故勘查和汽车相关产品规划等方面的基本训练，具有汽车技术服务、汽车营销服务、汽车金融保险服务和汽车相关产品企划等方面的基本技能。

毕业生应获得以下几方面的知识和能力：

1）具备较宽厚的自然科学、人文社会科学和工程技术基础。

2）掌握汽车服务技术、汽车市场营销、汽车金融保险、产品规划等领域的基本理论和基础知识。

3）掌握汽车检测诊断与维修、汽车市场分析、汽车营销、车损查勘和产品规划等基本方法。

4）具有从事汽车技术服务、汽车市场调研与营销策划、车损查勘、金融保险服务和汽车相关产品企划等工作的基本能力。

5）具有较强的信息处理能力和外语应用能力，并具有良好的交流沟通能力。

6）熟悉本专业领域涉及的国家有关方针、政策法规和法律，了解相关国际规则和惯例。

7）具有一定的国际视野，了解本学科领域的发展动态，具有初步的科学研究能力和较强的创新意识。

8）具备良好的团队意识、职业道德、敬业精神和身心素质。

本专业的主干学科是：机械工程、交通运输工程。

核心知识领域：工程图学、工程力学、机械设计基础、电工与电子技术、汽车构造、汽车理论、发动机原理、汽车服务工程、汽车电子控制技术、汽车检测诊断技术、汽车维修工程、汽车服务企业管理、汽车服务系统规划、汽车营销、汽车保险与理赔等。

5.2.2　课程体系框架及构建要求

专业课程体系主要由理论教学体系和实践教学体系组成，即：

（1）理论教学体系　通识教育知识体系、学科基础类知识体系及专业类知识体系。

（2）实践教学体系　通识教育实践体系、学科基础类实践体系、专业类实践体系及社会实践体系等。

根据《机械类专业教学质量国家标准》要求，机械类专业课程体系的构建应以培养"宽口径、厚基础"的创新人才为基本原则，制定课程结构目标和各门课程分目标。

1）课程体系目标的构建应针对学生身心发展要求，从强调课程内容转向强调学习体验和经验，从强调计划转向强调创新人才培养的本质，尊重学生主体创造性，使他们的潜能得到最大限度的开发，为适应未来社会的发展和终身学习的需要奠定坚实的基础。

2）课程体系应体现社会发展的要求，符合社会发展的需要。应全面地分析汽车服务行业各种因素的变化对课程体系目标产生的影响，密切关注相关学科、行业的知识更新，不断调整和筛选进入课程体系的新知识，使在该课程体系下培养的人才具有主动的社会适应性。

3）课程体系应强调理论和实践相结合，突出综合运用知识的鲜明特色。

从知识门类来看，课程体系包括通识教育和专业教育两部分。无论是通识教育，还是专业教育，都是由不同的教学模块组成的，每个教学模块都有其涵盖的知识领域，并且通过不同的理论课程和实践课程支撑相应的知识领域。考虑到不同的教学形式，如面授、自学、网上教学等，各教学环节，即课程与实践教学，各校应根据自身特点，确定出符合实际条件的课堂教学时数和实验教学时数。

5.2.3　机械类专业课程体系简介

1. 数学与自然科学类课程

数学类包括线性代数、微积分、微分方程、概率和数理统计、计算方法等知识领域，自然科学类科目包括物理、化学等知识领域。

2. 工程基础类课程

工程基础类的科目以数学与自然科学为基础，培养学生应用数学或数值方法，发现并解决实际工程问题的能力。包括理论力学、材料力学、热流体、电工电子学、材料科学基础等知识领域。

3. 专业基础类课程

1）机械工程专业应包含：机械设计原理与方法、机械制造工程原理与技术、控制理论与技术、工程测试及信息处理、计算机应用技术、管理科学基础等知识内容的课程。

2）机械设计制造及其自动化专业应包含：机械设计原理与方法、机械制造工程原理与技术、机械系统中的传动与控制、计算机应用技术等知识内容的课程。

3）材料成型及控制工程专业应包含：机械设计及制造基础、材料加工冶金传输原理、材料成形原理、材料成形工艺与设备、检测技术及控制工程基础等知识内容的课程。

4）机械电子工程专业应包含：机械设计基础、机械制造基础、电路原理、工程电子技术、控制理论与技术、传感与检测技术、机电系统设计等知识内容的课程。

5）过程装备与控制工程专业应包含：机械设计及制造基础、过程（化工）原理、过程设备设计、过程流体机械、过程装备控制技术与应用等知识内容的课程。

6）车辆工程专业应包含：机械设计基础、机械制造基础、控制工程基础等知识内容的课程。此外，汽车方向还应包含汽车构造、理论、设计、电子与实验学等知识内容的课程；轨道车辆方向还应包含轨道车辆构造、理论、设计、牵引、制动、网络等知识内容的课程。

7）汽车服务工程专业应包含：机械设计基础、机械制造基础、汽车理论、汽车构造、汽车电子、汽车检测与维修、汽车服务、汽车营销、汽车保险等知识内容的课程。

4. 专业类课程

各校可根据自身优势和特点设置课程，办出特色。

5. 实践环节

（1）工程训练　学生通过系统的工程技术学习和工艺技术训练，提高工程意识、质量、安全、环保意识和动手能力。工程训练包括机械制造过程认知实习、基本制造技术训练、先进制造技术训练、机电综合技术训练等。

（2）实验课程　实验类型包括认知性实验、验证性实验、综合性实验和设计性实验等，培养学生实验设计、实施和测试分析的能力。

（3）课程设计　主干课程应设置课程设计，培养学生设计能力和解决问题的能力。

（4）生产实习　观察和学习各种加工方法；学习各种加工设备、工艺装备和物流系统的工作原理、功能、特点和适用范围；了解典型零件的加工工艺路线；了解产品设计、制造过程；了解先进的生产理念和组织管理方式。培养学生工程实践能力、发现和解决问题的能力。

（5）科技创新活动　组织学生参与科学研究、开发或设计工作，培养学生的创新思维、实践能力、表达能力和团队精神。

（6）毕业设计（论文）　培养学生综合运用所学知识分析和解决实际问题的能力，提高专业素质，培养创新能力。

5.2.4　汽车服务工程专业课程体系实例

1. 知识及其知识结构要求

知识是人类在实践中认识客观世界的成果，知识结构是指经过专门学习培训后所拥有的知识体系的构成状况与组合方式。合理的知识结构是胜任职业岗位的必要条件，是人才成长与发展的基础。职业岗位所需要的是知识结构合理、能根据社会发展和职业具体要求将自己所学到的各类知识科学地组合起来并适应社会要求的人才。由于知识结构具有整体性、有序性及动态性，因此建立合理的知识结构必须遵循整体性、层次性、比例性、动态性等基本原则。

（1）数学、自然科学相关知识　数学是学习和研究现代科学技术的基本工具，自然科学是人类认识及改造自然的实践经验的总结。自然科学以研究自然界的物质形态、结构、性质和运动规律为主要内容，包括物理学、化学等。数学、自然科学知识是工程教育、工程实践及技术创新的理论基础，是各类工程人才必备的知识。

汽车服务工程专业技术人员要掌握的数学知识包括微积分、级数、微分方程、线性代数、概率与数理统计等，还要掌握的自然科学知识主要是物理和化学的相关内容。

（2）工程基础理论相关知识　工程是应用数学和自然科学知识，使物质和能源的特性能够通过各种结构、机器、产品、系统和过程，以高效、可靠的方式产生有使用价值事物的活动；而工程基础理论是将数学、自然科学知识应用到具体生产过程中形成的知识体系，即依据数学、物理学、化学以及由此产生的力学、材料学、热力学和系统分析等知识。

汽车服务工程专业技术人员应掌握理论力学、材料力学、工程制图、机械设计、机械制造、电工电子学等工程基础理论知识；同时，随着汽车电动化、智能化的发展，还应掌握控制理论等相关知识，以提升汽车服务工程师的整体素质。

（3）专业技术相关知识　专业技术知识是指胜任职业岗位所需要的、在一定范围内相对稳定的系统化知识，具有针对性、实用性、具体性、多元性等特点。汽车服务工程专业技术人员除了应具备汽车产品结构、原理、性能、使用等设计制造、研究开发、试验检测、法规标准和运用维修等技术知识外，还要通过有关媒介及时了解专业发展的现状和发展趋势，熟悉和掌握本领域最新的理论和先进的技术，并能够主动地学习和应用。

（4）人文社科相关知识　主要包括：

1）政治理论知识。立德树人是高等学校人才培养的基本要求，因此大学生必须学习马克思列宁主义、毛泽东思想、邓小平理论、"三个代表"重要思想、科学发展观、习近平新时代中国特色社会主义思想以及中国近现代史等知识。

2）服务管理知识。汽车服务工程专业技术人员的职业岗位不仅是技术性，还有服务性和管理性。因此，本专业技术人员还应具有汽车服务工程领域相关的服务理论、市场营销、企业管理以及相关的法律法规等知识。

3）外语及其他知识。具有一门外国语知识，学习阅读、翻译、写作和表达方法，掌握足够数量的专业术语；具有文献检索及信息分析方法等知识，了解行业的发展方向及新理论、新技术、新方法的应用状况；具有军事理论、心理健康等知识，能够自主学习、更新知识，制定和调整自身的发展方向和目标，提高个人和集体的工作效率的能力。

2. 专业课程设置实例

（1）课程体系　本专业课程分为通识教育课程、专业教育课程、开放课程三种类型，又分为必修课程和选修课程两种属性。某校汽车服务工程专业课程设置示例见表 5-1。

表 5-1　汽车服务工程专业课程设置示例

类　型		属性	课　程　名　称	门　数
通识教育课程	—	必修	马克思主义基本原理；毛泽东思想和中国特色社会主义理论体系概论；思想道德修养与法律基础；中国近现代史纲要；思想政治理论研讨课；军事理论；大学外语；体育；大学计算机基础；大学生心理健康教育；习近平总书记系列重要讲话专题辅导	11
	—	选修	生态文明类（A）；历史与文化（B）；艺术与审美（C）；数学与自然科学（D）；社会、经济与管理（E）；创新创业（F）；国际化课程（G）；其他类别（H）。在 A、B、C、D（或 E）、F 中选修 2 学分；至少选修 12 学分	8
专业教育课程	学科平台课	必修	高等数学 A；线性代数；概率论与数理统计；大学物理 B；大学物理实验 B；大学化学；机械工程制图 A；理论力学；材料力学 B；电工电子学 A；机械制造基础 A；机械设计基础 A；机械精度设计；汽车控制基础；汽车工程类专业导论	15
	专业核心课	必修	汽车构造；汽车动力原理与性能；汽车控制技术；汽车营销学；汽车保险与理赔定损；汽车维修工程；汽车事故工程；新能源汽车结构与原理；汽车服务场站设计	9
开放课程	专业选修课	选修	专业英语；AutoCAD 基础；汽车试验学；电动汽车电池性能及维护；电动汽车充电技术及系统；智能汽车技术基础；汽车检测与故障诊断技术；汽车传感器与测试技术；汽车运用工程学；汽车运行材料；汽车再生技术；汽车营销心理学；汽车售后服务与管理；汽车服务信息系统；汽车评估；汽车供应链管理；汽车服务运作管理。选修 12 学分	8
	专业创新创业课程	选修	汽车服务工程领域学生创新创业导论；互联网 + 汽车电子商务服务；汽车服务工程专业创新创业项目方案设计。选修 2 学分	2

（2）实践教学　实践教学是巩固理论知识和加深对理论认识的有效途径，是培养具

有创新意识的高素质工程技术人员的重要环节，是理论联系实际、培养学生掌握科学方法和提高动手能力的重要平台，也是应用专业知识、提高分析和解决复杂工程问题能力的有效途径。以培养学生实践能力、创新能力为核心构建实践教学体系，包括实验、实习、实训、课程设计、毕业设计（论文）等环节，共计 31 周 10 门 32 学分。主要有：金工实习 B、汽车构造实习、机械设计课程设计、汽车服务场站设计课程设计、汽车控制技术实习、创新设计实习、专业综合实习、毕业实习、毕业设计（论文）。

另外，结合学团活动还要求学生积极参与创新创业教育和社会实践活动第二课堂课程，全面提高学生的综合素质。社会实践活动安排在每学年的暑期进行。

（3）课程结构比例　课程设置主要分理论及实验教学和实践教学两大环节。最低毕业要求学分为 160 分，培养计划安排理论及实验教学课总学时 2238 学时，计 128 学分，占总学分 80%；培养计划安排实践教学课计 32 学分，占总学分 20%。按表 5-1 所示的汽车服务工程专业课程设置示例中所列各门课程的学时及学分，计算的学时及学分比例见表 5-2。

表 5-2　汽车服务工程专业课程体系的学时及学分比例

课程设置			学时	学分	学时比例（%）	学分比例（%）	总学时比例（%）	总学分比例（%）
理论及实验教学	必修课	通识教育课程	454	26	26.80/20.29	27.66/20.31	75.29	58.75
		学科平台课程	932	53.5	55.01/41.64	56.91/41.41		
		专业核心课程	308	14.5	18.19/13.76	15.43/11.72		
		合计	1694	94	100.0/75.29	100.0/73.44		
	选修课	通识教育课程	192	12	35.29/8.580	35.29/9.380	24.31	21.25
		开放课程	352	22	64.71/15.73	64.71/17.19		
		合计	544	34	100.0/24.31	100.0/26.56		
实践教学				32	—	—	—	20.00

注：1. 必修课程：学时比例(%) = ［课程学时/必修课总学时］/［课程学时/（必修 + 选修）课总学时］。
　　2. 选修课程：学时比例(%) = ［课程学时/选修课总学时］/［课程学时/（必修 + 选修）课总学时］。
　　3. 学分比例的计算方法与学时比例的相同，只是将学时数改为学分数即可。

基于"培养知识、能力和素质协调发展"专业技术人员的总目标，理论及实验教学与实践教学的总学分比例为 4:1，实践教学的能力培养过程相比过去的培养方案得到加强；必修课与选修课的总学时比例约为 3:1，任选课的学时数量也有一定的增加，且学校范围内开放课程的设置使学生学习感兴趣课程的机会增大，为学生在更宽的领域进行创新创业提供学习条件。在必修课程中，学科平台课程的学时占必修课总学时的 55.01%，占总学时（必修 + 选修）的 41.64%，突出了"厚基础"的培养目的；而且学科平台课程、通识教育课程与专业核心课程的学时比例接近 5.1:2.6:1.8，且通识教育课程（必修 + 选修）的总学时占 28.87%，强化了对综合素质培养的要求。

基于 OBE 理念和工程教育认证的毕业要求所构建的专业课程体系，要求每门课程应按照 OBE 理念重新设计教学大纲，组织教学内容，改革教学方法。在每门课程的教学大纲中，教学目标要与毕业要求的指标点对应，教学内容要支撑教学目标的达成。

5.3　新工科背景下的汽车服务工程课程体系建设

5.3.1　新工科专业内涵

新工科专业主要是指针对新兴产业的专业，以互联网和工业智能为核心，包括大数据、云计算、区块链、人工智能、虚拟现实、智能科学与技术等相关工科专业；或将云计算、人工智能、智能制造、机器人等先进技术用于传统工科专业的升级改造。相对于传统的工科人才培养要求，未来新兴产业和新经济需要的是：实践能力强、创新能力强、具备国际竞争力的高素质复合型新工科人才。

新工科专业分为新型工科专业、新生工科专业和新兴工科专业三类。

（1）新型工科专业　是针对传统的、现有的工科专业，面向产业未来发展需要，通过信息化、智能化或其他学科的渗透而转型、改造或升级等"更新"形成。更新改造传统学科专业，服务地矿、钢铁、石化、机械等产业转型升级、向价值链中高端发展。新型工科专业的"新"可以体现在人才培养全过程中的主要环节的改革、变化和发展。

（2）新生工科专业　是指由不同工程学科交叉复合或由工程学科与其他学科交叉融合而产生的新的工科专业，旨在培养满足和引领产业当前和未来发展需要的卓越工程科技人才。推动现有工科交叉复合、工科与其他学科交叉、应用理科向工科延伸，孕育形成新生交叉学科专业。

（3）新兴工科专业　是指应对新兴产业，以互联网和工业智能为核心的信息化、智能化和交叉学科的专业。其中包括大数据、云计算、物联网应用、人工智能、虚拟现实、基因工程、核技术等新技术；智能制造、集成电路、空天海洋、生物医药、新材料等新产业相关的新兴工科专业。

新生工科专业和新兴工科专业的设置是为了提前布局培养引领未来技术和产业发展的人才，需要在对国家及产业未来需求和发展方向的准确把握基础上，通过可行性分析、论证后慎重确立的专业。新生工科专业和新兴工科专业属于"增量补充"；新型工科专业属于"存量更新"。

新工科建设要求把握好"新工科"的内涵，统筹考虑"新的工科专业、工科的新要求"，加快培养新兴领域工程科技人才，改造升级传统工科专业，主动布局未来战略必争领域人才培养。因此，为能够及时或超前地为未来产业和行业发展培养出卓越工程科技人才，新工科建设的路径是：

（1）新型工科专业的建设　预测未来人才市场需求，改造升级现有专业，调整完善现有学科。

（2）新生工科专业和新兴工科专业的建设　预测未来人才市场需求，学科建设与专业建设同步进行。

"新工科"建设以新技术、新产业、新业态和新模式为特征，"新工科"研究与实践要体现新理念、新体系、新模式、新结构、新质量。重视人工智能与计算机、控制、数学、统计学、物理学、生物学、心理学、社会学、法学等学科专业教育的交叉融合，形成"人工智能＋X"复合专业培养新模式。创新大学组织形式，促进"理工""工工"结合，"工医""工农""工文"交叉，工科优势高校要对工程科技创新和产业创新发挥主体作用，综合性高校要对催生新技术和孕育新产业发挥引领作用，地方高校要对区域经济发展和产业转型升级发挥支撑作用。

5.3.2　新工科专业的核心知识范畴

（1）数据科学与大数据技术　大数据（Big Data）指无法在一定时间范围内用常规软件工具进行捕捉、管理和处理的数据集合，是需要新处理模式才能具有更强的决策力、洞察发现力和流程优化能力的海量、高增长率和多样化的信息资产。

数据科学与大数据技术是一门实践性很强的新兴交叉复合型学科，必须具有数学、统计学与计算机知识，并在上述知识背景基础上，交叉融合其他的专业知识技能，才能从事大数据系统研发、大数据应用开发和大数据分析。针对数据科学与大数据技术应用要求，应具有大数据思维并掌握计算机理论和大数据处理技术，从大数据应用层面（即数据管理、系统开发、海量数据分析与挖掘）系统地掌握大数据应用中的各种典型问题的解决办法，提高解决实际问题的能力以及将领域知识与计算机技术和大数据技术融合与创新的能力。

（2）智能科学与技术　人工智能是研究、开发使机器能够胜任一些通常需要人类智能才能完成的复杂工作，模拟、延伸和扩展人的智能的一门新技术科学。2018年4月，教育部制定《高等学校引领人工智能创新行动计划》，设人工智能专业，进一步完善我国高校人工智能学科体系，旨在培养人工智能产业的应用型人才，推动人工智能学科建设。

智能科学与技术是一门融合电气、计算机、传感、通信、控制等众多学科领域，多学科相互合作、相互研究的跨学科专业。涉及机器人技术、微电子机械系统、以新一代网络计算为基础的智能系统，及与国民经济、工业生产及日常生活密切相关的各类智能技术与系统等。

（3）物联网工程　物联网是基于互联网、广播电视网、传统电信网等信息承载体，让所有能够被独立寻址的普通物理对象实现互联互通的网络。物联网工程是个交叉学科，涉及通信技术、传感技术、网络技术以及 RFID 技术、嵌入式系统等多项技术。

（4）汽车新技术　当前，新一代信息技术与制造技术的深度融合，汽车正由典型的机械产品逐步演变为机电一体化、智能网联化的高科技产品，呈现出与能源、材料、电子、信息等相关产业紧密相连、协同发展的趋势。以互联网、大数据、云计算和人工智能等为代表的新技术，不仅在多个应用领域同时发生突破，而且各个领域之间又紧密联系、相互影响，引发汽车产业、产品与技术内涵和范畴的重新定义。

未来汽车产业将发生深刻变革，以低碳化、信息化、智能化等为特征，将催生全新的产品形态与商业模式，进而推动整个汽车产业格局和生态的重构。汽车产业的升级将是汽车智能制造和智能汽车产品的共同并行发展。

1）节能汽车技术。推动汽车低碳化方向发展进程，通过技术进步和重点产品的推广，汽车产业碳排放总量先于产业规模，在 2028 年提前达到峰值。新车油耗水平达到国际先进水平，形成自主、可控、完整的节能汽车产业链，具有知识产权的自主产品份额不断提升，包括先进动力系统、高效传动系统、多种混合动力以及轻量化、低阻等共性关键技术。

2）新能源汽车技术。新能源汽车逐渐成为市场上的主流产品，汽车产业初步实现电动化转型。全面掌握高能量密度动力电池、高效驱动电机、先进电控系统、全新整车平台以及低成本燃料电池等新能源汽车关键技术，并达到国际先进水平。以技术突破为支撑，推动新能源汽车销量不断提升，助力中国汽车产业低碳化进程。

3）智能网联汽车技术。智能网联汽车领域涉及车辆感知、决策及控制关键技术，信息交互关键技术以及高精度地图与定位等基础支撑关键技术。依托我国较为强大的信息产业实力和汽车产业规模，将在汽车领域实现信息化与工业化的深度融合，有效形成发展合力，推动汽车技术信息化、智能化发展。

5.3.3　汽车服务工程专业的新工科属性

汽车产业与技术的未来发展趋势是：

（1）能源的低碳化　汽车运用所需的能源由石化能源（高碳）、清洁能源（低碳）向脱碳能源（无碳）转变。

（2）动力的电动化　由燃油动力、混合动力、纯电动、增程式电动向燃料电池电动方向发展。

（3）产品的智能化　由辅助驾驶、部分自动驾驶、高度自动驾驶向完全自动驾驶方向发展。

（4）运行的网联化　智能网联汽车列队跟驰行驶。

因此，汽车服务工程专业技术领域的服务对象将是"低碳化、电动化、智能化、网联化"的汽车产品。汽车服务工程专业必须通过信息化、智能化或与其他学科的渗透，转型、改造或升级"更新"形成新型工科，才能适应社会发展对专业人才的需求。

5.3.4　汽车服务工程专业课程体系完善

1. 基于新型工科属性完善课程体系

汽车服务工程专业应以新型工科属性为建设方向，即面向产业未来发展需要，通过信息化、智能化改造升级。

人工智能具有技术属性和社会属性高度融合的特点，是经济发展新引擎、社会发展加速器。为适应传统经济向新经济转变对人才培养的新需求，主动调整高等教育结构、发展新兴前沿学科专业，新工科教育研究与建设的主要任务是：

1）主动设置和发展人工智能、机器人、智能制造、大数据等新工科专业。

2）推动现有工科专业面向人工智能、大数据、云计算、物联网等新技术，探索基于现有工科专业改造升级的新方向、新领域，逐步形成新的课程体系。

教育部在《高等学校人工智能创新行动计划》中指出，应加快人工智能在教育领域的创新应用，利用智能技术支撑人才培养模式的创新、教学方法的改革、教育治理能力的提升，构建智能化、网络化、个性化、终身化的教育体系。要求"根据人工智能理论和技术具有普适性、迁移性和渗透性的特点，主动结合学生的学习兴趣和社会需求，积极开展'新工科'研究与实践，重视人工智能与计算机、控制、数学、统计学、物理学、生物学、心理学、社会学、法学等学科专业教育的交叉融合，探索'人工智能＋X'的人才培养模式"。

信息化社会目前已进入以数据的深度挖掘与融合应用为主要特征的智能化阶段。计算机技术不仅是信息处理的工具和手段，更是成为解决专业问题的重要方式。因此人工智能的基础知识和基本方法逐渐成为智能时代需要掌握的基本知识，既是通识教育的有机组成部分，也是学科交叉的重要内容。人工智能与智能制造、自动驾驶、语音图像处理、医疗卫生、金融、教育等相结合，正推动新工科人才培养向智能化、自动化和精准化等目标转变。

2. 开设人工智能技术基础通识课程

传统的专业化教育模式把学习限制在一个狭窄知识领域，不利于全面发展。因此要重视通识教育，以培养学生的基本素质和能力。

（1）人工智能基础　使学生理解人工智能学科的基本概念和理论体系，了解该领域的主要研究内容、学科前沿及应用技术；掌握知识获取、知识建模、搜索、推理、学习、优化等人工智能相关领域分支的基本理论、典型方法和应用技术；理解人工智能与智能科学的定义、内涵及认知问题；具有适应该学科快速发展的应变能力以及不断学习的能力。

（2）大数据技术基础　使学生了解大数据技术的概念、原理、架构、应用、前沿发展现状和趋势等。了解并掌握大数据技术基础知识。具有运用所学大数据技术原理分析并初步解决工程问题的基本能力；具有独立获取知识、提出问题、分析问题和解决问题的基本能力；具有从事大数据相关岗位的技术能力；具有数据工程的理解、开发和应用的初步能力。

（3）Python 程序设计　使学生了解 Python 程序设计的概念、原理、技术、应用、前沿发展现状和趋势等；具有运用所学数据科学理论和技术手段分析并初步解决工程问题的基本能力；具有独立获取知识、提出问题、分析问题和解决问题的基本能力；具有运用 Python 程序设计解决本专业业务工作的初步能力；具有数据工程的理解、开发和应用的初步能力。

3. 以新技术应用及未来发展更新专业课程

针对汽车能源的低碳化、动力的电动化和智能化等技术发展方向，开设相关的专业课程，并用新技术、新方法、新理论等及时更新课程内容。

（1）节能汽车技术　在可预期的未来，传统内燃机汽车仍将占据汽车产品的主要份额，因此节能汽车是未来汽车产品的重要形态之一。

（2）纯电动和插电式混合动力技术　新能源汽车有助于国家能源结构调整，代表汽车的发展方向。纯电动和插电式混合动力汽车已经产业化，是未来 10～15 年内将逐渐成为汽车产品主流的关键所在。

（3）燃料电池汽车技术　燃料电池汽车是氢能源应用的重要领域之一，代表"脱碳入氢"的发展方向。

（4）智能网联汽车技术　智能网联汽车是新一轮技术变革和产业重构的前景，汽车生态圈的核心，也是实现汽车产业与技术转型升级的重要支撑。

（5）动力电池技术　支撑纯电动汽车和插电式混合动力汽车的核心，是新能源汽车普及的关键要素。

（6）汽车轻量化技术　作为共性基础技术之一，汽车轻量化是有效降低能耗及排放的重要领域。

（7）汽车制造技术　作为节能汽车、新能源汽车、智能网联汽车的共性基础，汽车制造过程中的低碳化、信息化、智能化技术应用，也是汽车技术发展的重要方向。

人工智能将深度影响新工科学科建设活动，既会促进新工科学科专业的生成或改造，也将促进新工科学科专业的融合发展。因此，应把人工智能教育融入"新工科"建设中，创新学科和专业建设理念与实践，开发"人工智能＋新工科"导向的课程，从人工智能基础和人工智能共性技术层面建设"人工智能＋新工科"通识教育课程体系。在人工智能发展列为国家战略的背景下，新工科建设中完善人工智能培养体系已成为专业建设的任务。

建议课后通过互联网查询汽车服务工程专业相关院校的网页、网站的专业介绍、人才培养等栏目提供的信息资料，进一步了解不同院校的汽车服务工程专业人才的培养特点、培养方向和培养方式等。

复习思考题

1. 培养方案主要包括哪些内容？培养方案的制定原则是什么？

2. 什么是教学计划？主要包括哪些内容？在教学过程中有何作用？

3. 请上网检索查询2所以上学校的汽车服务工程专业的培养方案，并与你所在学校汽车服务工程专业培养方案的培养目标和毕业要求进行对比，分析主要的异同点有哪些？

4. 请上网检索查询2所以上学校的汽车服务工程专业的教学计划，并与你所在学校汽车服务工程专业教学计划在课程设置、实践环节、学分要求等方面进行对比，分析主要的异同是什么？

5. 何谓新工科？新工科有哪几种类型？各有什么特点？

6. 新工科专业的核心知识范畴有哪些？你认为哪些知识与汽车服务工程专业紧密相关？

7. 汽车"新四化"的内涵是什么？

8. 以新技术应用及未来产业发展为需要的汽车服务工程技术知识有哪些？你对技术应用有哪些想法？

第6章

汽车服务工程专业实践教学要求

6.1 专业实践教学及其要求

6.1.1 实践教学在高等教育中的作用

为促进全面落实《国家中长期教育改革和发展规划纲要（2010—2020年)》，教育部等七部门2012年2月出台了《教育部等部门关于进一步加强高校实践育人工作的若干意见》（教思政〔2012〕1号），其主要内容如下：

1. 充分认识高校实践育人工作的重要性

1）进一步加强高校实践育人工作，是全面落实党的教育方针，把社会主义核心价值体系贯穿于国民教育全过程，深入实施素质教育，大力提高高等教育质量的必然要求。党和国家历来高度重视实践育人工作。坚持教育与生产劳动和社会实践相结合，是党的教育方针的重要内容。坚持理论学习、创新思维与社会实践相统一，坚持向实践学习、向人民群众学习，是大学生成长成才的必由之路。进一步加强高校实践育人工作，对于不断增强学生服务国家服务人民的社会责任感、勇于探索的创新精神、善于解决问题的实践能力，具有不可替代的重要作用；对于坚定学生在中国共产党领导下，走中国特色社会主义道路，为实现中华民族伟大复兴而奋斗，自觉成为中国特色社会主义合格建设者和可靠接班人，具有极其重要的意义；对于深化教育教学改革、提高人才培养质量，服务于加快转变经济发展方式、建设创新型国家和人力资源强国，具有重要而深远的意义。

2）进入21世纪以来，高校实践育人工作得到进一步重视，内容不断丰富，形式不断拓展，取得了很大成绩，积累了宝贵经验，但是实践育人特别是实践教学依然是高校人才培养中的薄弱环节，与培养拔尖创新人才的要求还有差距。要切实改变重理论轻实践、重知识传授轻能力培养的观念，注重学思结合，注重知行统一，注重因材施教，以强化实践教学有关要求为重点，以创新实践育人方法途径为基础，以加强实践育人基地建设为依托，以加大实践育人经费投入为保障，积极调动整合社会各方面资源，形成实践育人合力，着力构建长效机制，努力推动高校实践育人工作取得新成效、开创新局面。

2. 统筹推进实践育人各项工作

（1）加强实践育人工作总体规划　实践教学、军事训练、社会实践活动是实践育人的主要形式。各高校要坚持把社会主义核心价值体系融入实践育人工作全过程，把实践育人工作摆在人才培养的重要位置，纳入学校教学计划，系统设计实践育人教育教学体系，规定相应学时学分，合理增加实践课时，确保实践育人工作全面开展。要区分不同类型实践育人形式，制定具体工作规划，深入推动实践育人工作。

（2）强化实践教学环节　实践教学是学校教学工作的重要组成部分，是深化课堂教学的重要环节，是学生获取、掌握知识的重要途径。各高校要结合专业特点和人才培养要求，分类制定实践教学标准，增加实践教学比重，确保人文社会科学类本科专业不少于总学分（学时）的 15%、理工农医类本科专业不少于 25%、高职高专类专业不少于50%，师范类学生教育实践不少于一个学期，专业学位硕士研究生不少于半年。要全面落实本科专业类教学质量国家标准对实践教学的基本要求，加强实践教学管理，提高实验、实习、实践和毕业设计（论文）质量。

（3）深化实践教学方法改革　实践教学方法改革是推动实践教学改革和人才培养模式改革的关键。各高校要把加强实践教学方法改革作为专业建设的重要内容，重点推行基于问题、基于项目、基于案例的教学方法和学习方法，加强综合性实践科目设计和应用。要加强大学生创新创业教育，支持学生开展研究性学习、创新性实验、创业计划和创业模拟活动。

（4）认真组织军事训练　组织学生进行军事训练，是实现人才培养目标不可缺少的重要环节。各高校要把军事训练作为必修课，列入教学计划，军事技能训练时间为 2～3 周，实际训练时间不得少于 14 天。要通过开展军事训练，使学生掌握基本军事技能和军事理论，增强国防观念、国家安全意识，弘扬爱国主义、集体主义和革命英雄主义精神，培养艰苦奋斗、吃苦耐劳的作风。要积极争取解放军和武警部队对学生军事训练的大力支持，认真组织实施，增强军训实效。要突出抓好国防生军政训练，纳入教学课程体系，并为国防生日常教育训练提供必要的场地设施和条件，大力支持国防生参加部队实践活动。

（5）系统开展社会实践活动　社会调查、生产劳动、志愿服务、公益活动、科技发明和勤工助学等社会实践活动是实践育人的有效载体。各高校要把组织开展社会实践活动与组织课堂教学摆在同等重要的位置，与专业学习、就业创业等结合起来，制订学生参加社会实践活动的年度计划。每个本科生在学期间参加社会实践活动的时间累计应不少于 4 周，研究生、高职高专学生不少于 2 周，每个学生在学期间要至少参加一次社会调查，撰写一篇调查报告。要倡导和支持学生参加生产劳动、志愿服务和公益活动，鼓励学生在完成学业的同时参加勤工助学，支持学生开展科技发明活动。要抓住重大活动、重大事件、重要节庆日等契机和暑假、寒假时期，紧密围绕一个主题、集中一个时段，广泛开展特色鲜明的主题实践活动。

（6）着力加强实践育人队伍建设　所有高校教师都负有实践育人的重要责任。各高校要制定完善教师实践育人的规定和政策，加大教师培训力度，不断提高教师实践育人水平。要主动聘用具有丰富实践经验的专业人才。要鼓励教师增加实践经历，参与产业化科研项目，积极选派相关专业教师到社会各部门进行挂职锻炼。要配齐配强实验室人员，提升实验教学水平。要统筹安排教师指导和参加学生社会实践活动。积极组织思想政治理论课教师、辅导员和团干部参加社会实践、挂职锻炼、学习考察等活动。教师承担实践育人工作要计算工作量，并纳入年度考核内容。

（7）积极发挥学生主动性　学生是实践育人的对象，也是开展实践教学、军事训练、社会实践活动的主体。要充分发挥学生在实践育人中的主体作用，建立和完善合理的考核激励机制，加大表彰力度，激发学生参与实践的自觉性、积极性。要支持和引导班级、社团等学生组织自主开展社会实践活动，发挥学生在实践育人中的自我教育、自我管理、自我服务作用。

（8）加强实践育人基地建设　实践育人基地是开展实践育人工作的重要载体。要加强实验室、实习实训基地、实践教学共享平台建设，依托现有资源，重点建设一批国家级实验教学示范中心、国家大学生校外实践教育基地和高职实训基地。各高校要努力建设教学与科研紧密结合、学校与社会密切合作的实践教学基地，有条件的高校要强化现场教学环节。基地建设可采取校所合作、校企联合、学校引进等方式。要依托高新技术产业开发区、大学科技园或其他园区，设立学生科技创业实习基地。要积极联系爱国主义教育基地和国防教育基地、城市社区、农村乡镇、工矿企业、驻军部队、社会服务机构等，建立多种形式的社会实践活动基地，力争每个学校、每个院系、每个专业都有相对固定的基地。

6.1.2　实践教学方式及其特点

1. 实践教学及其意义

大学教育从某种意义上讲，是培养有知识、有能力的高科技专业人才的重要形式。这就需要大学生在校期间，必须在全面掌握专业知识和其他有关知识的基础上，加强专业技能的培养，在学习书本知识的过程中重视社会实践环节的锻炼和学习。要认真学好专业知识，积极参加社会调查和生产实践活动，努力运用现代化科学知识和科学手段研究并解决社会发展和社会实践中的各种实际问题。实践是检验认识正确与否的唯一标准，因此，将专业知识运用于社会实践，通过社会实践的反馈信息来验证专业知识的应用方法正确与否，从而形成两者的良性互动。

实践教学是巩固理论知识和加深对理论认识的有效途径，是培养具有创新意识的高素质工程技术人员的重要环节，是理论联系实际、培养学生掌握科学方法和提高动手能力的重要途径。有利于学生素养的提高和正确价值观的形成。实践性教学的意义与作用就在于：

1）知识来源于实践，应用于实践，要从实践走进课堂，又要从课堂走向实践。

2）实践—认识—再实践是人类认识的两次大飞跃，要发展学生思维，实践在其中有着决定性的意义。

因此，要让学生积极参与知识的形成过程，在实践中将自己培养成有实践能力的专业人才。实践性教学应包括两个方面，既"教"来源于生产的实际经验，又"学"直接运用于实践的方法，在实践中检验学习的效果。实践课程设置的理念之一就是将学生的学习实践、生活实践、社会实践紧密结合，按照实践过程整合课程体系。

2. 实践教学的主要形式

实践教学有不同的方式与层次。认知实习、基本技能训练、实验技能训练、生产实习、综合能力训练属于不同层次、不同阶段的实践方式；同样，伴随不同层次、不同阶段实践进行的参观、现场学习（教学）、经验交流、资料获取、毕业设计、总结提升，乃至创新也属于实践，或者说属于不同性质、不同方式的实践。显然，实践是分阶段、分层次的，其内涵极其丰富，具有多元性。

（1）认知实习　认知实习是最初级的实习，是一种感性的实习，重在感受工程的环境、氛围，体会工程的实现方式和过程，以参观为主，前期认知实习可以无关于工程理论学习（但会以此前获得的一些理论知识作为认知基础），也较少实际动手操作，重在听和看，是进入一个新的知识（专业）领域的重要方式。

（2）基本技能训练　基本技能训练是高于认知实习层次的实践方式，重在动手体验，把握操作的熟练性，无须过多理论知识支撑（部分理论知识可以通过现场教学完成），不涉及完整的理论体系。目的在于体会工程的不同完成手段和已有理论知识的实现过程，体验工程的严谨性、系统性，为继续深入系统学习理论课程和解决工程问题奠定基础，同时也有利于增强个人的生活技能。基本技能训练具有通识教育属性。

（3）实验技能训练　实验技能训练必须有理论指导，是深入学习、理解已有理论知识的实践方式，也是重现已有工程或科学理论的重要方法，实验需要基本技能作为支撑，并为后续的工程能力、科研能力训练打基础。这有利于个人分析问题、解决问题能力的提高，在理论教学与技能训练之间起到很好的衔接作用。

（4）生产实习　生产实习是经过较系统的专业知识（包括理论与实践）学习后进行的实践活动，是贯通前期理论知识、工程知识、实践动手能力的重要方法，是比基本技能训练、实验技能训练更高层次的训练。生产实习不仅要参与真实的生产过程，也涉及大量的现场参观与归纳总结，有利于综合能力的提升。

（5）综合能力训练　综合能力训练包括工程能力训练、科研能力训练，属于更高层次的训练，是融合理论知识、实现工程方法、酝酿创新意识的过程。例如，毕业设计可以认为是一种间接的探索性实践，创新活动则是一种更直接的探索性实践。就认知过程而言，探索性实践是一个再认知的过程，一定程度上类似认知实习，但是比认知实习层次要高得多，是循环提升以后更高层次的认知实习。

实践是分层次、分阶段的，实践绝不等同于技能训练，而且实践与理论相互包含，有很多交集。理论源于实践，实践又检验理论，将实践与理论完全剥离是一种不可取的倾向。从本质上讲，实践与理论学习都是获取知识的方式，过分强调实践或理论的独立性或重要性都是不对的，重要的是如何通过最优的组合方式更快更好地获取和创新知识。虽然获取知识的方式既可以是理论学习，也可以通过实践过程实现，但理论学习与实践学习应协调，而决不能对立。

更快获取知识的方式是理论学习与实践学习相结合，实践中认知、理解事物能深入浅出、激发兴趣，能将复杂问题具体化、形象化、简单化，这些独特的优势会加快知识的获取。实践与理论密切结合，重要的工程理论或科学理论的学习能通过实践或实验的方式在现场利用实物或模型完成，构成理论与实践的交集，能加快知识的获取和促进知识的巩固。

3. 实践教学的基本特点

从工程实践内涵的多元性和层次性来看，实践教学不是孤立的，即实践教学不仅要与理论教学、创新训练进行协同，而且要在校内、校外之间相互结合。首先，实践教学、创新训练与理论教学具有协同性。因为实践教学具有直观性，理论教学具有"举一反三"的特点，而创新训练具有综合性，因此各类教学过程之间存在着协同关系。其次，在完整的知识体系下相互支撑，各类实践教学既有区别，也有关联。

工程教育需要工程经历，需要与企业生产接轨。孤立的校内实践无法单独完成社会认可的实践教育，学生需要有社会认可的实践环境获得工程经历。工程实践具有丰富的内涵和多元性，工程实践教学有自己的发展阶段与层次，工程教育获取知识遵循"认知实习—理论学习—实践—再学习—再实践—探索性认知实践"的过程。目前，工程教育正逐渐改变理论教学为主、实践教学为辅的教学模式，逐渐向实践教学为主、理论教学为辅的认知规律转变。同时，校内外之间的工程实践教学的协同也更重要。

6.1.3　实践教学环节基本要求

实践教学有校内、校外两种形式，但不管采取哪种形式，都要积极参与，认真完成规定的实践任务。一般来说，中学学习阶段还不那么特别强调知识向实践的转换，大学则完全不同。大学特别是今天的大学必须要有针对性的实践性要求去学，不能将知识转化成实际能力的知识不是学到了真知识，不能将知识转化为实际能力的知识仍然不是已掌握了的知识。

专业课程是实践性、应用性很强的课程，课堂知识与生产实际、社会实际联系密切。大学生在实践性的教学环节中，通过观察和直接参与实践活动，能获得本专业领域的有关感性知识，掌握基本的实验及操作技能，把学过的理论知识放到实践中加以检验，运用理论知识对实际问题加以分析和解决，进而巩固所学的理论知识，培养自己的实践能力。因此，大学生对实践性教学环节必须高度重视，注重围绕所学专业在实践环节中的作用学习知识，培养自己的动手能力，不断完善自己的知识能力结构。

高等学校所培养的各类专门人才，不仅要掌握一定学科领域的理论知识和技能，而且要具备较强的创造思维能力、资料查阅能力、规划设计能力、实际操作能力、交流表达能力、组织管理能力和开发创新能力等。这些能力在一定意义上有赖于通过科研实践培养，进入专业课学习，学生已具备一定的知识和能力基础，积极参加各种学术讨论和研究活动，与老师和同学交流学习体会、探索新的问题，是培养综合素质的重要途径。

实践教学是加强专业知识深入学习，增加学生的感性认识，培养学生的探索精神、科学思维、实践能力和创新能力的综合性训练环节，在学生的专业素质培养中具有十分重要的作用。实践教学和课堂教学相结合，能够有效巩固和深化课堂教学成果，加深学生对汽车服务工程理论知识的理解，提高学生的学习主观能动性和实践能力。例如，结合课程教学内容进行课程实验，加深学生对理论知识的理解和掌握实际应用的方式；综合设计、课外创新活动等类型的实践教学，则可以充分发挥学生的想象力，培养学生的创新意识和创新能力。

6.2 汽车服务工程专业实践教学体系

6.2.1 专业实践教学基本要求

随着我国汽车工业的高速发展和汽车保有量的增加，汽车服务业对高素质人才的需求不断增长。在此背景下，我国普通高等教育院校本科逐步开始了汽车服务工程专业的申报和建设，旨在培养从事汽车营销、保险理赔、试验检测、维护修理以及汽车运用的技术与管理的复合型工程技术人才。实践教学是工科专业学生将所学的理论知识和工作实践结合起来的一个重要环节，是学生接触实际、了解社会的重要途径。通过教学实践环节，不仅可使学生更好地理解和巩固专业课的理论知识，更重要的是还可以提高学生的实践应用能力，培养学生的综合素质与创新意识，为学生今后的就业提前做好准备。

汽车服务工程涉及工学、管理学、经济学等学科知识，关注汽车出厂后，从进入流通销售、注册登记开始使用，直到报废回收过程的各种技术与生产活动，具有多学科交叉的特点。因此，汽车服务工程专业的实践环节设置与教学方式具有一定特点，其基本要求是：

1）汽车服务工程专业隶属于机械工程类专业，实践教学环节应满足机械类专业教学质量国家标准提出的基本要求，即汽车服务工程专业的实践教学环节应包括工程训练、实验课程、课程设计、生产实习、科技创新活动、毕业设计（论文）等。

2）与一般工科以生产过程为主的实践环节相比，汽车服务工程专业的实习还涉及相关服务的内容。汽车服务工程专业是以机械工程、管理等交叉学科知识为基础的专业，课程设置既有工程力学、机械设计基础、机械工程材料等机械类的基础课程，也有汽车市场营销、电子商务与物流管理、汽车服务企业客户关系管理等服务管理与营销类的课程。机械类课程的实践环节与生产过程密切相关，具有较为扎实的前期基础，内容设置上也与汽车技术结合较为紧密；而服务管理与营销类课程的实践环节则与服务运作过程紧密结合。

3）与传统的汽车运用工程专业不同，汽车服务工程专业属于新型本科专业。传统的汽车运用工程专业是以汽车集中使用条件下的"管、用、养、修"为核心业务，以汽车作为运输生产工具保证实现运输生产经济与社会效益为目的。因此，实习主要在汽车保养场、汽车修理厂等生产单位进行。而汽车服务工程专业是为了适应汽车保有量快速增长，满足汽车消费的民生需要，不仅为汽车制造商提供营销服务，而且还需要为消费者提供使用保障或权益维护等方面的技术性服务。因此，汽车服务工程专业的实践环节不仅仅是维护修理，还涉及产品营销、技术服务、权益保障以及回收利用等方面，实践教学内容由"专"转变为"宽"。

6.2.2 专业实践教学体系

1. 实践教学环节设置

实践教学对培养学生动手能力和创新能力具有重要的促进作用，依据循序渐进认知规律和建构型学习理论，按照"基本型实践—综合设计型实践—研究创新型实践"的思路设计实践教学环节。汽车服务工程专业设置的主要实践教学环节包括：

（1）基础型实践 主要包括课程实验、工程训练、认识实习等，是加深学生对理论课程教学内容的理解，加强学生对汽车服务行业感性认识的重要环节。

（2）综合型实践 主要包括课程设计、综合实习、生产实习、毕业设计等，需要学生运用多学科知识来完成，能够有效促进学生的实践能力、分析解决问题能力的培养和提升。

（3）研究型实践 主要包括各种课外科技创新活动、科技竞赛、参加教师的科研项目等，各实践环节由课内拓展到课外，以开放式并实行教师引导。要求学生自查资料、自选题目、自己设计实践步骤，亲自动手完成实践过程。研究创新型实践是鼓励学生个性化发展，激发学生的创造性，培养学生创新意识和创新能力的重要手段。

2. 实践教学模块划分

为鼓励学生个性化发展，充分发挥专业所具有的资源与优势，综合考虑汽车服务工程专业毕业生的就业去向，汽车服务工程专业实践教学模块划分为：

（1）课程实验模块 包括实验类课程（如大学物理实验）、课程实验、课内外实验项目等。实验主要是在实验室内针对某种原理、现象、规律进行验证，通过教师示范或学生亲自动手操作，使学生增强感性认识和加深对理论知识的理解，启发创新意识和引导应用研究方向。

（2）工程训练模块 工程训练是具有通识性的实践教学方式，其目的是给大学生以工程实践的教育、产品制造的了解、工业文化的体验，也是培养学生实践能力和创新意识的重要环节。与对机械专业开设的"金工实习"不同，工程训练是在准工业化生产环境中，通过示范、示教、设计、实训、实验和综合创新制作，使学生自己完成一系列的训练项目，直接获得生产方式和工艺过程的基本知识，接受生产工艺技术组织及管理能力的基本训练。

（3）教学实习模块 实习是要求学生参加实际生产活动，并对所学理论知识的应用进行了解、感受、体会、理解并有感性认识的过程；在保障安全的条件下，许多实习也要求学生亲自动手体验或掌握实际的操作技能，但本科专业的实习更注重在实习过程中发现问题和利用所学知识研究解决方案能力的训练。

（4）创新创业模块 以大学生创新创业训练计划项目（包括国家级、省级、校级）、教师自主设立科研训练计划项目、各类创新创业竞赛项目（如"挑战杯"、互联网＋大赛等）以及创业实践项目等方式进行，一般是由学生提出申请并通过评选立项后才能开展实践活动。

（5）社会实践模块 除人文社科类课程要求的实践以及创新创业活动外，还包括其他各类课外实践活动。

3. 实践教学体系结构

实践教学体系由校内实验平台和校外实验基地两部分组成，校内以教学实验中心或实验室为主，校外依托实践教学基地或相关实践单位。在校内实验中心和校外实训基地，学生可以进行系统的技术应用与创新训练，对培养学生的创新能力具有重要的作用。实践教学作为理论教学内容的一种验证，要求对实践（实验）的内容、过程及要求（结果）有系统的设计，强调学生主观能动性的发挥。依托校内和校外实践教学基地，形成"理论与实践结合、基础与应用结合、课内与课外结合、校内与校外结合、实践与创新结合"的实践教学体系，如图6-1所示。

6.2.3 专业实践教学主要内容

1. 主要实践教学环节

根据《普通高等学校本科生专业目录和专业介绍（2012年）》中对"汽车服务工程

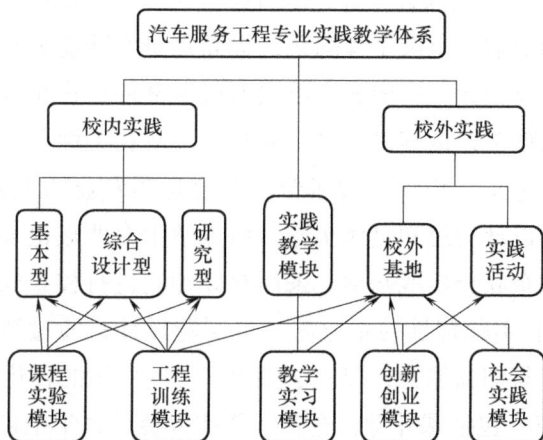

图 6-1　汽车服务工程专业实践教学体系结构

（080208）"的主要实践教学环节要求，主要包括：

（1）实训实习　包括工程实训、电工电子实习、课程设计、汽车拆装实习、汽车驾驶实训（本专业学生一般应获得机动车驾驶证）、汽车市场调查与营销商务实务、汽车检测与维修实习、汽车勘查与定损实训（实习）、毕业实习、毕业论文（设计）。

（2）专业实验　包括发动机性能实验、汽车使用性能实验、汽车诊断实验、汽车检测实验、汽车电子控制实验。

2. 实践教学主要内容

根据汽车服务工程专业实践教学特点和学生实践能力训练的要求，实践性教学的主要内容包括：

（1）基础实验和实践　基础实验包括物理实验、化学实验和计算机基础实验等；基础实践包括企业认识实习和社会实践等。基础实验主要针对低年级学生知识结构特征，要求学生初步掌握规范的实验基本技能和科学的思维方式，学会运用科学的实验方法和实验设计来分析解决问题。同时，通过汽车服务工程认识实习，使低年级学生了解汽车服务工程专业学习的基本方向、内容、专业现状和发展趋势。

（2）专业实验和实践　包括专业课程实验、专业技能实训和企业生产实习等，主要针对高年级学生已具备专业知识储备和实验操作能力，通过专业课程实验和专业技能实训提高实践技能，为进行企业实习和综合实践打下基础。

专业生产实习是专业实践环节中最重要的部分。根据汽车服务工程专业的特点及要求，围绕汽车服务工程领域的汽车运用保障、试验检测、产品营销、理赔定损、事故鉴定等技术服务、生产管理、研究开发等过程，到汽车维修厂、汽车检验站、汽车营销店、汽车保险公司、交通事故鉴定机构等单位进行实习。通过进行深入的实际生产和服务运营实习，可以培养学生发现、分析和解决问题的能力。

（3）综合实践环节　包括课程设计、综合技能实训和毕业论文（设计）等。通过综合运用所学专业理论知识解决复杂工程问题，提高自身实践能力和创新能力。课程设计是阶段性综合训练的主要形式，一般要完成典型机械部件或汽车零部件设计、汽车服务站场规划设计、汽车服务工艺流程设计等，使学生理解相关课程知识在设计中应用要求以及关联性作用。毕业论文（设计）要求学生综合运用专业知识解决复杂的工程问题，对解决方案进行完整的设计构思和具体实施，培养学生专业理论知识综合运用和创新实践能力。另外，依托校企联合实践基地，采用双导师制进行校企联合指导毕业论文（设计），鼓励学生参与具有实践背景的企业需求类课题设计；通过解决实际工程问题，提高学生自身的设计水平与创新能力，促使学生由学习向应用的转化。

（4）创新实践环节　包括课外学科竞赛、科技大赛、大学生创新创业训练计划以及科研能力训练项目等，一般以团队形式进行实践活动，如 FSAE 汽车设计大赛、HONDA 节能竞技大赛以及飞思卡尔智能车设计大赛等。为培养学生的创新实践能力，专门设置创新创业学分，学校或学院认定包括各类竞赛获奖、学术论文、发明专利、大学生创新项目及奖励等，或通过答辩进行成果考核。

6.3　汽车服务工程专业人才的创新创业教育

6.3.1　概述

1. 关于创新

关于创新（Innovation）一般有狭义和广义理解之分。狭义理解的创新概念是：立足于把技术和经济结合起来，即创新是一个从新思想的产生到产品设计、试制、生产、营销和市场化的一系列行动。随着人们对现代社会的科学、技术与经济发展、社会进步关系研究的深入，产生了对于创新概念的广义理解。

广义理解的创新概念是：力求将科学、技术、教育等与经济融汇起来，即创新表现为不同参与者和机构（包括企业、政府、大学、科研机构等）之间交互作用的网络。在这个网络中，任何一个结点都可能成为创新行为实现的特定空间。创新行为因而可以表现在技术、体制或知识等不同的侧面。

创新的目的是为社会提供新的产品或者将新的生产工艺应用到生产过程中去，这包括在技术上的发明创造和在商业上的实际应用。创新过程的重心是技术创新，技术创新需要其他方面的创新互相配合，例如组织创新、管理创新、体制创新等。

2. 关于创业

创业是创业者对自己拥有的资源或通过努力对能够拥有的资源进行优化整合，从而创造出更大经济或社会价值的过程。创业是一种劳动方式，是一种需要创业者运营、组织、运用服务、技术、器物作业的思考、推理和判断的行为。创业是一个人发现了一个商机并加以实际行动转化为具体的社会形态，获得利益并实现价值的过程。

3. 创新与创业的关系

成功的创新往往产生在创业的过程中，成功的创业离不开创新。创业是经济增长的重要驱动力，创新又是创业的原动力，能否激发创新与创业的经济环境具有密切的联系。创新与创业之间存在着巨大的差异，创新泛指发明成果应用在市场中产生商业价值的过程，而创业强调新商业是如何建立的，特指创建企业的过程。创新不一定涉及建设新的企业组织制度，能够在原有的企业组织框架内实现，但创业必然会涉及新的企业组织制度的建设。

创新与创业的集成融合关系为：一是创新是创业的本质和源泉，创业者要取得最终成功就必须拥有持续的、旺盛的创新精神和创新意识，以寻求新的思路、方法和新的模式；二是创业体现创新的价值，创新的价值是将潜在的知识、技术等转化为现实的生产力，创业者通过创业将科技成果推向市场，将其潜在的市场价值转化为现实的经济效益；三是创业推动并深化创新，科技创新在创业过程中能得到进一步的深化和改造，提高企业的创新能力，满足新市场的需求。

6.3.2　创新创业教育

1989 年，联合国教科文组织召开了面向 21 世纪教育国际研讨会，会议中提出创新创业教育是以培养创新创业精神和能力为核心的一种教育模式。它是一种健全人格式的教育，其根本目的就是转变人才的类型，即将就业型人才转变为创新创业型人才。创新创业教育被称为与学术教育、职业教育具有同等重要地位的新型教育。

所谓创新教育，是通过培养学生的创新思维方式，提升创新能力，鼓励学生在学习专业知识的基础上，发挥自己的特长与优势，以创新行为为导向，最终完成培养创新型人才和提升大学生综合素质的教育。

所谓创业教育，是培养受教育者的创业基本素质，提高受教育者的创业能力的教育活动，可以概括为通过传播现代教育理念，利用新的教育技术，提供相关的教育基地或者教学工具，培养创业者的教育活动。创业教育不仅顺应时代的发展与国家政策的调整，同时也符合高等教育改革的需要，对于提高大学生创新创业意识、缓解大学生就业压力有着重要意义。

创新创业教育以培养具有创业基本素质和开创型个性的人才为目标，不仅仅以培育在校学生的创业意识、创业精神、创新创业能力为主的教育，而是要面向全社会，针对那些打算创业、已经创业、成功创业的创业群体，分阶段分层次地进行创新思维培养和创业能力锻炼的教育。创新创业教育本质上是一种实用教育，集合了学生、教师、高校、社会四方的互动，培植全社会的创新文化和创新活力，建设创新创业的社会文化环境，全力推动大众创业、万众创新，这是个自上而下的过程。

总之，创新创业教育是将创新教育、创业教育、学生自身的专业教育三者结合起来，采用新型的教育模式，学生通过参加各类校内外实践活动，明确个人的目标，形成一定的思维模式，提升自身的素养，形成创新创业的行为。创新创业教育就是激发学生创新精神、创业的意识和创新创业能力，促进学生自身发展。

2015 年 5 月 4 日，国务院办公厅发布《关于深化高等学校创新创业教育改革的实施意见》（国办发〔2015〕36 号），全面部署了深化高校创新创业教育改革工作，提出深化高等学校创新创业教育改革是国家实施创新驱动发展战略、促进经济提质增效升级的迫切需要，是推进高等教育综合改革、促进高校毕业生更高质量创业就业的重要举措。全文由总体要求、主要任务和措施、加强组织领导三部分构成，主要内容包括有：

1. 指导思想

全面贯彻党的教育方针，落实立德树人根本任务，坚持创新引领创业、创业带动就业，主动适应经济发展新常态；以推进素质教育为主题，以提高人才培养质量为核心，以创新人才培养机制为重点，以完善条件和政策保障为支撑，促进高等教育与科技、经济、社会紧密结合；加快培养规模宏大、富有创新精神、勇于投身实践的创新创业人才队伍，不断提高高等教育对稳增长、促改革、调结构、惠民生的贡献度，为建设创新型国家、实现"两个一百年"奋斗目标和中华民族伟大复兴的中国梦提供强大的人才智力支撑。

2. 基本原则

（1）坚持育人为本，提高培养质量　把深化高校创新创业教育改革作为推进高等教育综合改革的突破口，树立先进的创新创业教育理念，面向全体、分类施教、结合专业、强化实践，促进学生全面发展，提升人力资本素质，努力造就大众创业、万众创新的生力军。

（2）坚持问题导向，补齐培养短板　把解决高校创新创业教育存在的突出问题作为深化高校创新创业教育改革的着力点，融入人才培养体系，丰富课程、创新教法、强化师资、改进帮扶，推进教学、科研、实践紧密结合，突破人才培养薄弱环节，增强学生的创新精神、创业意识和创新创业能力。

（3）坚持协同推进，汇聚培养合力　把完善高校创新创业教育体制机制作为深化高校创新创业教育改革的支撑点，集聚创新创业教育要素与资源，统一领导、齐抓共管、开放合作、全员参与，形成全社会关心支持创新创业教育和学生创新创业的良好生态环境。

3. 总体目标

2015 年起，全面深化高校创新创业教育改革；2017 年取得重要进展，形成科学先进、广泛认同、具有中国特色的创新创业教育理念，形成一批可复制可推广的制度成果，普及创新创业教育，实现新一轮大学生创业引领计划预期目标；到 2020 年，建立健全课堂教学、自主学习、结合实践、指导帮扶、文化引领融为一体的高校创新创业教育体系，人才培养质量显著提升，学生的创新精神、创业意识和创新创业能力明显增强，投身创业实践的学生显著增加。

《关于深化高等学校创新创业教育改革的实施意见》中对创新创业教育提出的主要任务是：

1）完善人才培养质量标准。制定、修订本科专业类教学质量国家标准，高职专业教学标准和博士、硕士学位基本要求，明确创新创业教育目标要求。

2）创新人才培养机制。建立需求导向的学科专业结构和创业就业导向的人才培养类型结构调整新机制，建立校校、校企、校地、校所以及国际合作的协同育人新机制，建立跨院系、跨学科、跨专业交叉培养创新创业人才新机制。

3）健全创新创业教育课程体系。根据创新创业教育目标要求调整专业课程设置，开发开设创新创业教育必修课、选修课。

4）改革教学方法和考核方式。开展启发式、讨论式、参与式教学，扩大小班化教学覆盖面。改革考试考核内容和方式，注重考查分析、解决问题的能力。

5）强化创新创业实践。促进实验教学平台共享。利用各种资源建设大学科技园、大学生创业园、创业孵化基地和小微企业创业基地。建好一批大学生校外创新创业实践基地，举办全国大学生创新创业大赛。

6）改革教学和学籍管理制度。设置合理的创新创业学分，为有意愿有潜质的学生制定创新创业能力培养计划。实施弹性学制，允许保留学籍休学创新创业。

7）加强教师创新创业教育教学能力建设。明确全体教师创新创业教育责任。聘请各行各业优秀人才，担任专业课、创新创业课授课或指导教师，形成全国万名优秀创新创业导师人才库。

8）改进学生创业指导服务。建立健全学生创业指导服务专门机构。健全持续化信息服务制度。

9）完善创新创业资金支持和政策保障体系。整合发展财政和社会资金，支持高校学生创新创业活动。落实各项扶持政策和服务措施，重点支持大学生到新兴产业创业。鼓励社会组织、公益团体、企事业单位和个人设立大学生创业风险基金。

《关于深化高等学校创新创业教育改革的实施意见》明确了创新创业教育目标要求，即"使创新精神、创业意识和创新创业能力成为评价人才培养质量的重要指标"。不同层次、类型、区域高校要结合办学定位、服务面向和创新创业教育目标要求，制定专业教学质量标准，修订人才培养方案。相关部门、科研院所、行业企业要制修订专业人才评价标准，细化创新创业素质能力要求。探索建立以需求为导向的学科专业结构和以创业就业为导向的人才培养类型结构调整新机制，促进人才培养与经济社会发展、创业就业需求紧密对接。高校要打通一级学科或专业类下相近学科专业的基础课程，开设跨学科专业的交叉课程，探索建立跨院系、跨学科、跨专业交叉培养创新创业人才的新机制，促进人才培养由学科专业单一型向多学科融合型转变。学校各层面所承担的创新创业教育任务，如图6-2所示。

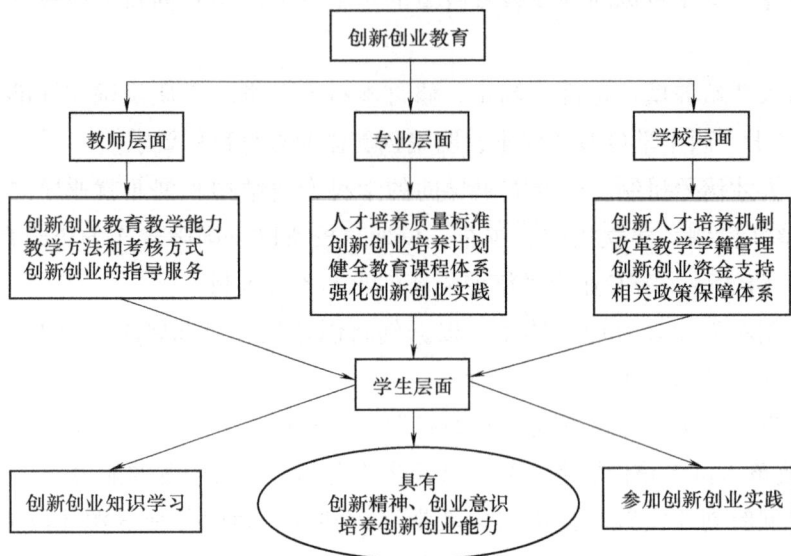

图6-2　学校各层面所承担的创新创业教育任务

随着信息时代的到来，科技飞速发展，汽车服务领域因其巨大的市场需求和盈利空间，无疑可以产生创新火花、开展创业活动。以网约车和共享单车为代表，基于互联网＋、大数据挖掘、云计算、无人驾驶等新理念和新技术，各类智慧化、精细化、人性化的交通创新应用服务层出不穷，极大地提高了人们日常生活和工作出行的服务品质和出行效率。全面了解汽车服务的创新创业现状，总结存在的问题，分析汽车服务创新创业愿景、创新创业条件，基于学生实际开展有针对性的创新创业教育。

6.3.3　专业人才的创新创业能力

1. 创新创业能力要素

创新能力是在技术和各种实践活动领域中不断提供具有经济价值、社会价值、生态价值的新思想、新理论、新方法和新发明的能力。创业能力是一个人或团队从事创业所具有的能力，具体包括开拓创新、组织沟通、风险承担等方面。由于创新创业能力是一种既具备实践能力、创新能力，又具备创业潜能的复合型能力，所以这两个"能力"密切相关。

（1）创新能力基本要素　创新不同于对其他事物的模仿，应具有新颖性。其可以表现为过程创新、结果创新，也可以是方法创新等形式。创新不仅仅只是一个概念，还是一个动态变化过程。从不同视角出发，对创新具有不同的解释，如从技术创新视角包含方法创新、过程创新等。构成创新能力的两个主要要素就是创新思维能力和创新实践能力。创新思维能力是创新能力的基础，思先于行，新思维的成熟度决定了创新的实用性和效益。

首先，知识的积累是创新思维的基础。知识的丰富程度或深度能够决定一个人的社会价值。通常在高等教育中以通识教育和专业教育为主，最主要的目标不仅是为了让学生具备某种知识，而是为了能够促进学生对所学知识的融合与应用，能够做到学术创新或应用创新。

其次，创新能力的关键在于实践应用。人类除本能之外的所有能力均是通过学习所得，因此学习能力成为限制创新能力发展的因素之一。学习能力并不是日常学习考试的成绩高低，而是指对知识的应用过程中所表现出的发现问题以及对资源的获取、整合与应用等能力。创新往往体现在发现问题和解决问题的能力之中，因此，解决实际问题成了衡量学习能力高低的唯一标准，学习能力既是创新能力的外在表现，又是获得创新能力的关键，还是创新能力的构成要素。

（2）创业能力基本要素　创业能力的培养不能一蹴而就，需要对其构成要素逐步细化，了解创业能力的主体，实现创业能力的针对性培养。大学生创业对机会的识别与把握是创业成功的关键。从创业的概念来看，创业是不满足现有可控制资源而重新寻求和利用机会的过程。可见，把握机会的能力势必会影响创业效果。机会能力可以分为机会识别、机会评估和机会开发三个方面。

在市场经济条件下，创业是个人社会化价值的体现。机会识别是创业主体对创业机遇的认识和判别，是实现创业的关键；如何选择与识别有利的创业机会，是创业能力的必备要素。当识别出创业机会之后，评估机会的能力又成为进行创业的前提；因为机会有大有小、有合适与否之分，机会评估就是要判别出进行创业的最有利时机。当前创新创业已成为时代浪潮，大学生创业协会、创业大赛多不胜举，作为创业主体不能仅仅为了创业而创业，对机会不加预测和评估，片面追求效益和价值，会使创业走向低谷，甚至最后造成创业失败。因此，机会虽多，但仍需识别与评估，选择合适机会，实现创业初衷与社会价值。不管是机会的识别还是机会评估，基本上都是建立在机会成熟的基础上。当机会已经失去或者尚未成熟时，需要主动创造机会，即机会开发；主动适应变化，适时改变创业方向，才能使创业逐步展开并走向成功。

创业过程有低谷也有高潮，有失败也有成功，需要做到宠辱不惊，攻坚克难，坚持扎根实际，稳步前进。创业活动充满未知的可能性，面对既定或未知危险，需要具备抗风险能力和冒险精神，能够表现出稳定、积极的情绪，稳扎稳打，不急功近利，以此实现创业初衷。

2. 创新创业能力培养要求

大学生是创新、创业潜力最高的群体之一。大学生创新创业教育，是针对大学生而进行的以创新创业为核心的一种教育模式。《教育部关于大力推进高等学校创新创业教育和大学生自主创业工作的意见》指出，"高等学校创新创业教育要面向全体学生，融入人才培养全过程。要在专业教育基础上，以转变教育思想、更新教育观念为先导，以提升学生的社会责任感、创新精神、创业意识和创业能力为核心，以改革人才培养模式和课程体系为重点，大力推进高等学校创新创业教育工作，不断提高人才培养质量"。高校承担主体教育任务，大学生是创新创业教育的主体。

大学生创新创业教育内涵丰富，除了包含过去的创业项目及专业技术培训之外，还包括有关大学生开拓进取、创业意识的培养、崇尚科学、求知向上精神的培育、勇于探索创业能力的提升，以及对创业环境的认知、对创业实践的模拟尝试等。国家、社会、高校、大学生自身在实施创新创业教育过程中各有角色和任务，需要协同合作，全部行动起来，才能让大学生创新创业教育有的放矢，取得良好的效果。通过系统分析，大学生创新创业教育具有创新性、时代性、实践性和多维性的鲜明特征。

1）创新性主要体现在理念创新、知识创新、科技创新、内容创新和载体创新等。

2）时代性主要体现在发展阶段和教育取向上。我国的创新创业教育经历了创造教育、创新教育、创业教育和创新创业教育四个发展历程，不同时期具有不同的特点，创新创业教育是时代的产物。我国进入新的发展时代，建设具有国际竞争力的科技强国需要综合素质高的创新创业人才，高校开展创新创业教育，是顺应时代的需要，以时代为教育取向，培养人才。

3）实践性主要体现在教育过程和教育方式上。创新创业教育中的创新精神、创业管理、创业知识、创业大赛乃至创业项目都属于理论范畴，未经实践检验，按照创新的特性，创新需要用实践检验，所以说大学生创新创业教育具有实践性。

4）多维性主要体现在发展阶段、教育模式、学科领域以及教育对象方面等。

依据《机械类专业教学质量国家标准》中提出的"具备良好的学习能力、实践能力、专业能力和创新意识"的要求，结合汽车服务工程专业人才培养特点，对学生创新创业能力的培养有以下几方面基本要求：

1）创新创业能力应体现在思维方式、个人品质、知识基础等方面，符合国家高等教育改革的总体目标，也符合汽车服务工程本科专业人才培养要求。

2）创新能力应包括创新学习能力、创新思维及创新精神等。其中，创新学习能力主要是指发现问题能力、信息检索能力、知识更新能力等；创新思维包括直觉思维、逻辑思维、创新想象等；创新精神主要是指批判思维、责任承担、视野开拓以及质疑精神等。

3）创业能力主要包括机会能力、组织管理能力、创业精神、综合实践能力。机会能力主要是指机会评估能力、机会识别能力以及机会开发能力；组织管理能力主要是指团队建构能力、团队控制能力、战略决策能力、关系能力以及号召力；创业精神主要是指坚韧性、承担风险能力以及冒险精神；综合实践能力主要是指探索能力和行动能力。

3. 创新创业能力的培养过程

第一阶段：理解创新创业教育理念，做好创新知识基础学习以及创新思维训练。通过培养学生开放性思维能力，拓宽创新思维空间；在对创新创业有初步认识的基础上，引导学生进行初步的职业生涯规划，让学生意识到创新创业能力培养的重要性。

第二阶段：加强专业知识学习，深化创新精神和创业意识培养。将专业教育和创新创业教育融合并举，激发学生创新创业兴趣；鼓励学生交叉选课，促进不同学科专业学生间的交流与多维思考；在课堂教学中充分扩展创新思维训练或进行创业意向探讨，形成能力培养全方位效应。

第三阶段：强化学生技能培训，鼓励参加大学生创新创业活动，促进创新创业实践能力的培养。

第四阶段：通过实习实践等过程，强化实践能力的培养；充分发挥就业实践基地的作用，深化对责任担当、抗风险能力以及管理能力等创新精神与创业意识的认识；拓宽学生对专业、就业、行业等方面的了解，提供更多的专项辅导，了解创新创业政策及认识创新创业环境形势等。

此外，创新创业教育必须融入专业人才培养的过程。根据人才培养定位和创新创业教育目标要求，促进专业教育与创新创业教育有机融合，调整专业课程设置，挖掘和充实各类专业课程的创新创业教育资源，在传授专业知识过程中加强创新创业教育。面向全体学生开发开设研究方法、学科前沿、创业基础、就业创业指导等方面的必修课和选修课，纳入学分管理，建设依次递进、有机衔接、科学合理的创新创业教育专门课程群。专业教育与创新创业教育融合培养目标如图6-3所示。

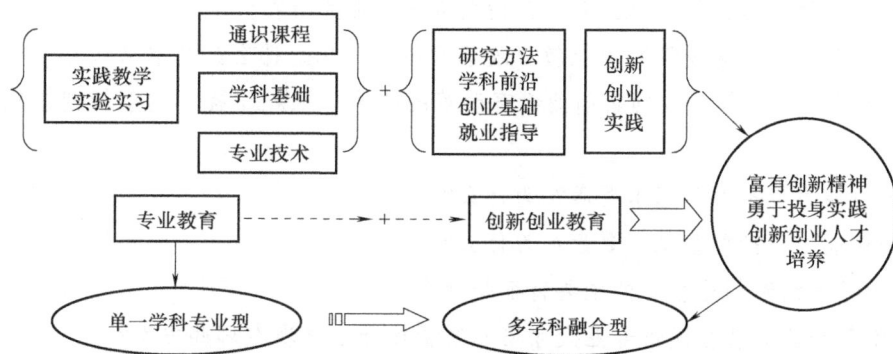

图6-3　专业教育与创新创业教育融合培养目标

创新创业教育能促进专业人才培养质量的提升，其主要表现在以下几方面：

1）创新创业教育是提升教育教学水平和人才培养质量的突破口，可有效地解决本科教育教学和人才培养中的实践能力培养"瓶颈"问题。

2）创新创业教育注重学生运用知识分析、解决问题的能力，有利于破除"高分低能"积弊。

3）创新创业教育强调的是"培养"，以提高人才培养质量为核心，促进高等教育与科技、经济、社会的紧密结合。

4）创新创业教育要解决"提升培养质量、补足培养短板、汇聚培养合力"问题。

5）创新创业教育体现的是"向学"导向，其中非常关注学术创新、科研攻坚，人才综合素质培养等问题，有助于形成管理者办学、教师教学、学生求学的理性认知与行动自觉。

6）创新创业教育要进行启发式、参与式教学，扩大小班化教学覆盖面，推动教师把国际前沿学术发展和实践经验融入课堂教学，注重培养学生的批判性和创造性思维，激发创新创业灵感。

创新创业是时代的发展产物，汽车服务工程专业学生要具备创新创业的能力，要成为符合社会需要的创新创业型人才，要通过系统的专业学习、大学四年不间断的培养，成为符合国家经济建设的合格人才。

复习思考题

1. 实践育人有何意义与作用？
2. 实践教学形式及其特点是什么？
3. 本专业的教学实践环节有哪些？如何进行？
4. 什么是创新？什么是创业？两者有何关系？
5. 何谓创新教育？何谓创业教育？何谓创新创业教育？
6. 关于深化高等学校创新创业教育改革的指导思想是什么？基本原则有哪些？
7. 《关于深化高等学校创新创业教育改革的实施意见》中提出的创新创业教育任务是什么？
8. 创新能力包括哪些基本要素？为什么？
9. 创业能力包括哪些基本要素？为什么？
10. 大学生创新创业教育的主要特征是什么？
11. 创新创业教育在促进专业人才培养质量提升上体现在哪些方面？
12. 结合专业特点，对创新创业有何实践计划？

第**7**章

国外汽车工程技术专业教育简介

7.1 国外大学本科专业设置特点

7.1.1 美国大学的专业设置

在美国高等教育的发展历程中,实用主义思潮贯穿始终,市场机制发挥着重要的作用,社会经济的发展带动了教育的发展,高校按照社会需求,积极规划,不断调整,寻求自我发展。因此,美国高校的专业设置具有以下特点:

1)专业名称可由学校根据不同的课程组合体系自主确定,名称不一,授予的学位也可能不同。

2)专业设置由学校自己确定,专业数量、类型都没有限制。

3)跨学科专业广泛,学生可以选择专业,也可以自主设计专业(加州大学伯克利分校称之为 Undeclared or Individual Major,加州理工学院称之为 Independent Studies Program)。

4)专业是一个形式概念,背后没有实体支撑。

在美国,一个新专业从开设、审核到最后执行往往需要很长的时间。美国高校要组织一个教授委员会专门研究新专业的开设,在设立新专业之前会讨论多个问题以求证其可行性。例如,高校现有资源是否达到设立此专业的条件、社会的需求状况等,最后由教授委员会深入调查研究决定。此外,学生可根据自己的兴趣组合课程形成特别专业。学生如果对学校已有的专业都不感兴趣,那么他可以从学校已有的课程中选择他所感兴趣的,前提是这些被选出来的课程能形成一个纵向的知识体系,然后制作专业课程体系计划并提交给学校相关委员会进行评审,若能通过审核方可开始学习,完成后校方可以授予相关的本科学位。

民间的评估组织对高校专业质量起到导向和保障作用。由于美国高等教育的多样性以及各州管理特点的差异,很难制定较为统一的高等教育评价标准,因此主要是通过美国高等学校的认证制度，即根据各地区对所辖州的高等学校进行认证，来规范高等教育的发展，保证高校的专业教育质量。认证程序主要有院校自我评价、认证小组的实地考察、委员会的评判。它的主要目的在于保障院校或学术项目的质量以及帮助院校或学术项目改进和提高。

7.1.2　英国大学的专业设置

英国具有深厚的文化传统，其高等教育也具有悠久的历史，其教育质量一流，牛津大学、剑桥大学、伦敦政治经济学院都是世界名校，英国高校的专业设置特点如下：

（1）政府管制较少，高校享有较多的权利　在管理体制上，英国政府一直未设高等教育的管理机构，教育和科技大臣负责组织制定教育改革政策，指导学校发展方向。英国各高等学校内部的基本管理方式是校院制，其管理特点是灵活多样，但校院之间的联系程度差别较大。英国高等学校的体制不一，但大多数大学的最高领导机构是最高管理委员会。例如，牛津大学的最高机构是教职员工全体会议；剑桥大学的最高管理机构是大学评议会。英国的学制短而紧凑，课程设置尤其贴近社会需要。

（2）课程设置灵活、多元且实用　随着全球经济化进程的加快，经济的发展则需要更多复合型的人才。近些年，英国大学的专业设置则更为灵活和多元化，目的就是满足学生发展以及社会的需求。例如伦敦城市大学的计算机系，其下属学科包括计算机科学和软件工程，其专业方向包括商业计算机工程、数据库图书馆信息等，这种专业设置方法就是为了更好地适应社会的多样需求且拓宽了毕业生的就业方向。除此之外，英国的专业课程特别实用，并非只讲授一些纯理论化的知识，部分专业还提供相应的实习岗位。例如，英国很多大学都开设了跨学科领域的商科课程，这样不仅可以使学生在原有专业的基础上多学习一些商科的课程，还为未来学生就业添加了一些筹码。

英国高校专业设置的具体实例如下：

（1）传统专业的创新　在英国，传统的强势专业主要有金融、财会、法律和商科等，这些传统专业依然在稳定发展，为了保住其较为强势的地位，这些传统专业在原有专业的基础上进行了创新。例如，传统的通信工程发展为新兴的移动传媒专业。

（2）根据全球性的问题开设新专业　随着国际经济发展，新型人才的需求也在增加，为此英国的一些高校还设置了不少贴近当今社会变化的新专业，如针对世博会，一些院校推出了体育管理、会展管理、房地产管理等专业，为博览会提供高级管理人才。随着全球气候不断变化，环保问题也开始被人们越来越多地关注，于是相应的碳管理（Carbon Management）、可持续设计等专业也适时推出。由此可见，英国高校的专业设置能够及时地反映社会的需求。

7.1.3　德国大学的专业设置

德国的高等教育曾经在世界上享有盛誉，在中世纪，德国就建立了古典综合性大学，高等教育有着悠久的历史。德国高校高扬"教学与科研自由，教学与科研统一"的旗帜，而随着社会和高等教育的发展，德国高校的任务是"为学生从事需要应用科学知识和方法或艺术创造能力的职业活动做好准备"。德国高校的专业设置特点概括如下：

（1）各高校在专业设置方面受到的限制很小，高校办学自主独立　德国在高校的管理体制上，除了国防军事学院、个别教会学校和私立学校以外，一般都由各州管辖，高校有很大的自治权利，这也能促进高校充分发挥自身优势和特色。在德国，高校有权决定学校的教学重点和科研方向，可根据需要加强纵向与横向联合，在教学内容和教学方法上不受国家规定和要求的限制。德国高校的学科划分更为综合，共有 7 大类，且课程体系设置较为灵活，高校专业特色明显。

（2）专业设置紧密联系社会需要　主要体现在以下几个方面：

1）大学课程注重基础教学，重在拓宽学生的知识面，尽量避免专业过细过窄，增加边缘学科的教学内容，允许学生跨专业选修课程，培养学生的综合素质，拥有多种就业途径。

2）科学研究注重实效，及时提高专业教学质量。科学研究紧跟社会经济发展的需要，与企业界建立了直接的联系，形成了产、学、研一体化的格局，富有成效地推动了高校教学，提高专业教学质量。

3）注重学生的实践能力和实习教学。在德国高校，不少专业明确要求学生在上大学期间应有一定的实习经历，且实习时间按不同专业的要求有所不同，目的是为了让学生提前熟悉业务，减少岗前培训时间。

（3）社会对于人才的需求预测基于严格的数据统计　德国还就高校数据的统计颁布了《高校统计法》，高校有义务上报数据，且数据的来源与真实性会被调查；其次，高校数据的处理及采集系统是由中介机构设计并维护的。

7.2　国外工程教育模式简介

7.2.1　概述

目前，世界的高等工程教育模式基本上是由德、美、法、日这四个国家的培养方式演化而来的，因此，它们的工程教育经验对各国都有一定的参考价值和借鉴意义。高等工程教育诞生于 19 世纪工业技术革命时期，随着工程实践的发展逐渐展开，各国在高等工程人才的培养思想、培养目标、培养模式、培养层次、学制上的特色各不相同。

国外的高等工程教育主要有两种代表性的模式。一种是以美国为代表，属于"通才型"培养模式，以打造"工程师胚胎"为目标。早期，美国的高等工程教育思想受德国的影响十分深刻，虽然美国的高等工程教育中缺乏充分的实践能力的培养环节，但是美国大多数企业都有完善的培训体系，甚至有的发展为"公司大学"。美国的毕业生在进入企业任职后的一段时间内，一般都会受到更加实际的、系统的、有针对性的培训，所以在就业后能迅速提高其实践能力，因而这种培养模式在美国这样的环境背景中运作得比较成功。另一种是以德、法等国为代表，强调专业型工程人才的培养模式，属于"专才型"培养模式。

各国高等工程教育的创新人才培养模式既有相似点也有各自的独特性。在教育国际化的大背景下，各国高等工程教育的创新人才培养模式有许多相同之处，如健全人才培养制度，有利于保证各项教育措施的落实；树立正确的人才培养目标，既重视知识学习，又注重能力培养，提高学生综合素质；注重学生的个性化和发掘问题等能力的培养；强调培养独立思考能力、创造能力、交流能力和合作能力，增强学生对未来科技与经济发展的适应性和灵活性；在机构设置上由单一系统向多种系统转变，由面向国内向面向国际化方向发展等。

许多国家的高等工程教育已具有国际通用性、开放性和交流性的国际化特征；在内容上，从重视科学教育向提倡科学教育与人文教育相结合的方向发展，各国普遍开始注意人文教育和通识教育，力争培养更为全面发展的人才，许多大学出现了文、理、工三方面的跨学科教育、跨学科研究，甚至出现了文科和理工科的双重学位课程，还有一些学校要求文、理科学生必须交叉学习一些课程；重视实践教学，人才培养模式围绕校企结合这一中心来开展；在人才评价上，都设立了严格的考核制度，同时引进了社会化评价机制。由于各个国家的历史、传统文化等原因，使它们的高等工程教育在实际操作上各具特色，下面分别介绍有代表性的高等工程教育模式。

7.2.2 德国高等工程教育——双元制模式

德国技术先进、基础雄厚，工程教育发展最早，一直是工程教育非常突出的一个国家。德国工程教育在理念、模式等方面特色突出，有很大的影响力，被许多国家借鉴和学习。

德国的高等工程教育以培养工程师为目标，立足于成才教育。经过不断的发展，德国已形成以校企结合为依托、以能力培养为本位的服务和人才培养体系。德国一贯提倡学术自由、教学科研相结合的指导思想，其教育培养体系较好地融合了教育与实践的关系，培养模式的特点如下：课程体系结构分为基础课程体系、专业课程体系和论文完成三个阶段；课程体系刚性组合、不太灵活，还有严格的考试制度，但是还是提倡学生有学习的自由，各校可以根据本地区的工业需要、本校学术传统和教师专长来定专业方向。

毕业生一般都可以在学校既学习到基础科学知识又拥有较强的实践能力，这与学校和企业有效地合作以及政府在其中起到的桥梁和纽带作用密不可分。

德国实行典型的"双元制"，一元是学校，一元是企业，双元有机结合，共同完成对学生的培养，使学校和企业相互支援、共同受益。一方面，企业按给予学校的财力支援比例来分享高等工科院校的教育科研成果；另一方面，学校通过接受企业的资金援助和工业实习机会来改善学校办学条件、培养学生的科研开发兴趣和提高学生的实践动手能力。在理论教育和实践培养过程中，注重挖掘学生的创造思维能力，努力拓宽学生的专业视野，培养学生发现、分析、解决问题的能力，以及自学、协作、创新的能力。高质量的工科教育为德国培养了大批高素质的实干家，推动了德国科技进步和工商业发展。

7.2.3　美国高等工程教育——研究指导型模式

美国高等工程教育受德国的影响较大，在借鉴德国的人才培养经验的同时，注重其自身的实践和发展并致力于创新，从而使其形成研究指导型模式。长期以来，美国高等工程教育为了适应多样化的需求，建立了从领导型到工程技术人员的多层次培养体系。

美国大学的本科生、研究生教育培养是连在一起的。在同一学科中，许多教师既担任本科生的教学工作又担任研究生的教学工作，这对于教师将研究成果运用于教学，使本科生能够尽早地涉足科学研究活动很有好处，而且学校有专门的机构指导每个学生选课。学校鼓励低年级学生直接参与教师的科研活动，与导师一起撰写科研论文，交流研究体会。例如，麻省理工学院教育改革计划名为"构思、设计、实施、操作"，鼓励本科生从一、二年级就开始参加研究项目。他们认为，研究本身就是教育。这种方式既将理论学习与实践较早地结合起来，又熟悉了基本的科学研究方法，大大提高了学生学习的积极性和解决问题的实际能力。

美国从 20 世纪 90 年代中期以来，特别关注大学理工教育的改革问题，将改善大学的科学、数学、工程学和技术（SME&T）教育看成是塑造美国未来的中心任务。1994年，美国政府发布的政策性文件——《科学与国家利益》中就明确提出了大学理工教育的目标：一是造就 21 世纪最优秀的科学家和工程师；二是提高全体美国人的科学和技术素养。美国高等工科院校确立创新教育思想，崇尚自由竞争和个人奋斗，崇尚对事业的追求与高度负责的工作态度，强调生活的富有应来自勤奋与努力，强调个人的智慧、毅力、能力和自信心是事业成功的关键因素，注意理性分析，讲求实际和办事成效，培养出了一大批为人类创造财富，且有远见卓识、创新开拓精神的人才。

7.2.4　法国高等工程教育——学校本位模式

法国的高等工程教育发展历史悠久。法国的工程教育实施精英教育，高等工程教育由综合性大学和工程师学院承担。法国工程师学院不仅划归国家，还隶属于技术性部门，享受政府全额拨款。学生必须通过严格的考试后才能入学，并实施优胜劣汰机制。

法国的高中毕业生要经过两年的预科学习，通过选拔考试后才能进入工程师学院学习。这种严入严出的体制保证了学校的教学质量和文凭的含金量，使工程师学院教育成为"精英教育"，工程师学院培养的工程师就业前景非常好。

法国建立了一套国家、学校、社会、教师和学生五位一体的工程教育培养体系，以学校为主体培养人才。法国高等工程教育人才培养模式最显著的特点就是注重实用性，围绕着教育与企业的实际紧密结合，在课程设置、教学手段、实践实习等方面体现出以下特色：教学计划注重应用性，实施开放式教育；教育手段灵活，鼓励创造性思维，课堂气氛活跃；学校注重理论与实践相结合，以"多科性"和"多面性"为特色，既学习科学基础，也学习工程技术；同时重视学生到工业企业实习，对学生进行综合性工程素质的培养。企业实习是法国工程教育的典型特点，企业实习计为课程学分，使职业教育贯穿整个工程教育过程，使学生融入职业环境的深度和适应企业环境的能力都比较突出。此外，法国工程教育的学科间互相渗透，富有弹性，学生选择面大；注重国际化人才的培养和双语教学。

7.2.5　日本高等工程教育——产学合作的企业本位模式

日本的高等工程教育基本沿承了德国的教育模式，注重实践训练。同时，它也借鉴吸收了美国的工程教育模式，参照美国工程和技术认证委员会（ABET）的评估标准成立了自己的评估机构。其企业界设有完善的职业培训系统，在强化基础理论教学的同时，注重对专业领域全面知识的教授。

日本发展了产官学一体化的培养体系和以"工业实验室"为主的教育及科研体制，实行产学合作的企业本位模式，重视高校和企业的科技合作。日本高校引入市场机制，努力建立教学、科研、开发利用与生产实践一元化体系，建立联合研究制度、合作研究制度等多种形式的横向联合机制，高校通过和企业签订培养合同等方式与企业合作进行科学研究。

7.3　国外汽车工程技术专业概况

7.3.1　美国的汽车工程专业

汽车工程（Automotive Engineering）涉及以车辆为核心的机械、电子、电气、软件及安全等设计、制造及研发等活动。美国的大学很少单独设汽车工程专业，大部分都是机械工程专业的学习方向或分支。学生如果对汽车工程感兴趣，本科阶段可选择读机械工程专业。机械工程是以有关的自然科学和技术科学为理论基础，结合生产实践中的技术经验，研究和解决在开发、设计、制造、安装、运用和维修各种机械中的全部理论和实际问题的应用学科。涉及利用物理定律为机械系统做分析、设计、制造、运用及维修，所处理的主要问题是把能量及物料转化成可使用的物品。

以底特律大学（University of Detroit Mercy）机械工程专业为例，简单介绍汽车工程专业的培养方案及其课程计划。

底特律大学的机械工程专业由美国工程和技术认证委员会（ABET）认证，其机械工程专业本科的培养目标是：

1）培养能够用数学、自然科学和人文学科相关的基本原理分析工程产品和系统性能的工程师，无论他们是实习工程师还是进行毕业设计的学生。

2）培养擅长机械工程专业实践的工程师，包括在作业环境中，通过多种试验、分析或沟通的方法，识别问题并设计和实施技术解决方案的能力。

3）培养能认识到作为专业技术人员、管理者或具有广泛社会影响力的工程师的作用，不论作为雇员或雇主，应成为有社会责任的公民，在职业和生活中受道德原则的激励与约束。

机械工程专业毕业生应能解决以下问题：

1）产品的设计和制造。

2）零部件和系统的可靠性。

3）能量从一种形式转换为另一种形式。

4）以高效率和有效果的方式利用能源。

5）物理过程的检测和控制。

底特律大学机械工程专业的毕业要求是具有：

1）应用数学、自然科学和工程知识的能力。

2）设计和进行实验，以及分析和解释数据的能力。

3）设计一个系统、组件或过程的能力，以满足现实约束条件下的需求，如经济、环境、社会、政治、伦理、健康和安全，以及可制造性和可持续性。

4）在多学科团队中发挥作用的能力。

5）识别、确切表达和具体解决工程问题的能力。

6）对职业道德责任的理解能力。

7）有效沟通的能力。

8）了解工程解决方案在全球经济、环境和社会环境中为起到影响而所需的多方面教育能力。

9）认识到终身学习的必要性和能力。

10）了解专业技术现状及发展趋势，具有归纳总结目前存在主要问题的能力。

11）工程实践所必需的技术、技能和运用现代工程工具的能力。

12）应用数学原理的能力（包括多元微积分和微分方程）。

13）建模、分析、设计和实现物理系统、组件或过程的能力。

14）在热工或机械系统中专业工作的能力。

机械工程专业学士学位要求修完 142 学分。机械工程专业本科课程为学生提供了工程科学和设计方法学的深入知识，每一个研究领域的实验室工作经验和三个学期的企业合作任务实践都强化了学生对这些知识的理解。学生要有以团队为导向的设计经验，贯穿于课程学习的过程之中。在高年级要完成一个设计项目，应是具有挑战性的、涉及解决实际产品或过程的相关问题，并要利用工程科学和设计知识。

此外，五年制学士/硕士课程旨在使机械工程学士和机械工程硕士学位在 5 个日历年内完成。该课程计划允许合格的机械工程学士学生在其最后三个学期中修读三门研究生水平的课程，这些课程将满足本科学位要求，同时也为其研究生学位累积课程学分。

机械工程学士学位（Bachelor of Mechanical Engineering，BME）课程包括大学核心课程、机械工程的工程核心课程、机械工程专业课程（包括两门技术选修课）和合作教育课程，以及合作准备课程和三次暑期工作经历。底特律大学机械工程专业本/硕连读开设的主要课程见表 7-1。

表 7-1　底特律大学机械工程专业本/硕连读开设的主要课程

课程性质	Courses（Credits）	课程名称（学分）
工程教育基础课程	Engineering Ethics（2 Credits）	工程伦理（2 学分）
	Introductory Mathematics for Engineering Applications（3 Credits）	数学的工程应用概论（3 学分）
	Analytic Geometry and Calculus Ⅰ（4 Credits）	解析几何与微积分 Ⅰ（4 学分）
	Analytic Geometry and Calculus Ⅱ（4 Credits）	解析几何与微积分 Ⅱ（4 学分）
	Analytic Geometry and Calculus Ⅲ（4 Credits）	解析几何与微积分 Ⅲ（4 学分）
	Differential Equations with Linear Algebra（4 Credits）	微分方程与线性代数（4 学分）
	Applied Probability and Statistics（3 Credits）	应用概率与统计（3 学分）
	General Physics Ⅰ（3 Credits）	普通物理 Ⅰ（3 学分）
	General Physics Laboratory Ⅰ（1 Credit）	普通物理实验 Ⅰ（1 学分）
	General Physics Ⅱ（3 Credits）	普通物理 Ⅱ（3 学分）
	General Physics Laboratory Ⅱ（1 Credit）	普通物理实验 Ⅱ（1 学分）
	General Chemistry Ⅰ（3 Credits）	普通化学 Ⅰ（3 学分）
	Chemistry Laboratory Ⅰ（1 Credits）	化学实验 Ⅰ（1 学分）
	Basic Engineering Graphics and CAD（1 Credit）	工程制图基础和 CAD（1 学分）
	Intermediate Engineering Graphics and CAD（1 Credit）	中等工程制图与 CAD（1 学分）
	Engineering Computing & Problem Solving（1 Credit）	工程计算及问题解决（1 学分）
	Introduction to Programming Ⅰ（see Note）（3 Credits）	编程导论 Ⅰ（3 学分）
	Intro to Programming Ⅰ Lab（1 Credits）	编程导论 Ⅰ实验（1 学分）
	Introduction to Cooperative Education（1 Credit）	合作教育概论（1 学分）
	Professional Practice of Engineering（2 Credits）	专业工程实践（2 学分）
	Fundamentals of Engineering Practice（1 Credit）	工程实践基础（1 学分）
	Engineering Co-Op Ⅰ（2 Credits）	企业合作工程实践 Ⅰ（2 学分）
	Engineering Co-Op Ⅱ（2 Credits）	企业合作工程实践 Ⅱ（2 学分）
	Engineering Co-Op Ⅲ（2 Credits）	企业合作工程实践 Ⅲ（2 学分）
	Total：53 Credits	总计：53 学分

（续）

课程性质	Courses（Credits）	课程名称（学分）
机械 工程 专业 课程	Statics（3 Credits） Dynamics（3 Credits） Fluid Mechanics（3 Credits） Thermodynamics Ⅰ（3 Credits） Science of Materials（3 Credits） Fluid Mechanics Laboratory（1 Credits） Principles of Electrical Engineering（3 Credits） Principles of Electrical Engineering Laboratory（1 Credits） Engineering Economy（3 Credits） Mechanics of Materials（3 Credits） Mechanics of Materials Lab（1 Credits） Heat Transfer（3 Credits） Heat Transfer Lab（1 Credits） Control Systems（3 Credits） Mechanical Measurements Lab（2 Credits） Thermodynamics Ⅱ（3 Credits） Manufacturing Processes（3 Credits） Manufacturing Processes Lab（1 Credits） Intermediate Mechanics of Materials（3 Credits） Machine Design（3 Credits） Computer Aided Engineering（3 Credits） Prototype Design Ⅰ（2 Credits） Prototype Design Ⅱ（3 Credits） **Total：57 Credits**	静力学（3 学分） 动力学（3 学分） 流体力学（3 学分） 热力学 Ⅰ（3 学分） 材料学（3 学分） 流体力学实验（1 学分） 电气工程原理（3 学分） 电气工程原理实验（1 学分） 工程经济（3 学分） 材料力学（3 学分） 材料力学实验（1 学分） 传热学（3 学分） 传热学实验（1 学分） 控制系统（3 学分） 机械测量实验（2 学分） 热力学Ⅱ（3 学分） 制造工艺（3 学分） 制造工艺实验（1 学分） 中等材料力学（3 学分） 机械设计（3 学分） 计算机辅助工程（3 学分） 原型设计Ⅰ（2 学分） 原型设计Ⅱ（3 学分） **总计：57 学分**
技术 选修 课程	**Vehicle System** Internal Combustion Engines Ⅰ（3 Credits） Noise and Vibration（3 Credits） Vehicle Dynamics（3 Credits） Internal Combustion Engines Ⅱ（3 Credits） **Innovation and Entrepreneurship** Interdisciplinary Design，Entrepreneurship，and Service（3 Credits） Innovation and Creativity（3 Credits） Front and Back Ends of Innovation（3 Credits）	**车辆系统** 内燃机Ⅰ（3 学分） 噪声与振动（3 学分） 车辆动力学（3 学分） 内燃机Ⅱ（3 学分） **创新与创业** 跨学科设计、创业与服务（3 学分） 创新与创造（3 学分） 创新前后期工作（3 学分）

注：机械工程专业要求有 6 学分的技术选修课，应是工科、数学或理科的高级课程（3000 或 4000 级），以加强学生在其专业领域的知识背景；除按专业领域列出的认可技术选修课程外，还包括经批准的电气工程、软件工程、数学、商业、高级电动汽车及创业方面的其他技术选修课，专业选修课含在平均绩点计算中。此外，除了上面列出的机械工程专业所需的课程之外，还必须满足大学核心课程要求。

机械工程师应具备利用涉及材料、力学、控制、结构和制造过程的技术知识和洞察力，处理诸如发动机、车身、发电机、起重机、空调、飞机机翼、液压泵和机器人等产品的物理现实。但也面临着复杂产品和系统带来的挑战和不确定性，而这些挑战和不确定性往往超越多个学科。除了使用经典和现代的工程科学原理外，机械工程师必须能够设计出经济可行、环境友好和社会可接受的工程技术方案；且与机械工程技术基础相结合而具有的分析问题和解决问题的能力，也可以成为商业、法律和医学等领域成功职业生涯的基础。

美国凯特林大学（Kettering University）也设有汽车工程专业，其学士学位开设的主要课程见表7-2。

表7-2　凯特林大学汽车工程专业学士学位开设的主要课程

课程类型	Courses（Credits）	课程名称（学分）
基础课	Engineering Graphical Communication（4 Credits）	制图（4学分）
	Statics（4 Credits）	静力学（4学分）
	Mechanics of Materials（4 Credits）	材料力学（4学分）
	Computer Aided Engineering（4 Credits）	CAE（4学分）
	Materials Engineering（4 Credits）	材料工程学（4学分）
	Dynamics（4 Credits）	动力学（4学分）
	Introduction to Mechanical System Design（4 Credits）	机械系统设计概论（4学分）
	Mechanical Component Design Ⅰ（4 Credits）	机械零件设计Ⅰ（4学分）
	Thermodynamics（4 Credits）	热力学（4学分）
	Fluid Mechanics（4 Credits）	流体力学（4学分）
	Dynamic Systems with Vibrations（3 Credits）	动力系统振动学（3学分）
	Mechanical Component Design Ⅱ（4 Credits）	机械零件设计Ⅱ（4学分）
	Heat Transfer（4 Credits）	传热学（4学分）
	Dynamic Systems with Controls（3 Credits）	动力系统控制（3学分）
	Introduction to Bioengineering Applications（4 Credits）	生物工程应用概论（4学分）
	Fuel Cell Science & Engineering（4 Credits）	燃料电池科学与工程（4学分）
	Energy and the Environment（4 Credits）	能源与环境（4学分）
	Mech Engr Free Elective（4 Credits）	机械工程选修课（4学分）
专业课	Introduction to Internal Combustion Engines and Automotive Power Systems（4 Credits）	内燃机及汽车动力系统概论（4学分）
	Advanced Automotive Power Systems（4 Credits）	先进汽车动力系统（4学分）
	Chassis System Design（4 Credits）	底盘系统设计（4学分）
	Introduction to Automotive Powertrains（4 Credits）	汽车传动概论（4学分）
	Hybrid Electric Vehicle Propulsion（4 Credits）	混合动力电动汽车（4学分）
	Vehicle Systems Dynamics（4 Credits）	车辆系统动力（4学分）
	Automotive Bioengineering: Occupant Protection and Safety（4 Credits）	基于生物工程的驾驶员保护及安全（4学分）
	Vehicular Crash Dynamics and Accident Reconstruction（4 Credits）	车辆碰撞动力学和事故再现（4学分）
	Compressible Flow/Gas Dynamics（4 Credits）	可压缩流体/气体动力学（4学分）
	Aerodynamics and Wing Theory（4 Credits）	空气动力学与飞行理论（4学分）
	Properties of Polymers（4 Credits）	复合材料性质（4学分）
	Mechanics and Design Simulation of Fiber-Reinforced Composite Materials（4 Credits）	纤维复合材料力学性质及设计（4学分）
	Plastics Product Design（4 Credits）	塑料产品设计（4学分）
试验课	Signals for Mechanical Systems Lab（1 Credits）	机械系统信号分析实验（1学分）
	Dynamic Sys w Vibrations Lab（1 Credits）	机械系统振动分析实验（1学分）
	Energy Systems Laboratory（4 Credits）	能量系统实验（4学分）
	Dynamic Sys w Controls Lab（1 Credits）	动力系统控制实验（1学分）
	Bio and Renewable Energy Lab（4 Credits）	生物质和可再生能源实验（4学分）

（续）

课程类型	Courses（Credits）	课程名称（学分）
课程设计	Bioengineering Applications Project（4 Credits） CAD/CAM and Rapid Prototyping Project（4 Credits） Vehicle Design Project（4 Credits） Automotive Seminar I（4 Credits）	生物工程应用项目（4 学分） CAD/CAM 与快速成型项目（4 学分） 车辆设计项目（4 学分） 汽车研讨 I（4 学分）

7.3.2 美国的汽车技术专业

汽车技术（Automotive Technology）专业主要培养满足汽车后市场需要的汽车维修工程师、汽车维修服务经理、整车销售经理、配件销售经理、运输企业技术经理、汽车技术培训专家、汽车专栏编辑以及汽车产品工程师等专业人员，通过本科 4 年的专业学习，除具备汽车专业知识和汽车技术服务能力外，还应具有企业管理能力及与客户沟通的技能等。该专业与国内的汽车服务工程专业的人才培养目标和毕业要求几乎一致。

美国匹兹堡州立大学是全美仅有的 10 所设置 4 年制汽车技术学士学位（Bachelor of Science Degree in Automotive Technology，BST）的大学之一，被业界认为是美国同类专业的前三名，是将职业规划定位在汽车制造公司或从事汽车经销的最佳选择。为期 4 年的汽车技术专业课程，重点学习汽车、柴油机及重型设备的运用、维修及管理等。其毕业生可以在爱科（AGCO）、全州（Allstate）、美国本田（American Honda）、普利司通（Bridgestone Firestone）、卡特彼勒（Caterpillar）、CNH Industrial、菲亚特克莱斯勒汽车（Fiat Chrysler Automobiles）、康明斯（Cummins）、福特汽车（Ford Motor Company）、约翰迪尔（John Deere）、通用汽车（General Motors）以及马自达（Mazda）等公司就业。匹兹堡州立大学汽车技术相关专业概况，见表 7-3。

表 7-3　匹兹堡州立大学汽车技术相关专业概况

序号	专　业	学制	学　位	课程模块/专业方向
1	汽车维修技术 Automotive Service Technology	2	应用科学副学士 Associate of Applied Science（AAS）	由国家汽车技术教育基金会（National Automotive Technicians Education Foundation，NATEF）认证，为汽车诊断技术人员在汽车维修和经销企业工作提供培训。有两种选择： （1）2 年制应用科学副学士学位，需完成 64 学分，其核心是 50 学分的汽车维修技术课程，包括 7 学分的变速器课程，14 学分的通识教育课程。 （2）2 年制证书项目，所学内容对参加汽车维修能力（Automotive Service Excellence，ASE）测试至关重要；鼓励学生在完成汽车维修课程后，参加 8 个 ASE 认证领域的每项测试

（续）

序号	专业	学制	学位	课程模块/专业方向
2	卡特彼勒技术大师培训 Caterpillar ThinkBIGGER	2+2	应用科学学士 Bachelors of Applied Science （BAS）	（1）高级车辆系统（Advanced Vehicle Systems） （2）碰撞修理与保险管理（Collision Repair and Insurance Management） （3）经销商与企业管理（Dealership and Corporate） （4）运输管理（Transportation Management） （5）柴油机与重型装备（Diesel and Heavy Equipment） （6）汽车机械设计（Automotive Mechanical Design）
3	碰撞修理及保险 Collision/Repair and Insurance	2+2		
4	柴油机与重型装备 Diesel and Heavy Equipment	2+2		
5	汽车技术 Automotive Technology	4	技术学理学士 Bachelors of Sciencein Technology （BST）	4年制的汽车技术学士学位（BST）是从初级管理职位开始然后进入汽车行业管理高层的正确选择，通常是大城市雇主首先考虑的对象；同时，也是继续深造的基础；为学生提供了6个不同领域的选择，可以选择不同的专业方向模块，每个方向约21学分。在大多数情况下，将同时接受2年的普通教育课程和2年的汽车技术课程
6	技术学（汽车技术） Technology （Automotive Technology）	5	技术学理学硕士 Master of Science degree with a major in Technology	技术和人力培训系提供主修汽车技术的理学硕士学位，可以选择没有特别要求的或从9个有要求的领域中选择30~33学分课程，可为在技术、科学、管理和监督领域为工商界的技术和管理岗位的工作人员提供高级指导

注：1. 卡特彼勒技术大师培训课程计划是为已经完成卡特彼勒授权经销商维修技术培训的人员提供的额外教育，即平均绩点至少为GPA3.0的技术大师培训毕业生可以自动转学分至匹兹堡州立大学，最多可转64学分，柴油机和重型装备课程模块方向需达到60学分，在2年内可以获得应用科学学士学位。技术大师培训项目提供完整的技术管理、理论、逻辑、领导力和商业技能方面的指导，更好地拓宽知识面，为管理职位做准备，以成为更有价值的员工。课程将侧重于服务管理、制造管理，以及柴油机和重型设备知识，可以获得校内住宿以及额外的奖学金和实习机会。

2. 碰撞修理及保险课程计划是为获得了2年制碰撞修复副学士学位的人员提供的60学分必要知识课程和技能训练，以期能在碰撞修理和保险管理领域从事相关工作。获得副学士学位并保持至少GPA2.5的学生可将64学分转至匹兹堡州立大学，在2年内学生将获得应用科学学士学位。与2年汽车维修技术学位（AAS）一样，课程不仅提供完整的、实际的工作培训，而且还供技术管理、理论、逻辑、领导和业务技能，以拓宽知识，更好地为管理职位做准备，以成为更有价值的员工。可以获得校内住宿，以及额外的奖学金和实习机会。

3. 柴油机与重型装备课程计划是让学生深入了解柴油机及其在农业设备、建筑设备和重型商用车的应用。在为期4年的专业学习中，管理类课程是重点，旨在为学生在汽车、柴油机和重型设备制造业的成功职业生涯提供知识基础，授予应用科学学士学位（Bachelor of Applied Science，BAS）。

4. 学生可以从各专业方向领域中选择其中之一，每个方向的课程大约21学分。在大多数情况下，学生将同时接受2年的普通教育课程和2年的汽车技术课程。

根据就业地区的不同，汽车技术专业毕业生的起薪每年可能在35000~60000美元之间，到农村或小社区工作的毕业生可能会以较低的小时工资起薪，比如每小时10~15美元。事实上，匹兹堡州立大学最新的就业报告显示，2 年制汽车维修技术专业毕业生的就业率接近 100%。美国劳工统计局（Bureau of Labor Statistics）的数据显示，汽车维修技术人员的年薪中位数接近 40000 美元。毕业生的职业选择包括汽车维修工程师、重型装备或运输车辆检查员、汽车技术服务顾问以及零配件销售经理等。大多数社区学院或技术院校开设 2 年制汽车技术课程，并与相关的职业资格认证相结合。匹兹堡州立大学汽车技术专业的主要必修课程见表 7-4，汽车技术专业方向的主要选修课程见表 7-5。

表 7-4　匹兹堡州立大学汽车技术专业的主要必修课程

类型	Courses（Credits）	课程名称（学分）
基础课程	**Support Courses**（9 Credits） 1. Principles of Microeconomics（3 Credits） 2. Elementary Statistics（3 Credits） 3. Technical/Professional Writing（3 Credits）	基础课程（9 学分） 1. 微观经济学原理（3 学分） 2. 初等统计学（3 学分） 3. 专业写作（3 学分）
汽车技术核心课程	**Automotive Technical Core**（40 Credits） 1. Orientation to the Transportation Industry（1 Credits） 2. Mobile Electrical/Electronics（3 Credits） 3. Brake Systems（3 Credits） 4. Steering, Alignment and Suspension（3 Credits） 5. Engine Systems（3 Credits） 6. Manual Transmission and Drivelines（3 Credits） 7. Professional Development in the Transportation Industry（2 Credits） 8. Emerging Trends in the Transportation Industry（1 Credits） 9. Automatic Transmissions（3 Credits） 10. Mobile Climate Systems（3 Credits） 11. Engine Performance（3 Credits） 12. Mobile Fuels, Lubricants and Alternate Fuels（3 Credits） 13. Dealership Service Operations（3 Credits） 14. Hybrid, Electric, and Fuel Cell Vehicles（3 Credits）	汽车技术核心课（40 学分） 1. 交通运输业导论（1 学分） 2. 汽车电器与电子（3 学分） 3. 制动系统（3 学分） 4. 转向、车轮定位与悬架（3 学分） 5. 发动机（3 学分） 6. 手动变速器与驱动系统（3 学分） 7. 交通运输业发展（2 学分） 8. 交通运输新趋势（1 学分） 9. 自动变速器（3 学分） 10. 汽车空调（3 学分） 11. 发动机性能（3 学分） 12. 汽车燃料、润滑油及替代燃料（3 学分） 13. 营销服务运作（3 学分） 14. 新能源汽车（3 学分）
指导必修课程	**Select 7 Credits of approved electives from：See notes**[1] 1. Automotive Maintenance for All Majors（3 Credits） 2. Automotive Internship（3-6 Credits） 3. Fundamentals of Collision Technology（3 Credits） 4. Fall SAE Baja Team（1 Credits） 5. Spring SAE Baja Team（2 Credits） 6. Industry Tours in the Transportation Industry（1-2 Credits） 7. Diesel Engine Fundamentals（3 Credits） 8. Automotive Internship（3-6 Credits） 9. Current Topics in Automotive Technology（1-3 Credits） 10. Laboratory Teaching Internship（3 Credits）	从下列课程中选修经批准的 7 学分 1. 汽车维修（所有专业）（3 学分） 2. 汽车实习（3~6 学分） 3. 碰撞分析技术基础（3 学分） 4. 秋季 SAE Baja 团队（1 学分） 5. 春季 SAE Baja 团队（2 学分） 6. 交通运输业认识实习（1~2 学分） 7. 柴油发动机基础（3 学分） 8. 汽车企业实习（3~6 学分） 9. 汽车技术现状（1~3 学分） 10. 实验室教学实习（3 学分）

（续）

类型	Courses（Credits）	课程名称（学分）
指导必修课程	11. Fluid Power（3 Credits） 12. Failure Analysis（3 Credits） 13. Structural and Non-Structural Analysis（3 Credits） 14. Damage Analysis, Estimating, and Insurance Appraisal（3 Credits） 15. Service Techniques Laboratory（3 Credits） 16. On Highway Systems（3 Credits） 17. Advanced Engine performance（3 Credits） 18. Construction Equipment Systems（3 Credits） 19. Agricultural Equipment and Powertrains（3 Credits） 20. Dynamometer and Performance Testing（3 Credits） 21. Automotive Finishing and Refinishing（3 Credits） 22. Dealership Sales Operations（3 Credits） 23. Corporate Sales, Service, and Parts Management（3 Credits） 24. Introductory Electronics（3 Credits） 25. Introduction to Industrial Safety（3 Credits） 26. Welding Processes and Procedures（3 Credits） 27. Industrial Supervision（3 Credits） Notes[*1]：These courses cannot be used as electives and required courses.	11. 流体动力学（3 学分） 12. 失效分析（3 学分） 13. 结构与非结构分析（3 学分） 14. 损伤分析、评估与保险定损（3 学分） 15. 维修技术试验（3 学分） 16. 高速公路系统（3 学分） 17. 先进的发动机性能（3 学分） 18. 建筑施工设备系统（3 学分） 19. 农业设备和动力系统（3 学分） 20. 测功机和性能测试（3 学分） 21. 汽车表面涂装和修复（3 学分） 22. 营销运作（3 学分） 23. 售后服务管理（3 学分） 24. 电子学导论（3 学分） 25. 工业安全概论（3 学分） 26. 焊接工艺（3 学分） 27. 企业管理（3 学分） 注：这些课程不作为选修课，是必修课

表 7-5 匹兹堡州立大学汽车技术专业方向的主要选修课程

类型	Courses（Credits）	课程名称（学分）
先进车辆系统方向课程	**Select 21 Credits from：** Prolog to Electronics（2 Credits） Introductory Electronics（3 Credits） D. C. Circuit Analysis Methods（3 Credits） Fundamentals of Collision Technology（3 Credits） Introduction to Industrial Automation（3 Credits） Failure Analysis（3 Credits） Service Techniques Laboratory（3 Credits） Advanced Engine performance（3 Credits） Dynamometer and Performance Testing（3 Credits）	**从下列课程中选择 21 学分** 电子学概论（2 学分） 电子学基础（3 学分） 直流电路分析方法（3 学分） 碰撞修复技术基础（3 学分） 工业自动化概论（3 学分） 失效分析（3 学分） 维修技术试验（3 学分） 先进发动机性能（3 学分） 底盘测功机与性能试验（3 学分）
汽车结构设计方向课程	Engineering Graphics I（3 Credits） Statics（3 Credits） Computer Aided Design（3 Credits） Kinematics（2 Credits） Mechanics of Materials（3 Credits） Mechanics of Materials Laboratory（1 Credits） Thermodynamics（3 Credits） Mechanical Design I（3 Credits）	工程制图（3 学分） 静力学（3 学分） 计算机辅助设计（3 学分） 运动学（2 学分） 材料力学（3 学分） 材料力学试验（1 学分） 热力学（3 学分） 机械设计 I（3 学分）

（续）

类型	Courses（Credits）	课程名称（学分）
汽车技术方向课程	**Select 21 Credits from：** Fundamentals of Collision Technology（3 Credits） Diesel Engine Fundamentals（3 Credits） Fluid Power（3 Credits） Failure Analysis（3 Credits） Service Techniques Laboratory（3 Credits） Advanced Engine performance（3 Credits） Dynamometer and Performance Testing（3 Credits） Introductory Electronics（3 Credits）	**从下列课程中选择21学分** 碰撞修复技术基础（3学分） 柴油发动机基础（3学分） 流体动力学（3学分） 故障分析（3学分） 维修技术实验（3学分） 先进发动机性能（3学分） 底盘测功机与发动机性能试验（3学分） 电子学基础（3学分）
碰撞修理与保险管理方向课程	Welding Processes and Procedures（3 Credits） Fundamentals of Collision Technology（3 Credits） Structural and Non-Structural Analysis（3 Credits） Damage Analysis，Estimating，and Insurance Appraisal（3 Credits） Automotive Finishing and Refinishing（3 Credits） Dealership Sales Operations（3 Credits） Corporate Sales，Service，and Parts Management（3 Credits）	焊接工艺及要求（3学分） 碰撞修复技术基础（3学分） 结构与非结构分析（3学分） 损伤分析、评估与保险定损（3学分） 汽车涂装与修复（3学分） 经销商销售业务运作（3学分） 产品销售、维修服务和零件管理（3学分）
经销商和运输公司管理方向课程	Managerial Accounting（3 Credits） *Note：Can be substituted through approval of an accounting elective.* Fundamentals of Collision Technology（3 Credits） Dealership Sales Operations（3 Credits） Corporate Sales，Service，and Parts Management（3 Credits） Management and Organizational Behavior（3 Credits） Legal and Social Environment of Business（3 Credits） Principles of Marketing（3 Credits）	管理会计（3学分） 注：可以通过批准的会计选修课来代替。 碰撞修复技术基础（3学分） 经销商销售业务运作（3学分） 产品销售、维修服务和零件管理（3学分） 管理与组织行为（3学分） 企业的法律和社会环境（3学分） 营销原理（3学分）
柴油车辆与重型装备方向课程	**Select 21 Credits from：** Welding Processes and Procedures（3 Credits） Diesel Engine Fundamentals（3 Credits） Fluid Power（3 Credits） Failure Analysis（3 Credits） On Highway Systems（3 Credits） Construction Equipment Systems（3 Credits） Agricultural Equipment and Powertrains（3 Credits） Advanced Hydraulic Systems（3 Credits）	**从下列课程中选择21学分** 焊接工艺及要求（3学分） 柴油机基础（3学分） 流体动力学（3学分） 故障分析（3学分） 高速公路系统（3学分） 工程机械装备（3学分） 农业机械装备与动力系统（3学分） 先进液压系统（3学分）

注：2019—2020学年匹兹堡州立大学课程目录（2019.07.01修订）。

印第安纳州立大学设置汽车工程技术理学士学位（Automotive Engineering Technology，B. S.）课程计划，与国内汽车服务工程专业的人才培养目标和就业岗位类似。汽车工程技术专业重点是培训汽车行业的专业人员，使他们根据良好的管理实践和对汽车技术的透彻理解做出决策，专业注重管理技能，同时确保学生对汽车技术的理解。在学习分析解决技术问题基本知识的同时，也强调计算机应用和信息管理技能方面的知识。不仅要学习大学规定的基础课程，而且还要求掌握批判性思维、领导力、人际交往和沟通技能方面所需的知识。尽管汽车工程技术学士学位不要求辅修，但可在相关领域（如商业、制造、机械工程、包装或安全）攻读辅修课程。印第安纳州立大学汽车工程技术专业主要课程名称见表7-6。

表7-6 印第安纳州立大学汽车工程技术专业主要课程名称

类型	Courses（Credits）	课程名称（学分）
基础课程	**Mathematics and Sciences**（min 12 Credits）： **Science with Laboratory**： General Chemistry Ⅰ（3 Credits） General Chemistry Ⅰ Laboratory（1 Credits） General Physics Ⅰ（3 Credits） General Physics Ⅰ Laboratory（1 Credits） **Mathematics**： Calculus Ⅰ（4 Credits） or Analytic Geometry and Trigonometry（3 Credits） and Fundamentals and Applications of Calculus（3 Credits）	**数学和自然科学课程**（最少12学分）： **自然科学**（含实验）： 普通化学Ⅰ（3学分） 普通化学Ⅰ实验（1学分） 普通物理Ⅰ（3学分） 普通物理Ⅰ实验（1学分） **数学**： 微积分Ⅰ（4学分） 解析几何和三角（3学分） 微积分基础与应用（3学分）
专业基础课	**Electronics and Computer Technology**（3 Credits）： Electronic Fundamentals（3 Credits） **Mechanical Engineering Technology**（17 Credits）： Introduction to Technical Graphics with CAD（3 Credits） Introduction to Engineering and Technology（2 Credits） Fluid Power Technology（2 Credits） Fluid Power Technology Laboratory（1 Credits） Power Systems（3 Credits） Cooperative Industrial Practice（3 Credits） Economic Analysis for Engineering and Technology（3 Credits） **Technology Management**（3 Credits）： Quality Systems and Tools（3 Credits）	**电子学与计算机技术**（3学分）： 电子学基础（3学分） **机械工程技术**（17学分）： CAD制图（3学分） 工程与技术导论（2学分） 流体动力技术（2学分） 流体动力技术实验（1学分） 动力系统（3学分） 合作企业实习（3学分） 工程技术经济分析（3学分） **技术管理**（3学分）： 质量管理系统及工具（3学分）
专业必修课程	**Automotive Engineering Technology**（33 Credits）： Theory of I. C. Engines（3 Credits） Engine Systems and Controls（3 Credits） Automotive Chassis（3 Credits） Survey of Motorsports（3 Credits） Body Control Systems（3 Credits） Engine Fuels and Lubricants（3 Credits） Service Facility Organization and Management（3 Credits） Engine Thermodynamics（3 Credits） Diesel Engines（3 Credits） Fleet Management（3 Credits） Advanced Vehicle Technologies?（3 Credits）	**汽车工程技术**（33学分）： 内燃机原理（3学分） 发动机及其控制（3学分） 汽车底盘（3学分） 运动汽车检修（3学分） 汽车控制系统（3学分） 发动机燃料与润滑油（3学分） 服务设施的组织和管理（3学分） 发动机热力学（3学分） 柴油发动机（3学分） 车队管理（3学分） 先进车辆技术（3学分）

（续）

类型	Courses（Credits）	课程名称（学分）
专业选修课程	**Manufacturing**（3 Credits）： **Choose one from the following**： Fundamentals of Manufacturing Processes（3 Credits） Manufacturing Processes and Materials（3 Credits） Plastics Technology（3 Credits） Introduction to Materials，Processes，and Testing（3 Credits） **Computer Numerical Control Systems**（3 Credits）	**制造工艺**（3 学分）： **从下列课程中选择 1 门课**： 制造加工技术基础（3 学分） 制造工艺与材料（3 学分） 塑料加工技术（3 学分） 材料、工艺及试验（3 学分） **计算机控制系统**（3 学分）

汽车工程技术专业的一个重要特点是理论与实践相结合，学生不仅在实验室进行现代车辆的测试、诊断和维修等实验以获得实践经验（包括进行发动机性能测试），而且还通过参与合作实习计划获得真实的工作体验，即将校内学习的知识与校外实际工作结合起来。汽车工程技术专业的毕业生将就职于乘用汽车、商用汽车、农业设备、建筑设备和其他密切相关领域的制造或使用企业的技术与管理岗位，从事企业经营、客户服务、现场代表、性能检测、质量控制以及维修管理等。汽车工程技术课程计划经 ABET 工程技术认证委员会（网址：http://www.abet.org）以及技术、管理和应用工程协会（ATMAE）的认证。

7.3.3　英国的车辆工程专业

英国有超过 40 所大学设有汽车工程专业。早在 19 世纪末，作为工业革命发源地的英国，依靠雄厚的经济实力和优秀的人才，英国汽车工业迎来了黄金时代，涌现出劳斯莱斯、宾利这些著名汽车品牌。至今主要的英国汽车品牌有劳斯莱斯、阿斯顿马丁、宾利、罗孚、名爵、捷豹、MINI、莲花以及路虎。

汽车工程专业主要学习机械设计、制造、电工电子技术、计算机技术、信息处理技术及自动化等机械工程基础理论，学习汽车构造、汽车设计、汽车理论、汽车试验和汽车电子控制等方面的专业知识，接受现代机械工程师的基本训练。使学生具有从事车辆设计、制造、试验、检测、运行管理等方面的能力。英国车辆工程专业涉及内燃机技术、车辆动力学、控制系统并延伸至环境与能源方向，分别以 MSc in Automotive Engineering、MSc in Vehicle Engineering 或 MSc Sustainable Automotive Engineering（SAE）等列出课程计划。

英国的车辆工程专业本科学制一般是 3 年，可获得学士学位；如果继续学习 1 年还可以获得硕士学位。车辆工程专业的课程设置主要是为了满足现代工业对人才培养的需求，除学习基本的机械工程知识外，还注重培养在产品设计中考虑设计效果对环境的影响，以及所采用的方法是否对设计的产品有利。在学习的最后阶段，学校会从工业领域和学术领域来培养学生的专业综合能力。学生学习的项目被设计成一个课程模块，包括机械工程的核心课程，其目的是逐步提高学生解决问题的能力。

英国伯明翰大学车辆工程专业的第 1、2 学年课程都是机械专业的公共课程，如第 1 学年的课程有机械工程、电子电气和系统工程等跨学科课程。第 2 学年课程结束后，学生都面临是只完成学士学位课程还是继续攻读硕士学位的选择。如果只想获得学士学位，那么完成第 2 年的课程后有 1 年的时间到企业工作，然后再回校完成第 3 学年的课程；如果要继续攻读硕士学位，那么可以在完成第 3 学年的课程后再去企业工作 1 年，然后回来完成硕士阶段要求的第 4 学年的课程。英国伯明翰大学车辆工程专业课程设置情况见表 7-7。

表 7-7　英国伯明翰大学车辆工程专业课程设置情况

学年	第 1 学年	第 2 学年	第 3 学年	第 4 学年（硕士）
1	电气工程	工程数学 2	机械设计 B	计算几何学
2	工程材料	工业技能	动力传动和车辆工程	高等力学
3	工程数学 1	制造系统工程	设计和专业技能	生物燃料和燃烧
4	流体力学和能量守恒	力学 2	控制工程	先进热力系统
5	综合设计项目	机械设计 A	可持续能源和环境	高等车辆工程
6	工程计算导论	机电一体化	计算流体力学和有限元分析	制造过程的研究与发展
7	力学 1	热力学和流体	涡轮机械和可压缩流（硕士课程）	过程建模
8			工程数学 A + B（硕士课程）	微纳米技术
9			个人工程项目（学士）	生物医学工程
10				加工支持系统
11				机械工程概要
12				个人工程项目（硕士）

英国伯明翰大学车辆工程专业学士学位学制 3 年，再加 1 年的学习可以获得硕士学位。两者前 3 年的课程基本一样，每学年 7 门左右课程，每门课的上课时间是每周 1 次，每次 2 节课，每学期 11 周，共 22 学分左右。由于每门课的内容较多和时间有限，教师在课堂上讲得不多，但会突出关键和重点内容，然后引导学生课后自习，把学习的主动性交给学生。特别重视对学生团队协作能力的培养。例如，课程设计一般把学生分成组，每组都有具体的设计任务，需要组内的学生分工合作完成；最后由每个组推选代表来讲解设计内容，教师对每组进行评定打分。课程教学和学生实训与企业联系得相当紧密，这让学生在大学学习过程中就能深入了解企业，也让学生知道毕业后在企业所从事的工作。

哈德斯菲尔德大学（University of Huddersfield）汽车和赛车工程工学学士（Automotive and Motorsport Engineering BEng（Hons））及汽车和赛车工程硕士学位（Automotive and Motorsport Engineering MEng）课程计划，见表 7-8。

表 7-8　哈德斯菲尔德大学汽车和赛车工程工学学士学位及硕士学位课程计划

时间	Courses	课 程 名 称
第1学年	Engineering Communication and Materials Manufacturing Technology and Workshop Appreciation Professional Studies and Computing and Information Technology Mechanical Engineering and Science Mathematics Electro- Mechanical Systems	工程制图与材料选择 生产制造技术认识实习 专业导论（含计算机和信息技术应用） 机械工程与科学 数学 机电一体化系统
第2学年	Engine Systems Dynamic Systems Analysis of Materials Automotive Design Application and Management of CAD/CAM Manufacturing and Enterprise	发动机系统 动态系统 材料分析 汽车设计 CAD/CAM 的应用与管理 制造企业
第3年	Year 3- optional placement year	企业实习 1 年 （计划取得学士学位）
第3学年	**Core modules：** Aerodynamics and Computational Fluid Dynamics Design Analysis Project Quality and Production Management Final Year Project **Choose one from a list which may include：** Vehicle Handling and Performance Prediction Dynamic Analysis and Control	**核心课程：** 空气动力学及计算流体力学 设计分析 项目质量和生产管理 学士学位最后一年的研究项目 **请选择其中 1 项：** 车辆操纵性能及其预测 动态分析与控制
第4年	Year 3/Year 4 if undertake placement year	企业实习 1 年 （计划取得硕士学位，也可以在第 3 年进行）
最后一年	**Core modules：** Advanced Static Analysis Advanced Dynamic Analysis Vehicle Aerodynamics and Air Management Year 5 Group Project Finance for Managers **Option modules：** **Choose one from a list which may include：** New Product Development Vehicle Dynamic Performance Evaluation	**核心课程：** 高级静力学分析 高级动力学分析 车辆空气动力学 硕士学位第 5 年的集体项目 财务管理 **选择模块：** **从可能包括的列表中选择一个：** 新产品开发 车辆动态性能评价

　　汽车和赛车工程学士学位课程以技术理论为基础，以实践技能为重点，面向汽车和赛车运动工程领域。通过作业、考试和个人项目来评估学习进展，重点放在实际工作上。本课程学习时间的 24.7% 用于讲座、研讨会或辅导课等，所有的课程作业都要在学期内提交。课程由模块组成，每个模块都有一定的学分。每年的模块课程为 120 学分，

达到360学分才能获得学士学位资格。学分可以来自核心课、必修课和选修课的组合，如果每学年提前达到了120学分，可以根据任何专业、法定或监管机构的指导方针继续下一阶段的课程学习。

复习思考题

1. 根据国外大学本科专业设置的特点，你对专业有何进一步的理解？

2. 国外高等教育人才培养的典型模式有哪些？你对此有何认识？

3. 中外汽车工程技术专业的设置有何差异？如何理解这种差异？

4. 通过网络查询检索2~3所国外车辆工程、汽车技术专业的概况，并在培养方案及课程设置等方面与国内的专业设置进行对比分析。

第**8**章

汽车服务工程专业学生就业与考研选择

8.1 汽车技术发展与出行服务变革

8.1.1 汽车技术发展趋势

我国汽车产业取得了举世瞩目的成绩，产销量连续 10 年世界第一。但也必须意识到，我国正处于从汽车大国向汽车强国升级的过程中，关键的核心技术还有待巩固，自主品牌的影响力还有待提升。汽车产业的高质量发展必须提升创新力，只有创新行业才能不断进步。随着 5G、大数据、人工智能、云计算等技术的成熟，汽车产业发展也进入了一个新的时期。在传统汽车领域，不论是技术还是品牌影响力我国都很难超越发达国家，而汽车的电动化、智能化、网联化和共享化的发展趋势，使我国汽车产业迎来新的发展机遇。尽管我国在汽车年销售量突破 2800 万辆的规模之后，汽车产销量出现拐点，但也预示着汽车产业将进入调整转型时期，即由产销量高速增长阶段转向产品高质量发展阶段。

汽车产业与信息通信技术的深度融合正在不断丰富人们的想象，智能网联型汽车不仅具有远程操控、远程诊断、语音控制、信息服务等多场景应用功能；同时，车联网运营服务体系的建立也最大化地实现了车联网应用价值，可以为买车、用车到卖车的全生命周期提供服务，实现了从单纯的汽车生产商向全链条的服务提供商的转变。汽车智能化与网联化更是开启了"软件定义汽车"时代，除具备传统的通过语音控制导航、空调、音乐、搜索、紧急救援等功能，还具备筛查、预订行程等全新功能，智能化程度大幅度提升，实现了人与车的深度对话交流。国内电动汽车技术的部分领域已经达到汽车产业发达国家同等或领先水平，例如，到 2018 年底我国量产的动力电池单体能量密度达到了 $265W \cdot h/kg$，成本控制在 1 元$/W \cdot h$ 以下，与 2012 年相比，能量密度提高了 2.2倍，成本下降了 75%；国内大多数纯电动车的续航里程已经超过 300km，纯电动大客车整车质量已从 13t 缩减到 9t。

2019 年 12 月，我国工业和信息化部会同有关部门起草了《新能源汽车产业发展规划（2021—2035 年）》，其实施将推动汽车产业高质量发展，加快汽车强国建设步伐。我国新能源汽车产业的整体发展目标为：纯电动汽车成为主流，燃料电池汽车实现商业化运行，公共领域用车全面电动化，高度自动驾驶智能网联汽车趋于普及。到 2025 年我国新能源汽车新车销量占比达到 25% 左右，智能网联汽车新车销量占比达到 30%，高度自动驾驶智能网联汽车实现限定区域和特定场景商业化应用。未来，燃油汽车与新能源汽车的协同发展是个趋势。氢燃料在乘用车领域仍面临不少技术难关有待突破，未来一个阶段可能主要是在公交和城市物流车领域进行探索。因此，要提高技术创新能力，坚持整车与零部件技术创新并重，加强关键共性技术供给，推动电动化与网联化、智能化技术并行融合发展。其中，在"三纵三横"研发布局中，以纯电动汽车、插电式混合动力（含增程式）汽车、燃料电池汽车为"三纵"，布局整车技术创新链；以动力电池与管理系统、驱动电机与电力电子、网联化与智能化技术为"三横"，构建关键零部件技术供给体系。

要完善基础设施建设，合理布局充换电基础设施，依托"互联网＋"智慧能源，提升智能化水平，加快形成慢充为主、应急快充为辅的充电网络，鼓励开展换电模式应用。结合老旧小区改造、城市更新等工作，引导相关方联合开展充电设施建设运营，支持居民区多车一桩、相邻车位共享等合作模式。鼓励充电场站与商业地产相结合，建设智能立体充电站，提升公共场所充电服务能力，拓展增值服务。要推进氢燃料供给体系建设，提高氢燃料制储运经济性，因地制宜开展工业副产氢及可再生能源制氢技术应用，加快推进先进适用储氢材料产业化。开展高压气态、低温液态及固态等多种形式储运技术示范应用，探索建设氢气运输管道，逐步降低氢燃料储运成本。推进加氢基础设施建设，完善加氢基础设施立项、审批、建设、验收、投运等环节的管理规范。支持利用现有场地和设施，开展油、气、氢、电综合供给服务。支持有条件的地区开展燃料电池汽车商业化示范运行。

要推动智能路网设施建设，支持车路协同的无线通信网络发展。加快车用无线通信技术升级，不断满足高级别自动驾驶智能网联汽车应用。推进智能化道路基础设施建设，推进交通标志标识等道路基础设施数字化改造升级，加强交通信号灯、交通标志标线、视频监控设施、通信设施、车载终端之间的智能互联。要推动新能源汽车与交通融合发展，加快新能源汽车在分时租赁、城市公交、出租汽车、场地用车等领域的应用。创新智慧物流营运模式，推广模块化运输、单元化物流、无人物流等新模式应用。要围绕新能源汽车研发、制造和服务等全价值链环节构建新型业态，以产业链核心企业为龙头，以关键系统创新应用为牵引，以提升智能制造水平为支撑，优化发展环境，推动形成互融共生、分工合作、利益共享的新型产业形态。在推动产业融合发展上加强统筹协调，强化标准对接，促进新能源与智慧能源、智能交通、新一代信息通信深度融合，构建产业协同发展新格局。

汽车技术变革将重塑未来交通形态，针对车联网与自动驾驶技术、电动汽车及关键零部件技术、智能汽车与智慧城市建设、智能出行与共享服务等方面，将随着人工智能、大数据、云计算、移动互联网等新兴技术与汽车深度融合，才能达到降低营运成本、创造营运价值、实现消费体验，形成人、车、物一体化的生态交通新体系。

8.1.2　汽车出行服务变革

随着科技的发展，人们的出行方式与过去相比也将发生变化。在由个人拥有汽车向出行服务过渡过程中，出租车的无人化和出行方式的一站式平台化是两个最显著的方向。在这些变化过程中，汽车制造商要做出更多的改变。在未来出行方式变革彻底到来之前，汽车制造商们已经开始谋求自身转型。布局移动出行领域的汽车制造商们除了自建平台之外，大多都采用的是合资控股、资本注入、技术注入等形式。很显然，汽车制造商这么做既是为了企业的发展，也是为了能够在未来出行市场中确立角色与地位，向出行服务商转型可谓大势所趋。短短几年时间，几乎全部的主流车企都在向移动出行服务商转型或者开展相关布局。

出行服务商面临的挑战是市场的接受度，就是让公众使用公用汽车而不是私家车出行。出行服务要有客户思维，即结合客户的诉求把客户服务好，也要关注用户平台和客户体验。汽车制造商向出行服务商的转型应该是商业模式的拓展，出行服务只是汽车制造商拓展的新业务。新的挑战也是新的机遇，挑战和机遇是永远在一起的。如果商业模式早于技术，商业模式就不能盈利；如果技术早于商业模式，技术也无从落地。技术要跟商业模式相配合，只有默契的互相配合才能真正地落地，真正形成一个可持续盈利的商业模式。

8.1.3　汽车服务市场需求

纵观每次科技与产业革命都会带来产业链与产业形态的变化，并对用户需求与服务关系产生影响。核心技术与应用服务配合是汽车产业智能网联化发展的关键，用户需求的爆发性增长给汽车行业带来了巨大的挑战。汽车智能网联化的实现需要以安全的车载应用服务为基础，才能满足用户对车辆智能化、个性化日益增长的需求。智能网联汽车产业链复杂，跨界属性明显，服务场景多变，涉及汽车制造、移动通信、操作系统、车载芯片、消费电子等多个基础领域，只有行业间实现真正的开放合作，推动技术和资源的全面融合与优势互补，才能真正生产出满足消费者需求的产品。

跨界融合是汽车产业发展的趋势，科技与汽车后市场进行深度的融合，有助于汽车产业的可持续发展。随着出行服务和共享汽车等商业模式的出现，汽车服务也有新的业务和市场需求，如适应于新的汽车出行方式及汽车共享的在用汽车的日常补给、清洁养护、事故救援、状态监测、远程诊断以及维护修理等新的汽车服务业务。

首先，汽车后市场应以客户为中心，打造智能服务生态系统。从汽车行业来讲，过去的重点是造车，现在要转变到买车、用车、修车等一系列以用户为中心的业务过程。例如，买车的时候，能提供个性化定制服务；用车的时候，能提供使客户愉悦、提高驾驶体验的服务；修车的时候，能做到从事后维修转变到预防维修和预测维修。其次，以数据驱动发展服务业或者是制造业转型，即产品服务或产品＋服务。万物互联时代实现了数据信息搜集，并在数据信息的基础上进行感知、分类、预测和决策，可实现精准地执行且为客户创造价值。再者，强调生态协调，以用户全过程的应用场景为目标，开展全方位的客户体验满意的服务。

虽然我国汽车后市场起步较晚，但是国家相关政策对推动汽车后市场产业发展和深挖汽车后市场产业潜力也有相应的支持。资本布局也逐渐意识到汽车后市场业务对线下服务的标准化、场景化的依赖，以及专业化服务对于汽车后市场的重要程度。未来汽车后市场产业链将进一步整合，通过品牌化、标准化的方式形成更有效率的产业格局，为消费者提供更好的消费体验。维修门店有向规模化和专业化方向发展的趋势，特别是在新兴市场、品牌、设备、培训和高端教育的需求更为旺盛。

8.2　汽车服务工程专业人才需求

8.2.1　汽车制造业与服务业融合发展

2019 年 11 月 10 日，国家发展改革委等 15 部门联合发布《关于推动先进制造业和现代服务业深度融合发展的实施意见》（以下简称《实施意见》），针对制造业重点行业、服务业重点领域，提出了加快原材料工业、消费品工业、装备制造业、汽车制造等重点行业双向融合发展的 10 项可能路径。推动先进制造业和现代服务业深度融合发展，是顺应新一轮科技革命和产业变革的必然趋势，也是增强制造业核心竞争力、培育现代产业体系、实现高质量发展的重要渠道。

在完善汽车制造和服务全链条体系方面，《实施意见》提出要加快汽车由传统出行工具向智能移动空间升级。推动汽车智能化发展，加快构建产业生态体系。加强车况、出行、充放电等数据挖掘应用，为汽车制造、城市建设、电网改造等提供支撑。加快充电设施建设布局，鼓励有条件的地方和领域探索发展换电和电池租赁服务，建立动力电池回收利用管理体系。规范发展汽车租赁、改装、二手车交易、维修保养等后市场。破除汽车消费限制，探索推行逐步放宽或取消限购的具体措施，推动汽车限购政策向引导使用政策转变。另一方面，大力促进更新消费。以家电、消费电子等为重点，落实生产者责任延伸制度，健全废旧产品回收拆解体系，完善机动车、船舶和农机报废回收更新办法。

在培育融合发展新业态新模式方面，加快工业互联网创新应用。以建设网络基础设施、发展应用平台体系、提升安全保障能力为支撑，推动制造业全要素、全产业链连接，完善协同应用生态，建设数字化、网络化、智能化制造和服务体系。加强全生命周期管理。引导企业通过建立监测系统、应答中心、追溯体系等方式，提供远程运维、状态预警、故障诊断等在线服务，发展产品再制造、再利用，实现经济、社会生态价值最大化。

8.2.2 汽车后市场规模及其形态变化

根据《中国汽车后市场蓝皮书》的数据显示，每 1 元的购车消费会带动 0.65 元的汽车售后服务。此外，伴随着汽车消费水平的提升，对汽车养护的认识发生了变化，"三分修，七分养"的理念得到认可。经过测算，未来汽车后市场的规模将突破 2 万亿元。我国现阶段汽车后市场的利润占比低于 20%，距成熟的后市场还有较大差距。

随着互联网、大数据、云计算、人工智能、3D 打印等技术进入汽车领域，汽车产业进入全面变革时期。能源、环境、安全等挑战带来了汽车产品的 6 大转变：从人驾驶车转变为自动驾驶，从拥有使用转变为共享使用，从机械耗能转变为移动能源，从移动工具转变为出行服务，从信息孤岛转变为智能终端，从汽车制造转变为汽车智造。由于汽车产品特性及其使用方式的变化，必然导致汽车服务形态的变化，主要表现在智能网联汽车将从设计研发、采购制造、销售使用等环节，促进汽车产业链价值量的提升。随着对数据的有效挖掘，汽车产业大数据逐渐生成新的衍生品——汽车大数据产业。在汽车大数据时代，以数据驱动的互联、互动为核心的智能制造体系即工业 4.0，将覆盖汽车生产制造全领域；厂商将从集中式生产转变为分散式生产，从只有产品转变为"产品＋数据"，从生产驱动价值转变为数据驱动价值，产业结构发生重大转移。汽车不仅是运输工具，还是大数据的发生承载器。大数据在提升汽车产业的生产制造水平、改变汽车经营业务模式及改善消费者体验等方面将发挥作用。

近年来，"互联网＋"使传统的维修保养环节扁平化，催生出多种业态模式，促进汽车服务行业转型升级。由于"互联网＋"具有叠加属性，使国内汽车后市场进入了新常态，即电商化和 O2O 化。国内汽车后市场未来将会呈现以下趋势：

（1）品牌化和连锁化 品牌化提高了受众群体、增强客户黏性，而连锁化则使得企业在采购、仓储、物流、销售等环节拥有更精细化的管理，从而有效地降低成本，提高企业运转效率。

（2）O2O 深度垂直化 产业链上游进一步对配件厂商、配件经销商进行渠道扁平化，完成相关的采购、仓储、物流建设，产业链下游需对线下直营加盟店进行标准化管理、加强用户生态建设等。

汽车是人工智能应用的重要领域之一，被认为是继智能手机之后智能应用的集成平台。为确保和提高汽车的功能和安全性能，汽车制造厂商正在为汽车加装越来越多的传感器，每辆汽车基于各类传感器的监测数据达到 5 ~ 250GB/h，无人驾驶汽车等新型概念车产生的数据则更多。同时，有关汽车安全以及位置信息服务的数据感知与交互也越来越受到重视，并成为汽车服务的重要内容。快速增长的汽车在途状态数据，一旦与现有的制造和研发数据结合起来，将为汽车生态系统内的所有公司提供巨大的价值拓展空间，带来汽车的电动化、轻量化、智能化、网络化相互融合。

8.2.3　汽车服务工程人才的就业方向

根据《中国汽车工业年鉴》的统计，汽车制造业规模以上整车和零部件企业的从业人数 2016 年为 483 万人，研发技术人员占比 23% 以上，约 110 万人。以前汽车人才被划分在机械大类中，自 2015 年起国家职业分类大典将从事汽车产品、工艺、商务研发、设计以及指导汽车产品生产和再制造的工程技术人员定义为汽车人才。随着新一轮科技革命风起云涌，汽车行业从思维理念到商业模式，都发生着巨大的变化，汽车产业迎来了转型升级时期，表现为人工智能推动融合发展、电动化浪潮汹涌来袭、无人驾驶方兴未艾、共享出行渐入人心。"汽车新四化"实际是汽车从传统的机械制造领域向电子信息、互联网领域逐渐融合的过程，也带来了交通出行的变革。

随着能源革命和新材料、新一代信息技术的不断突破，汽车产品加快向新能源、轻量化、智能和网联的方向发展，汽车不再是单纯的交通工具，汽车成了大型移动智能终端、储能单元、数字空间。汽车人才的内涵更加包容，汽车人才的外延也更加宽泛。传统车企跨界人才在 15% 左右，而新车企业跨界人才近 50% 左右。《中国汽车产业中长期人才发展研究（2016—2025）》课题组认为，汽车人才是指掌握一定的汽车产业及其相关专业知识或专门技能、为中国汽车产业的发展和创新进行创造性劳动并做出贡献的人才，即汽车产业人力资源中能力和素质较高的劳动者，也是汽车产业经济发展的关键资源和拉动要素。汽车产业处在百年一遇的深刻变革期，充满着机遇与挑战。汽车人才的内涵与外延，也会伴随产业的不断延伸变革而发生变化。因此，汽车人才的定义将会随着产业的快速发展而动态变化。

汽车产业的发展将带来未来出行方式的变革，共享经济的发展也必然带来人才的共享。新的用人理念和用人模式将不断涌现，企业用人观从"我拥有"向"我聚集"转变；企业使用人才将从"人才雇佣制"向"人才共享理念"转变，"平台 + 个人"的组合模式是未来社会的普遍形式；人才共享客观上要求从更广的角度、更大的范围、更高的效率来配置人力资源。"汽车产业紧缺人才目录"是我国首个针对汽车人才的指导目录，目录根据《汽车产业中长期发展规划》和欧盟汽车技能委员会的相关文件，并征集国内十多家汽车企业的意见最终形成的，包括整车与零部件、新能源与智能网联、后市场等三方面的 50 多个岗位。

至 2017 年底，共 383 所高等院校开设了与汽车人才培养直接相关的专业，其中开设车辆工程专业的学校有 296 所，年招生规模约 2.2 万人；约有 210 所高校开设有汽车服务工程专业，年招生规模合计约 1.4 万人。根据汽车人才研究会 2016 年统计数据表明，我国汽车从业人员当中，本科及以上学历的占比接近一半，主要分布在研发设计及其他技术岗位（如质量管理、生产管理、供应链管理、企划、标准化、知识产权管理等）。随着汽车产业向新四化趋势发展，除了传统的机械、车辆工程专业外，许多新兴专业领域及跨界人才也成为不可或缺的部分，如软件开发、计算机、大数据、电化学、材料学、电气工程、电力电子与电力传动、电机与电器等方面的人才。

产业边界扩大使汽车人才的定义变得宽泛，产业重构对人才需求造成重大变化。新一轮的科技革命和产业变革趋势下，数字化、网络化、智能化已经成为汽车产业发展的方向，全方位变革下的汽车产业对于人才的需求已经发生重大改变，具体的变化趋势如下：

1）对于经营管理人员，由于企业管理水平提升和信息化管理水平的提高，对经营管理人才的需求将会出现先降后升的情况。经营管理人才在企业总体人员结构中的比例将从目前的平均 5.5% 下降到 4.2% 左右。

2）对于研发人员，由于企业自主创新投入的不断加大，以及研发活动开始从产品开发领域向应用技术的基础研究领域延伸，与高校和各类科研机构在基础研究领域的合作越来越多，对研发人员的需求愈加强烈。研发人员在企业总体人员结构中的比例将从目前的平均 17.4% 提高到 22%～30%。

3）对于技术人员，承担着企业发展规划编制、质量管理、生产管理、供应链管理、设备维护和营销管理等职责，是企业高质量发展中不可缺少的力量。随着企业更加注重战略层面的谋划和产品质量、生产效率的提升，技术人员队伍的规模也将稳步扩大，技术人员在企业总体人员结构中的比例将从目前的平均 25.3% 提高到 30%～33%。

4）对于生产工人，随着智能制造的应用，高技能人才队伍将大发展，普通技术工人的数量将下降。高技能人员在企业总体人员结构中的比例将从目前的平均 4.8% 提高到 10%～19%，越来越多拥有大专或本科学历的人员投入到生产一线，成为高精尖设备的操作者，而普通技术工人在企业总体人员结构中的比例将下降。

5）对于在汽车企业集团从事营销工作的人员，随着汽车营销模式的不断创新和互联网技术的快速发展，未来的汽车营销必将呈现线上线下多种模式并行的局面，社会上营销企业的集团化发展速度也将影响到整车企业营销部门的人员数量和结构的变化。总体看，未来营销人员在企业总体人员结构的比例将在 3%～5%。

与此同时，将出现一些新的岗位。例如，在汽车产品研发岗位，将出现 NVH 性能开发工程师、VR 渲染模型师、混合动力开发工程师、数字模型高级设计师、外饰高级设计师、物联网嵌入式应用程序开发工程师、车辆运动控制工程师、智能网联 UI/UE 设计师、环境感知算法工程师、路径规划与决策工程师、信息安全工程师、电子电器架构工程师、智能化系统集成工程师、自动驾驶测试与评价工程师、显示与人机交互系统开发工程师、智能工厂系统开发工程师等；在企业管理岗位，将出现安全管理工程师、产品管理工程师、设计管理工程师、工艺技术经理、汽车金融总监、商品企划等；在汽车后市场，客户关系人才、汽车物流人才、汽车金融保险人才、区域服务经理和销售经理等也将受到重视。此外，产业重构必定导致企业用人方式的新变化。更多拥有技术专长的科技型企业的出现、服务贸易的扩大、行业共性技术平台的建立、企业间协同力度的加强、相关工业企业从产品提供上向系统化技术解决方案的供应商的转变和社会化服务体系的完善，将为企业的人力资源管理带来更多的创新空间，从"我拥有"向"我聚集"将成为更多企业的选择。

在《中国汽车产业中长期人才发展研究》专题研究中，提出了未来汽车产业人才的岗位目录和需求程度。为实现国际化发展，需要更多具有国际视野和掌握国际运行规则的管理者；为迎接制造强国战略、新能源技术、智能网联技术、轻量化技术的挑战，需要更多掌握先进设计技术、工艺技术和新材料应用技术的专业人才；为满足汽车消费升级的需要，汽车后市场人才将向汽车金融、汽车出行服务和汽车文化领域扩展。汽车后服务市场需要大量的从业人员，未来相当长的时间内，涉及汽车后市场的汽车服务企业管理、汽车技术服务与贸易、汽车保险与理赔等内容的市场行为越来越多，也急需大量相关懂得汽车专业知识的专门人才。汽车技术服务与营销人员需求量将持续上升，高素质的专业人才尤其是掌握多种专业知识和技能的复合型人才仍然非常紧缺。

8.3　汽车服务工程专业学生就业

8.3.1　就业相关概念

1. 就业释义

就业是指在法定年龄内的有劳动能力和劳动愿望的人们所从事的为获取报酬或经营收入进行的活动；或称具有劳动能力的公民，依法从事某种有报酬或劳动收入的社会活动。国家通过促进经济和社会发展，创造就业条件，扩大就业机会；鼓励企业、事业组织、社会团体在法律、行政法规规定的范围内兴办产业或者拓展经营，增加就业；支持劳动者自愿组织起来就业和从事个体经营实现就业。

2. 就业能力

就业能力是指获得某项岗位的全部能力的总称。一个人想要顺利地找到工作，在工作中做出成绩，就必须具备一定的就业能力。就业能力包括一般就业能力和特殊就业能力。

一般就业能力包括：①个人的态度、世界观、价值观、习惯；②与工作有关的能力，主要是指处理与周围的人和工作环境的关系的能力；③自我管理能力，主要是决策能力、理解能力、资源利用能力以及对所学知识在工作中的运用能力。特殊就业能力是指某个职业所需的特殊技能和环境所需的某种特殊技能。

一般就业能力和特殊就业能力在职业活动中都很重要。要成功地从事某种职业，需要一般就业能力和特殊就业能力的有机配合。如果只有一般就业能力而无特殊就业能力是很难胜任某种职业的，如不精通医术的大夫怎么能治病呢？同样，只有特殊就业能力而无一般就业能力的人也是很难在事业上取得成功的，如缺乏团结协作、缺乏事业心和责任感的人，纵使有多么娴熟的职业技术最终也会成为职业的失败者。在现实生活中，一般就业能力更为重要，这是因为：

1）社会在发展，科学技术的更新在加快，一般就业能力强的人能更好地适应社会，在掌握新知识、更新技术方面更具主动性与积极性。

2）从事某种职业必须具备这种职业所需要的特殊就业能力，因此容易引起个人、学校或单位的足够重视，而一般就业能力由于与工作的关系不是十分明显，因而很少被注意到，而事实上，用人单位越来越看重一般就业能力，许多求职者就是因为一般就业能力不强而未被录用。

3）一般就业能力与失业关系密切。许多研究表明，人们失去工作不是因为缺乏特殊就业技能，而是缺乏一般的就业能力。据研究介绍，失业中的90%的人不是因为不具备工作所需要的技能，而是因为不能与同事、上级友好相处，或者经常迟到。实际上，这些人失业是因为缺乏一般就业能力而不是特殊就业能力。

3. 就业率

就业率是指在业人员占在业人员与待业人员之和的百分比。它是反映劳动力就业程度的指标，即全部可能参与社会劳动的劳动力中，实际被利用的人员比重。

针对高校毕业生实际去向，有人认为用"就业率"提法不准确。因为一般学生毕业后除了到某用人单位就业外，还有继续深造、出国留学以及自主创业等多种选择，因此，按"就业率"定义统计毕业生的实际就业程度，则能更准确地反映毕业生的实际就业状态。尽管对就业率存在着诸多争议，但人们还是习惯于将其作为评价专业的重要指标。社会对就业率的强势关注也在一定程度上促进了高校更加重视毕业生的就业工作，并按照社会需求调整专业结构。

8.3.2　择业观念与就业常识

1. 择业观念

择业观念通常是指人们对职业选择的基本看法。择业观念对人们的求职、择业、就业准备等多个方面都有直接的影响。影响择业观念的因素主要是经济收入、个人价值及社会价值。

经济收入是职业选择的基础因素。人们在选择职业时，会把经济收入作为一项重要指标，一般都喜欢高薪的职业。职业是以付出劳动、获得报酬为主要形式，因此在一定范围内追求合理的经济回报无可厚非。重要的是经济回报应与所付出的劳动相适应，片面地追求经济收入则会适得其反。

人们都希望能够通过职业生涯发挥个人的聪明才智，使自己的个人价值能够得到充分的体现。因此，在选择职业时，往往会考虑行业及工作岗位更符合自己的兴趣爱好、更能发挥自己的特长。实现自己的个人价值，是人们选择职业时考虑的主要因素。

个人价值的实现，与社会价值的实现密不可分。只有把社会需要放在优先位置，以事业为重，个人服从国家需要，到国家、社会最需要的工作岗位上去，为国家的发展、社会的进步、经济的繁荣做出自己应有的贡献，才能真正实现我们自己的人生价值。因此，社会价值是人们选择职业的最高追求。

经济收入、个人价值及社会价值三者之间具有如下关系：

1）事业与谋生的关系，要以事业为重。谋生是基础，事业是重点，要把职业看成是实现自己人生价值的事业，而不仅仅是谋生的手段。

2）奉献与索取的关系，要以奉献为重，要有对社会做奉献的意识，把促进发展看成是自己的责任，默默奉献，勇于进取。

3）长远发展与眼前利益的关系，要以长远发展为重，把自己的职业选择与国家的强盛、区域经济的发展、所在单位的事业联系起来。要立足于自己的长远发展，不要被眼前的利益所诱惑，也不要被短期的困难所吓倒。眼光放远一些，步子走稳一些，根子扎深一些，脚踏实地，循序渐进，铺就一条不断走向成功之路。

目前，"双向选择，自主就业"已是大势所趋。应该提早准备，不断提高自己的职业素质和综合职业能力，为将来的就业打下基础。现在，人才市场正在逐步建立和完善，学校有关部门也为毕业生的择业和就业提供服务和帮助。应该说，就业道路越来越宽。相信大家通过自己的努力，会通过双向选择、自主就业，找到自己理想的职业岗位。

以往在就业时看重的是国有企业、事业单位的"铁饭碗"，在职业选定后就"活到老，做到老，靠到老"，把某个职业看成终身制。而现在，随着社会主义市场经济的发展，就业形势的变化，许多观念也发生了改变，从"铁饭碗"到合同制，从国家分配到自主择业，从终身制到多次选择职业等，这些情况要求抛弃传统的择业观，到最需要人才的基层、生产第一线寻找自己的发展空间。同时，还要树立起终身学习和多次就业的观念，用科学知识不断充实自己，在经济发展的大潮中不断寻找适合自己的位置，开拓自己职业发展的空间。不求一劳永逸，但求不断进取，在实际工作中锻炼自己，提高自己，发展自己。

新的形势为自主创业提供了广阔的发展空间，学校的毕业生可以利用自己所学的知识和技能开创出一番事业来。这样，通过创业实现自己的人生价值，立创业之志，走创业之路，建创业之勋。发挥自己的优势，走艰苦拼搏的创业之路也大有可为。

2. 就业常识

就业所涉及的不仅面临着"先择业再就业"与"先就业再择业"的选择，也面临着如何择业与就业的问题。在就业过程中应注意的主要事项包括：

（1）要给职业以明确定位　在择业之前，必须要明确自己"想干什么和最擅长做什么"，结合自身的兴趣、特长、专业或经验，制定两个或两个以上比较适合自己的就业目标。在制定目标时，既不能好高骛远也不要藐视自己。

（2）多渠道捕捉就业信息　确定目标后，就要广泛收集相应的就业信息，尤其是招聘信息，从网络、报刊、广播电视等多方面获取信息，拓宽就业渠道。

（3）分析对比后锁定职位　从就业信息中选择自己的理想职位，然后按此单位招聘要求，与自己现有的能力条件做比较，认真分析自己能否胜任。在此同时，还要了解招聘单位的基本情况，如单位性质、从事行业、工作要求和单位的价值观、经济效益、工资待遇等。

（4）应聘前做好必要准备　锁定单位与职位后，就得做必要的应聘准备。如根据应征岗（职）位写简历，力求语言通俗易懂，内容简明扼要，突出岗（职）位相关的经历、技能和荣誉，以便顺利获得面试机会；温习应聘职位有关的基础知识和基本技能，避免面试或笔试时不知所措，给人留下"滥竽充数"的印象。

（5）着装得体并言行规范　去面试时，应着装得体；言行举止规范，塑造良好形象；把握每个细节，体现综合素质，如进办公室要敲门，介绍情况和回答问题时要紧扣主题，发表意见和相互交谈时要措辞恰当、多用职业语等；要充满信心，以多种形式表现自己。

（6）签订协议并履行承诺　与用人单位达成就业意向后，须签订由学校发放的就业协议书。该协议书是转递毕业生档案和户口关系，办理报到落户手续的依据；学校凭毕业生已签订的就业协议书派发毕业生的档案、户口等关系。如果不签订就业协议书，毕业生的人事档案、户口等关系就可能会被派回到生源地。因此，毕业生在找到合适的工作单位后，应与招聘单位签订就业协议书。

就业协议书除了作为学校转递毕业生人事关系的依据外，对毕业生和用人单位也具有一定的约束力，毕业生签订协议前要保持慎重。如果与招聘单位签了就业协议书后又觉得不适合，需与原单位解除就业协议，并持证明回到学校办理相关手续。

从 2005 年开始，国家有关部门规定，与用人单位签订就业协议书后，如毕业生出现违约情况，违约金被限定不超过一定数额。这个规定维护了毕业生的利益，但也希望毕业生能讲诚信。在就业之初频繁地流动，对自身职业生涯的发展不利。另外，参加考研的毕业生，为了不错过招聘机会可与单位签订协议书，但应在就业协议书备注栏中加上"如本人考上研究生，凭录取通知书，该协议效力终止"的条款。毕业生还可以把协议期内工资、违约时是否交纳违约金等易产生纠纷的条款附加上去。同时，需明确与用人单位签订劳动合同后，就业协议书的作用才结束。

就业之后，要居安思危，要把单位当成学校，要把工作视为深造。在工作中要不断地培养、锻炼、提高自己，取人之长补己之短，学多种知识、习多种技能，有条件的还需考取职业资格证书、职称证书，为自己的晋级、转业和再就业夯实基础。这样才会"是直木做梁，肩负千斤；是弯木成犁，耕耘大地"。

8.3.3 汽车服务工程专业人才就业状况

我国汽车服务工程专业传统的就业方向可以概括为以下几个方面：

（1）大中型汽车生产企业　主要从事汽车研发、生产管理、售后服务和汽车销售等工作，对毕业生的综合素质要求较高。

（2）汽车改装和专用汽车生产企业　一般都是集团公司的所属分厂或分公司，工作岗位对学生的专业知识和实践动手能力要求很高。

（3）汽车经销类企业　各种品牌汽车4S店等，对毕业生交际和表达能力要求较高。

（4）汽车检测与维修企业　如汽车维修厂、汽车检测中心等。

（5）汽车运输类企业　毕业生既可以从事技术类工作，也可以从事管理类工作。

（6）汽车服务类企业　如保险公司、汽车租赁、二手汽车交易公司等。

（7）汽车媒体类企业　如报纸、杂志和出版社等，主要从事与专业相关的编辑类工作。

目前，我国汽车服务工程人才还不能满足汽车产业发展的需要，不仅缺乏高级专业技术人才，还缺乏懂管理的综合型人才，更缺乏能将互联网、计算机、电子技术运用到汽车服务行业的复合型人才。全国有近210所高校开设汽车服务工程专业，年招生总规模合计约1.4万人。据相关资料显示，汽车服务工程专业在工学类的170个本科专业中的就业排名为第40位，人员需求量最多的地区是发达地区（如上海占28%），需求较多的行业是汽车及零配件占28%，机械/设备/重工行业占11%，新能源占9%。从就业上看，汽车服务工程专业的毕业生规模一般，就业率排第17位，就业满意度排第104位，毕业薪酬水平排第44名，工作3年后工资涨幅排第25名。

汽车制造企业多处在工业较发达的直辖市或重工业基地，以及市场需求较大的地区，主要集中在：以长春为代表的东北老工业集群区，以上海为代表的长三角集群区，以北京、天津为代表的京津集群区，以广东为代表的珠三角集群区，以武汉为代表的中部集群区，以重庆为代表的西南集群区，以上区域的汽车制造业人才约占全国的80%。

汽车制造业作为技术密集型行业，核心岗位均为与制造技术相关的工程师岗位。从从业人数规模上来看，人数最多的岗位为工艺工程师和质量检测员，需求较大的是电气工程师、品质工程师、结构工程师、供应商质量工程师等。从汽车制造业人才工作经验分布来看，0~3 年工作经验人数最多，合计占比达 60% 以上，同时，行业对于 1 年以下工作经验的应届生需求也较大，占比达到 36%。

8.4　汽车服务工程专业学生考研

8.4.1　我国学位制度简介

《中华人民共和国教育法》关于学位制度的规定是国家实行学位制度，学位授予单位依法对达到一定学术水平或者专业技术水平的人员授予相应的学位，颁发学位证书。

《中华人民共和国高等教育法》关于学位制度的规定有：本科毕业或者具有同等学力的，经考试合格，由实施相应学历教育的高等学校或者经批准承担研究生教育任务的科学研究机构录取，取得硕士研究生入学资格。硕士研究生毕业或者具有同等学力的，经考试合格，由实施相应学历教育的高等学校或者经批准承担研究生教育任务的科学研究机构录取，取得博士研究生入学资格。允许特定学科和专业的本科毕业生直接取得博士研究生入学资格，具体办法由国务院教育行政部门规定。

国家实行学位制度，分为学士、硕士和博士学位。

公民通过接受高等教育或者自学，其学业水平达到国家规定的学位标准，可以向学位授予单位申请授予相应的学位。

我国学位级别和授予标准：

（1）学士学位（Bachelor's Degree）　高校本科毕业生，成绩优良，并达到下述学术水平者，授予学士学位：①较好地掌握本门学科的基础理论、专门知识和基本技能；②具有从事科学研究工作或担负专门技术工作的初步能力。

（2）硕士学位（Master's Degree）　高等学校或科学研究机构的研究生，或具有研究生毕业同等学力的人员，通过硕士学位的课程考试和论文答辩，成绩合格，达到下述学术水平者，授予硕士学位：①在本门学科掌握坚实的基础理论和系统的专业知识；②具有从事科学研究工作或独立担负专门技术工作的能力。

（3）博士学位（Doctor's Degree）　高等学校或科学研究机构的研究生，或具有研究生毕业同等学力的人员，通过博士学位的课程考试和论文答辩，成绩合格，达到下述学术水平者，授予博士学位：①在本门学科掌握坚实而宽广的基础理论和系统深入的专业知识；②具有从事科学研究工作或独立担负专门技术工作的能力；③在科学和专门技术上做出创造性成果。

我国学位的授权机构是由国务院学位委员会授权的高等学校或科学研究机构。

8.4.2 报考攻读的学科方向与学位

1. 机械工程学科硕士学位

机械工程学科主要包括 5 个学科方向：机械设计及理论、机械制造及其自动化、机械电子工程、车辆工程和微机电工程。其中，车辆工程（Vehicle Engineering）是一门研究汽车、拖拉机、机车车辆、军用车辆及工程车辆等陆上移动机械的理论、技术和设计等问题的工程技术领域，涉及力学、机械设计、材料、流体力学、化工、机械电子工程、计算机、电子技术、测试计量技术、控制技术等。汽车工程（Automotive Engineering）是车辆工程的研究领域之一，汽车服务工程专业的知识基础可以满足车辆工程学科相关研究方向的需要。

汽车工程学科主要是围绕汽车产品开发设计、测试试验、生产制造等相关的科学问题、关键技术开展基础性、创新性和应用性研究，并随着汽车产品的电动化、智能化、网联化和共享化的发展不断拓展研究领域。其主要研究方向及内容包括：

1）汽车动力学及振动与噪声。主要研究汽车系统动力学理论与控制方法、汽车系统动力匹配及优化、汽车底盘集成化协调控制；汽车振动与噪声的产生机理、对人体的影响、振动噪声分析测试、噪声源识别方法以及主动及半主动控制方法等。

2）汽车节能与排放控制技术。主要研究内燃机高效燃烧系统及排放控制方法。

3）汽车碰撞安全及乘员保护。主要是采用先进的设计方法和实验技术进行车辆整车结构设计与零部件开发，包括汽车安全结构设计优化、乘员约束系统构型设计优化、车身材料与结构力学表征、人体碰撞损伤评估与行人防护以及事故重建与分析等。

4）汽车空气动力学与造型设计。主要包括汽车空气动力学实验、汽车空气动力学计算、整车性能计算及仿真分析；汽车造型形态与特征、汽车造型设计理论等。

5）汽车先进制造技术及新材料。主要进行汽车轻量化、可靠性及关键零部件设计、试验，新材料开发与应用，整车及零部件智能制造等研究。

6）新能源汽车技术。主要研究新能源汽车混合动力系统构型、混合动力系统动态控制、分布式电驱动系统、能量管理系统、电动汽车测试技术以及整车测试评价等。

7）智能车辆及网联技术。主要研究车辆复杂运行环境感知与多源信息融合、信息安全机理与防护、高精度地图定位与局部场景构建、车辆轨迹规划与自主决策、车辆全状态参数辨识与纵/横向运动控制、群体学习与智能决策、行驶安全风险评估、人车交互与人机共驾、无人驾驶汽车测评、多车队列自组织与协同控制、数据高效存储与深度挖掘等。

2. 车辆工程领域工程硕士专业学位

车辆工程领域的工程硕士专业学位是与工程领域任职资格相联系的专业性学位。学位获得者应成为基础扎实、素质全面、工程实践能力强并具有一定创新能力的应用型、复合型高层次工程技术和工程管理人才。

车辆工程领域是研究车辆、车用动力装置及零部件的设计、制造、试验、营销、运用、管理及其相关的工程技术问题的领域，具有多学科交叉融合、宽口径、覆盖面广、技术更新快的特点。技术特征是以综合运用先进集成设计技术、生产制造技术、试验与检测技术、机电液一体化技术等方式，来解决车辆研究、设计开发、产品造型、生产制造、质量控制、检测、环保、管理、维修与营销等方面的问题。

3. 交通运输工程学科硕士学位

交通运输系统的构成要素包括产生交通运输需求的主体、载运工具、交通运输基础设施和控制系统等。交通运输工程学科是主要研究交通运输系统构成要素及其相互作用关系的科学，涉及交通基础设施的设计施工与养护、载运工具的运用与维修、交通信息工程及控制、运输规划与运营等方面。学科关注的研究内容是交通运输需求的发生机理、需求者的行为、交通运输供给方案、载运工具运用、交通信息工程、基础设施规划建设、基础设施运用与管控、综合运输体系构建，以及需求者-载运工具-基础设施-环境的协同优化等。

交通运输工程学科的研究方向可以划分为：

1）以基础设施建设为主线的道路与铁道工程，研究道路和铁路的工程性能和建设技术。

2）以交通运输系统的信息化控制为主线的交通运输信息工程及控制，基于信息技术研究载运工具与基础设施的管理与控制。

3）以基础设施规划和运行管理为主线的交通运输规划与管理，研究交通运输需求的发生形态、需求者的行为特征、供给方案，以及交通运输系统运行控制与管理。

4）以安全运用与维修保障为主线的载运工具运用工程，研究载运工具在交通运输基础设施上应用与运用所涉及的一系列相关问题。

4. 交通运输领域工程硕士专业学位

交通运输领域工程硕士专业学位是与交通运输行业相关任职资格相联系的专业性学位。硕士生应成为该行业基础扎实、素质全面、工程应用能力强，并具有一定创新能力的应用型、复合型高层次工程技术和工程管理人才。

交通运输系统是由轨道运输、公路运输、水路运输、航空运输和管道运输这五种运输方式构成的。交通运输工程涵盖以上每一种运输方式中的政策制度、规划设计、施工建设、运行控制、运营管理等内容，包括交通基础设施规划与建设、载运工具运用与管理、交通信息工程与控制、交通运输规划与管理、交通运输安全、综合运输和多式联运等多方面内容的工程领域，是交通运输工程的基本理论、方法和技术，以及其他领域的基本理论、方法和技术在交通运输系统的应用。

交通运输工程领域业务范围包括：

1）在交通基础设施规划与建设方面：轨道、道路、航道、机场等工程的勘察、设计、施工与养护。

2）在载运工具运用与管理方面：轨道机车车辆、汽车、轮船、飞机等载运工具结构及其运用的可靠性、安全性，在运行过程中的动态性能与环境影响，载运工具的诊断与维护。

3）在交通信息工程与控制方面：控制、通信、计算机、微电子、信息等技术在交通领域中的交叉集成应用，运输过程自动化与运输信息集成化、智能化，交通物联网及车联网，交通系统智能控制，综合化的交通信息及控制系统。

4）在交通运输规划与管理方面：交通运输系统规划，建设与运营管理，综合运输，城市地区及区域交通规划与管理，客货运输需求分析与市场营销理论与方法。

5）在交通运输安全方面：交通运输安全和保障体系，交通运输的安全评价、安全认证以及突发事件应急反应与处理等。

6）在综合运输及其他方面：综合交通运输规划与管理，综合交通运输经济与行为分析，运输方式相互衔接中的技术、经济和管理问题，交通发展对社会经济的适应，交通与环保、城市规划、土地利用诸方面的协调，载运工具、交通环境及各种交通附属设施相互作用。

交通运输工程领域与电气、电子、土木、机械、材料、信息、管理等学科与领域联系密切。随着轨道、公路、水路、航空、管道等运输方式向高速、重载、安全、经济、节能、环保方向不断发展，交通运输工程领域研究内容不断更新，并呈现综合、交叉的特点。

8.4.3 学术学位与专业学位辨析

专业学位是现代高等教育发展的产物，它和学术学位处于同一层次，培养规格各有侧重。专业学位和学术学位一起构成现代高等教育学位体系不可缺少的两大组成部分，既相互联系又相互区别。专业学位和学术学位都是建立在共同的学科基础之上的，攻读两类学位者都需要接受共同的学科基础教育，都需要掌握学科基本理论和基础知识与技术。在不同的教育阶段，两类学位获得者进一步深造可以交叉发展。例如，学术硕士学位获得者可以攻读专业博士学位，专业硕士学位获得者也可以攻读学术博士学位。

专业学位和学术学位的本质区别在于人才培养目标、知识结构、培养模式及人才质量标准不同。高等教育越成熟，两个体系的划分越明晰。学术学位主要面向学科专业需求，培养在高校和科研机构从事教学和研究的专业人才，其目的重在学术创新，培养具有原创精神和能力的研究型人才。专业学位主要面向经济社会产业部门专业需求，培养各行各业特定职业的专业人才，其目的重在知识、技术的应用能力，培养具有较好职业道德、专业能力和素养的特定社会职业的专门人才，如工程师、医师、教师、律师等。

设立学术学位主要是为了满足人的发展的普遍需要和社会基础研究人才的需要，因此，学术学位所表征的主要是学位获得者在相应的学科领域中知识的掌握程度和理论的修养水平，职业能力并不被纳入其重点考虑的范畴。设立专业学位主要是为了满足特定社会职业的专业人才需求，如工程师、医师、教师、律师、会计师等，主要着力于培养受教育者应用型开发性研究与设计能力；专业学位表征的主要是学位获得者具备了特定社会职业所要求的专业能力和素养，具备了从业的基本条件，能够运用专业领域已有的理论、知识和技术有效地从事专业工作，合理地解决专业问题。

汽车服务工程专业学生考研主要选择在机械工程学科（车辆工程学科方向）、交通运输工程学科（载运工具运用工程学科方向）硕士学位研究生，以及车辆工程领域工程硕士或交通运输领域工程硕士专业学位研究生。

复习思考题

1. 汽车技术未来发展的主要特征是什么？

2. 未来汽车出行的基本理念有哪些变化？

3. 名词解释：就业；就业能力；就业率。

4. 什么是择业观念？你对择业有何想法？

5. 你认为"先择业再就业"与"先就业再择业"如何选择？主要理由是什么？

6. 就业过程中应注意的主要事项有哪些？

7. 汽车服务工程专业的主要就业方向有哪些？你对未来职业生涯有何规划？

8. 你对汽车服务行业的哪些工作岗位感兴趣？了解这些岗位对知识、能力、素质的要求吗？

9. 如果选择继续深造，你对考研学科专业的哪些研究方向感兴趣？主要原因是什么？

10. 你对学术学位与专业学位的差别有何认识？

参 考 文 献

［1］陈唐民. 岁月——一个大学校长的回忆录［M］. 武汉：武汉理工大学出版社，2003.

［2］张国方. 汽车服务工程［M］. 北京：电子工业出版社，2004.

［3］中华人民共和国教育部高等教育司. 普通高等学校本科专业目录和专业介绍（2012 年）
［M］. 北京：高等教育出版社，2012.

［4］国务院学位委员会第六届学科评议组. 一级学科博士、硕士学位基本要求［M］. 北京：高等
教育出版社，2014.

［5］教育部高等学校教学指导委员会. 普通高等学校本科专业类教学质量国家标准：上［M］. 北
京：高等教育出版社，2018.

［6］教育学名词审定委员会. 教育学名词（2013）［M］. 北京：高等教育出版社，2013.

［7］史秋衡，王爱萍. 应用型本科教育的基本特征［J］. 教育发展研究，2008（21）：30-33.

［8］刘娟. 论大学生学习特点及其与教学方法的相关性［J］. 教育科学探究，2007（1）：12-13.

［9］曾祥利，吴东明. 论大学生学习特点及其与教学方法的相关性［J］. 新课程- 教师，2015
（8）：50-52.

［10］范正根，米亚琼，杨彦奇，等. 国内外高校大学生综合认知实践教学研究综述［J］. 科教导
刊，2017（11）：35-38.

［11］张会杰. 本科实践教学研究现状及启示［J］. 大学（学术版），2012（2）：39-41.

［12］节能与新能源汽车技术路线图战略咨询委员会，中国汽车工程学会. 节能与新能源汽车技术
路线图［M］. 北京：机械工业出版社，2016.

［13］张建妮. 国外高等教育人才培养模式的启示［J］. 中国冶金教育，2012（1）：10-12.